本书获得山西省"1331"工程山西财经大学工商管理一流学科建设项目资助

企业大学

组织资本与能力体系研究 | RESEARCH ON ORGANIZATIONAL
CAPITAL AND CAPABILITY SYSTEM
陈蕴琦 ◎ 著 | OF CORPORATE UNIVERSITIES

经济管理出版社
ECONOMY & MANAGEMENT PUBLISHING HOUSE

图书在版编目（CIP）数据

企业大学组织资本与能力体系研究/陈蕴琦著. —北京：经济管理出版社，2022.6
ISBN 978 - 7 - 5096 - 8458 - 0

Ⅰ.①企… Ⅱ.①陈… Ⅲ.①企业—职工大学—研究—中国 Ⅳ.①G726.84

中国版本图书馆 CIP 数据核字（2022）第 086423 号

组稿编辑：杜　菲
责任编辑：杜　菲
责任印制：黄章平
责任校对：蔡晓臻

出版发行：经济管理出版社
　　　　　（北京市海淀区北蜂窝 8 号中雅大厦 A 座 11 层　100038）
网　　址：www. E - mp. com. cn
电　　话：（010）51915602
印　　刷：唐山昊达印刷有限公司
经　　销：新华书店
开　　本：720mm × 1000mm/16
印　　张：14.75
字　　数：240 千字
版　　次：2022 年 6 月第 1 版　　2022 年 6 月第 1 次印刷
书　　号：ISBN 978 - 7 - 5096 - 8458 - 0
定　　价：88.00 元

前　言

企业大学是企业自主创办的赋能组织和员工的知识管理机构。值得关注的是，80% 的世界 500 强企业已建立企业大学。Meister（1998）最早定义了企业大学，认为企业大学是改善公司员工工作业绩的终身学习的教育培训机构。但是随着企业大学的进一步发展，大部分企业都赋予企业大学越来越复杂的战略性功能。调研发现，西门子大学等企业大学发挥了催化、梳理创新的枢纽作用，已成为企业知识创新的推动者。《2021 中国企业大学发展报告》中提到，截至 2021 年底，中国已建成的企业大学超过 1000 所。在数字化等背景下，企业管理由管控转向赋能的现实要求推动了中国企业大学联盟、直属国资委的大连高级经理学院等机构对企业大学的持续关注。

当前中国企业间更强调竞争，中国企业间研发合作远远弱于本土企业与合资企业或外资企业的合作。中国企业中具有知识生产能力的"企业科学家"之间的互动学习和技术合作较少。企业大学具有接口组织特性，易于突破企业社会网络与知识网络交互的壁垒和障碍，对融合国际、国内资源起特别的作用。调研发现，国内企业人才流动性与国外企业相比较弱，因此更需要对人才进行长期培养和赋能。《关于进一步规范和加强中央企业中长期经营管理培训工作的通知》（中组部、财政部、教育部发〔2016〕）中特别指出：利用企业大学等自有资源培养中长期人才，推动企业转型升级，促进企业自主创新。中国经济发展主要依赖人力资本和高新知识的创新驱动。对知识进行有效的管理是知识活动趋强时代企业创新能力提升的关键。实践中的中国企业大学同国外知名企业大学相比仍存在巨大差距。同时，中国企业大学发展不足 20 年，企业大学建设跟风现象严重，许多企业并未真正清楚创办企业大学的目的。现实中，中国的部分企业大学存在企业知识缺口无法识别、知识联结不顺畅和创新孵化能力弱等问题，这使得企业大学的知识创新活动收效甚微；还有部分企业大学的知识服务能力相对较弱、专业化水平不高。同时，一批成功的企业大学在开展企业员工教育培训时密切联系企业的战略合作伙伴，优化整合上下游产业链的培训资源，采取有效的工具和方式梳理企业内外部的知识流程，成为企业的智库。中国企业大学有其特殊性，其作用机理和中国情境下的实践有必要进一步考察，部分成功企业大学如华为大学、海尔大学等的成功经验也有必要进行提炼和总结。

现有研究远远落后于企业大学实践，对于中国情境下企业大学的重要作用的研究尚未引起重视，同时缺少考察提升企业大学知识管理能力的影响因素的研究。从资源观和知识的视角来看，组织资本是提高组织能力的关键所在，其实质是促成和创造知识活动之间的联系，使得企业的知识活动增效。虽然关于组织资本促进企业能力提升的研究取得了丰富的研究成果，但是针对企业大学独特的组织资本尚未有学者研究。组织资本的积累与路径选择直接关系企业大学核心能力体系的建构，探索企业大学组织资本通过何种作用路径和能力体系产生协调共振，能够为企业大学有效培育组织资本继而提升相应的能力体系提供借鉴。在此背景下，企业大学组织资本和能力体系如何匹配升级就成为具有较好现实意义和理论意义的研究课题。

本书结合大量案例，以企业大学为研究对象，基于知识活动全息性理论、技术的社会建构理论以及社会网络等相关理论，综合运用文献研究、访谈研究、扎根分析、探索性案例研究、组态分析等方法系统展开企业大学组织资本和能力体系的研究，揭示企业大学组织资本的构成维度，进一步提出了企业大学组织资本组合模型，并从知识活动视角对企业大学的能力体系及其演变规律进行分析，探索企业大学组织资本与能力体系层级的匹配关系。本书的主要研究工作如下：

首先，通过对若干家技术技能型企业创办的企业大学中高层管理者进行深入访谈，采用经典扎根方法凝练出驱动能力提升的企业大学组织资本的构成维度，结合具体案例对企业大学的组织资本进行细致的分析。总结出企业大学组织资本的构成维度包括师资网络资本、知识流程资本和"知识吧"。进一步探查出支撑企业大学能力体系的组织资本积累路径和作用机制，基于知识活动特征揭示组织资本丰富和发展的规律，构建了企业大学组织资本组合的"方向盘"模型。

其次，基于企业大学典型案例的程序扎根分析和若干案例的辅助分析，深度解析企业大学的能力体系。识别了技术技能型企业创办的企业大学在传统培训阶段、终身教育阶段、融知接口阶段和知识中心阶段能力体系的构成维度，包括衔接教育能力、知识升级能力、知识联接能力及知识孵化能力。在此基础上提出企业大学"能力链"模型，揭示了企业大学能力体系的演进过程和演变规律。

最后，通过模糊集定性比较分析与案例研究相结合的方法探查组织资本与能力体系的组态关系。在对 34 所案例企业大学的组织资本进行赋值和理论分析的基础上，运用 fsQCA3.0 软件构建真值表，运算分析出企业大学在传统培训阶段、终身学习阶段、融知接口阶段和知识中心阶段的 10 种组织资本组合及具体的作用机制，从而揭示企业大学组织资本的积累对能力体系提升的多重作用路径和促进能力体系提升的核心要素。

本书的主要特色在于：第一，以往的研究更多从静态的角度探讨企业大学知识转移或知识创造的单一功能或者能力，而忽视了以动态观研究企业大学的综合能力体系。本书揭示企业大学功能或者能力不断丰富和发展的规律，引入社会知识活动全息性理论阐释综合功能论的趋向性，识别企业大学在不同发展阶段的能力体系并归纳能力提升的过程及演变规律，补充和完善企业大学能力体系的相关研究。第二，有关企业大学能力体系和影响因素的研究尚处于理论探索阶段，缺乏案例分析和实证研究。战略、人力资源领域的文献侧重分析配置有形资源、信息技术和外部资源对企业大学能力提升的作用机制，尚未涉及内生驱动的能力要素即组织资本如何提升企业大学的能力；并且大部分研究考虑单一要素的影响，忽略了影响因素的相互作用和组合效应。本书在构建企业大学能力提升的过程模型和组织资本组合分析框架的基础上，探查影响企业大学能力体系提升的关键因素间的相互作用和组合效应，厘清企业大学的关键影响因素与能力提升的动态协同即匹配关系机理。通过实证方法识别能力提升的核心要素，揭示企业大学能力提升和配置更适宜的组织资本组合的多重作用路径，从而为构建功能更完善以及能力更强的中国企业大学提供理论指导。第三，企业大学作为企业知识的管理机构，不仅承担知识转移活动，还承担知识创造的功能。本书通过对具有跨边界组织特征的企业大学促进企业知识创新的实现机理的创新性研究，丰富与拓展了企业知识创新管理的研究。

本书基于中国企业需要建立高效的知识管理系统，提升企业快速响应变化和提炼共性知识的能力，适应知识不断创新升级和巨变的时代要求，具有强烈的现实导向性，有助于企业重视企业大学催化和梳理创新的桥梁作用并赋能组织及员工，提升企业知识创新的能力；为企业大学的建设提供判断标准和指引，有利于帮助企业大学更直观地了解不同发展阶段能力的内涵如何丰富和扩展，进一步挖掘和激活蕴藏在企业大学的隐性资源，为企业大学的能力提升提供内生驱动，有助于企业大学因势利导，根据自身实际选择合适的能力提升策略，为丰富和提升企业大学能力提供经验指导；指导企业大学构建企业知识创新的知识管理平台，提升企业大学内外部知识资源的衔接能力和整合孕育新知识、新理念等知识管理能力，在促进企业成为最佳的学习型组织、推动企业创新等赋能方面从理论的高度提供切实可行的建议。

在本书形成的过程中，诚挚感谢徐雨森教授的悉心指导，徐教授严谨的治学态度、缜密的思维、清晰的逻辑、鲜明的观点、对问题敏锐的洞察力，鼓励和指导我进行相关研究，使我获益匪浅。尤其感谢史雅楠、李亚格在采用模糊集定性比较分析方法处理问题的过程中给予的具体指导。

由于本人水平有限，编写时间仓促，所以书中错误和不足之处在所难免，恳请广大读者批评指正。

陈蕴琦

2021 年 12 月 10 日

目　录

第一章

绪 论

第一节 研究背景与意义

一、研究背景

1. 现实背景

（1）企业大学办学目的不清晰，知识治理能力不足。企业大学在国内外发展迅速。据统计，80%的世界500强企业已建立企业大学（毕结礼和宋晔，2016）。企业大学起源于1927年通用汽车公司成立的GM设计与管理学院，1989年，以摩托罗拉大学创立为标志拉开了企业大学迅速崛起的序幕。我国企业大学发展仅有20余年，1999年，海尔大学创立，之后我国掀起创建企业大学的热潮。知名企业如华为、宝钢、中国移动、华润等都建立了企业大学。据不完全统计，截至2015年，我国企业大学数量已近3700所（李林等，2015）。企业大学越来越受到我国实业界和学术界的关注。企业大学发展迅速，主要根源于其知识服务的功能。而在实际的企业大学建设中，部分企业大学仅是传统培训中心的延伸，在企业前沿知识探查和内外部知识联结方面并未发挥自身优势。但是，也有一批成功的企业大学如中兴通讯学院、宝钢人才开发院等能够适应企业变革的环境，采取有效的工具联结和梳理企业内外部的知识活动，实现知识创造和创新孵化。显而易见，企业大学的发展前景广阔，但企业大学建设跟风现象严重，许多企业并未真正清楚创办企业大学的目的，即对企业大学的功能没有清晰的认识。很多企业大学知识服务功能难以充分发挥，影响其能力提升的支撑要素也并未被探查。

（2）企业对培养高技能的知识型员工提出更高的要求。美国的未来学家奈斯比特说，高绩效的企业不仅需要最富有生产力和竞争性的员工，还需要将办公室与教室紧密联系（张宏亮等，2016）。随着知识经济和技术的日新月异，保持劳动力的能力以应对市场和技术变化的反应被认为是可持续发展的关键，企业对培养高技能的知识型员工提出更高的要求。事实上，企业的业务体系、产品研发、经营流程等方面的变化和调整，需要员工不断转变思维观念和提升知识技能，这就需要员工在工作中"即时学习"。同时，员工的持续学习和终身教育已被视为关键问题。员工重视持续不断的学习，对企业的培训时效性和效能提出了更高的要求。企业大学正好填补了传统大学难以满足企业不同发展阶段特定培训需求的缺口，也为员工打造了终身教育的学习平台（张竞，2005）。企业大学是终身教育的创新模式，可有效提升企业利用组织学习和知识管理解决问题的能力，更是建立了员工继续教育以及知识共享和知识创新的机制。

（3）企业需要建立高效的知识管理系统，提升企业快速响应变化和提炼共性知识的能力。现代企业所处的商业环境变化速度越来越快，市场竞争日趋激烈，如何更快更好地掌握和利用知识，并对知识进行有效管理、才是创造企业竞争优势的关键。但无论是传统大学还是咨询机构，都很难对企业所需的新的、复杂的知识需求做出快速而有针对性的回应，更是无法提供持续性的知识服务。企业所需的个性化知识服务通过外部的专业知识机构无法得到满足。而当前企业现存的知识管理系统与企业的业务需求、员工能力的关联度不紧密，尚未建立起更高效、针对性更强的知识管理运行机制，这就导致知识管理系统在企业中未能得到应有的重视，投入程度不足，大量的隐性知识未被及时开发和转化，因而无法建立起组织学习和知识创新的机制。知识经济时代的知识、技术和管理方法更加丰富和成熟，这就需要企业建立一个专门的知识服务机构，以企业学习为基础，承担灵活应变、整合优化和主动引领知识和技术等的高级功能。企业大学的出现恰好可以帮助企业建立一个有效的知识管理系统，其将各种知识进行转化并形成企业特有的核心资源，铸就企业的学习能力以使企业适应知识经济环境并进化发展，成为为企业提供全方位知识服务的组织。企业大学创建了推动企业知识管理的平台和运作机制，不仅预见性地对企业知识进行储备以使企业更具有适应变化的能力，而且作为知识密集型的学习组织可以通过来自不同部门的学员持续和动态的学习，收集企业隐性知识并不断进行创新，为企业带来新知识和新观念。

以上现象引发了如下思考：企业需要何种资源或者是组织资本能够支撑企业的能力提升？企业大学如何清晰地定位其能力体系，以发挥其企业知识治理机构的作用？企业大学如何配置组织资本才能与企业大学不同发展阶段的能力体系相匹配？这些都已成为当前实践中企业大学所面临的重要研究问题。

2. 理论背景

（1）知识视角下的企业大学能力研究逐渐兴起。近年来，关于企业大学承载何种功能或者需要具备何种能力尚存在不同认识。从有关企业大学能力的研究归纳来看有两种观点：一种观点认为企业大学应侧重入职人员的衔接培训和在职人员的继续教育，这种观点可称为教育功能论或单一能力论；另一种观点认为企业大学不仅应承载知识、技能的教育或传授的功能，还应参与企业的知识开发、合作及熟化等活动，成为企业的知识活动中心，这种观点可称为知识中心论或综合能力论。因此，针对企业大学相关研究问题所展开的争论，亟须一种新的理论视角进行论述与研究。

企业要求企业大学发挥更多更直接的知识服务作用。总体来看，企业大学是企业知识创新和知识管理的有力工具。企业大学系统开发和研究无序的隐性知识和非正式诀窍，可通过建设知识数据库系统来建立知识管理的数据库。企业大学可以将知识转化为能力，使企业获得可持续竞争优势。已有文献研究多集中关注企业大学的培训及知识交流等知识转移的单方面因素，即从单一视角出发，将某项具体行为作为研究对象，旨在探索该行为与企业大学知识升级之间的作用关系（Prince & Stewart, 2002），较少探索三者结合对企业大学能力提升的影响。因此，有必要将知识活动的三方面综合进行集成研究，以更深入地解析企业大学发展的过程和能力的提升。

本书侧重考察企业大学需要具备何种能力体系以及这些能力如何演变的问题。从经验上判断，企业大学承载的功能或者能力体系应该日益趋向多元化，现实中大多数企业大学也呈现这样的演化特点。但我们倾向于认同综合能力论的观点，认为企业大学的能力体系不应也不会限定于仅仅承担培训或者知识转移的作用，应向承担知识生产以及承担知识应用或知识转化功能方面进行扩展。本书拟引入社会知识活动全息性的理论观点，阐释企业大学这种综合性的能力特征。

（2）企业大学组织资本和能力体系的关系探讨是未来企业大学研究的热点问题。近年来，对企业大学能力支撑因素的探讨从单纯强调为企业大学配置资源的研究开始过渡到深入探析形成企业大学特有的并能够转化为组织资源或资产的研究。在此背景下，反映组织能力支撑要素的组织资本的概念成为打开企业大学知识资源的优化配置和能力体系提升"黑箱"的重要钥匙。企业大学是多要素的资源集合体，组织资本和能力体系构成其发展的基础。组织资本作为组织能力的支撑平台，可促进知识资源的优化配置。虽然有关组织资本的研究已经有较多的文献积累，但是尚未有学者研究企业大学组织资本的构成维度、作用机理及演化路径，更未关注企业大学组织资本与能力体系的协同演化关系。研究企业大学组织资本和能力体系的关系成为未来研究的热点和难点问题。基于以上背景，本书展开对企业大学组织资本和能力体系的专题探讨，并对不同发展阶段能力体系相匹配的组织资本的多种发展路径展开理论分析与实证研究，旨在理解企业大学组织资本多重组合与能力体系提升的动态协同或匹配。

二、研究意义

目前，对企业大学组织资本的研究尚未涉及，特别是企业大学应具备何种组织资本要素以支撑企业大学的能力体系以及两者的动态协同和匹配关系尚未有研究。企业大学能力的研究多聚焦其所具有的教育能力或培训措施的探讨，鲜有学者从知识的视角出发，系统剖析企业大学的能力体系、组织资本及这两者的匹配关系。即使有学者就企业大学的知识管理、知识服务展开研究，但对企业大学在企业中承担何种功能或者何种能力尚存不同认识。执教育功能论的学者认为，企业大学的主要功能是承担员工的知识和技能的教育，教育培训、知识交流是企业大学的基本功能。现实中，企业大学所承载的能力体系日趋多元，学者们更倾向于探讨企业大学多元化的能力，但当前企业大学相关研究呈碎片化，未能针对企业大学知识管理行为进行一般化归纳和综合分析。因此，本书以企业大学组织资本和能力体系为切入点，积极解构企业大学的组织资本与能力体系的匹配。这对于丰富组织资本和知识管理的相关研究领域、优化企业大学的管理实践具有重要的理论价值与现实意义。

1. 理论价值

（1）推进了企业大学组织资本的内涵研究。目前，鲜有学者对企业大学组织资本进行概念界定。较多文献集中在企业大学运营支撑体系的建设方面。Hande 等（2017）认为，企业大学的师资队伍是支撑业务体系的有效载体，企业大学业务运行需要硬件设备及最新的学习技术、信息化的系统平台支撑。Stanley（2014）则将人力资源管理的相关理论置于企业大学的情境中，导致其难以真正阐释企业大学组织资本的内涵。组织资本是组织能力的支撑平台，但是目前尚未有企业大学组织资本构成维度和作用机理的研究。因此，本书聚焦企业大学的组织资本，结合组织资本理论和资源基础理论对概念进行界定。同时，为有效推动企业大学组织资本的研究，积极梳理企业大学组织资本的结构要素，并将扎根方法和思维导图引入组织资本的研究领域，以探查支撑企业大学能力体系的组织资本积累路径和关键要素，从而打开企业大学组织资本研究的认知"黑箱"。

（2）从知识活动视角揭示企业大学的能力体系。之前的研究更多是探讨单个层面的知识转移的能力，而忽视了企业要求企业大学发挥更多、更直接的作用，企业大学在企业不同的发展阶段相对应的能力应有所扩展。客观来看，界定企业大学所具有的能力要有"动态观"。企业大学与企业其他研发、生产和营销职能部门相比，具有较强的企业内外联结功能，即联结知识生产、转移及应用的多个环节。因此，本书关注企业大学的综合能力体系问题，从知识活动的视角出发，提出在一定意义上，比较成熟的企业大学的功能不应仅局限于知识转移（培训活动），也应该积极参与知识生产或创造（研发）以及知识应用（孵化）等其他知识活动环节。同时，为有效梳理企业大学能力体系的研究，本书通过扎根方法的理论推演，明确了企业大学能力体系的构成要素，为实证检验组织资本和能力体系的匹配作用机制提供了前提条件。

（3）丰富了企业大学组织资本与能力体系关系的实证研究。有关企业大学组织资本和能力体系的研究多处于理论探索阶段，相对缺乏案例研究和统计检验。因此，本书在构建企业大学组织资本和能力体系分析框架的基础上，通过模糊集定性比较分析的实证方法探索出两者的匹配模式和组态关系，从而揭示企业大学组织资本的积累和组织资本各组合对能力体系提升的多重作用路径。这不仅有助于阐释企业大学组织资本多因素的作用机制，而且有助于窥探企业大学构建效力更高的能力体系和知识活动系统的提升要素，细化"组织资本—能力体系"的理论研究范式，可为中国企业大学组织资本的增进和能力体系的提高提供理论指导。

2. 现实意义

（1）对"企业大学组织资本"这一概念进行深度开发和检验。现实中，部分企业大学存在企业内知识缺口无法识别、知识联结不顺畅和创新孵化能力弱等问题，这使得企业大学的知识创新活动收效甚微。同时，一批成功的企业大学则采取有效的工具和方式梳理企业内外部的知识流程，实现了组织资本与能力体系的协同发展。本书有利于企业大学更清楚地掌握组织资本的构成维度及其特征，从而帮助企业大学抓住组织资本的核心要素和作用机理，以促进企业大学能力体系的持续改善为目标，提升企业大学的行为策略并配置相应的资源。

（2）对处于发展中的中国企业大学能力体系的提升具有一定的指导意义。我国企业大学发展仅 20 余年，大部分尚处于起步阶段。为应对快速变化的环境和技术，提高中国企业的生产效率和保持持续的竞争优势，企业对员工的知识能力和掌握新技术的水平提出了更高的要求。企业大学的理念越来越为企业所接受，企业逐渐认为企业大学是人力资源增值和企业保持技术领先的必要方法。知识管理的兴起促使人们对知识共享和转移的新途径以及知识和能力的微观联系方面进行研究。中国许多企业大学尚处于"传统培训"、"终身教育"阶段，"融知接口"和"知识中心"的特征尚未表现出来。企业不应仅仅将企业大学的功能定位为面向企业核心业务的培训机构或面向全员培训的知识分享平台，而是从战略层面将其定位为企业内外知识联结平台乃至前沿产业知识探索和创新活动的孵化中心。此外，企业大学的各项功能要相互促进、协同均衡地发展，构建效力更高的知识活动系统，以强化企业大学的管理实践。

（3）通过建立企业大学组织资本和能力体系相匹配的整合分析框架，引导企业大学深刻把握组织资本和能力体系的共演过程、协同机制以及组织资本的整体性，有利于帮助企业大学更清楚直观地了解在不同发展阶段如何布局组织资本要素，以及这一阶段中所涉及的关键提升要素，提示企业大学应注重组织资本的积累并布局更高梯级的组织资本以适配能力体系演进和完善。

第二节　相关研究进展

一、企业大学概念相关研究进展

企业大学也称公司大学（Corporate University 或 Enterprise University），由于企业大学办学目标随着本企业的发展战略不断调整，不同企业所承担的职能及其实施方式有所差异，企业大学的概念被赋予了各种标签，因此很难对企业大学进行定义。国内外学者从不同的视角对企业大学进行了界定，较有代表性的定义介绍如下：

Meister（1998）最早定义了企业大学，认为企业大学是改善公司员工工作业绩的终身学习的过程，同时有助于改善供应商的参与度和能力。随后，Meister（2001）又发展了企业大学的定义，认为企业大学不仅是为员工提供终身教育的培训机构，更是企业发展以及教育企业员工、客户和供应商，达成企业经营目标的一把战略伞。Eddie（2005）强调了企业大学基于战略性视角对员工和客户等利益相关者提供教育培训的服务价值。Kolo（2013）发现，企业大学是为实现组织战略目标而设计和制订员工的学习计划、教育培训等内容的战略机构，并不仅仅承担传统培训部门的职能。这些观点都强调了企业大学的战略属性是企业创办企业大学的初衷，教育培训是其主要任务。

Harsh（2014）、吴峰（2016）等从终身教育新模式的角度认为，企业大学强调的是整个组织持续学习的过程，而不仅仅是学习项目和教室内学习的场所等实体机构。岑明媛（2006）认为，企业大学是个人和组织增强企业竞争优势的战略工具，管理和协调不同文化并进行相互交流，成为一个"有效的学习者"的场所及整合组织学习的系统。该定义强调了企业大学主要是通过组织学习支撑企业的战略。

Allen（2007）、Argote 和 Hora（2017）认为，企业大学是为了帮助本企业在日益激烈的商业环境中获得持续的核心竞争力，而由企业建立并隶属于企业的管理和教育性组织。企业大学为全体职员和消费者、供应商提供个人技能和组织知识的培训，同时，还以传播知识为目标，是提高员工和改善组织绩效的机构以及企业学习的"实验室"。这些观点强调了企业大学的服务对象不仅是企业员工，还扩展至利益相关者。

Naizabekov 等（2016）、王成等（2012）从人力资本的角度提出，企业大学是个系统概念，是全员参与培训的先进模式，可帮助企业开发人力资源和打造完备的人才体系。Patrucco 等（2017）认为，企业大学是为企业战略服务，可促进组织变革与绩效提升，它不仅仅传递知识、提高员工的知识技能，更是在不间断地创造着企业知识的系统。Akram 和 Tannir（2002）、Aronowitz（2000）认为，企业大学是一个教育实体，主要承担在职成人的继续教育，是传统教育的延伸和扩展。此外，企业大学作为企业推进组织学习以及知识和智慧发展以实现企业使命的工具，核心是知识管理（Allen & Mcgee，2004）；Amro 等（2018）、Antonelli 等（2013）还强调了企业大学对企业文化传播的流程管理。Ayuningtias 等（2015）从知识的视角定义企业大学是专门为企业定制，促进组织学习并为企业提供技术和知识创新支持的组织。

通过文献梳理，国内外学者对企业大学的概念并没有统一的界定，每位学者都是从自己的研究视角阐述对企业大学的界定。但国内外学者对企业大学有一个共识，即企业大学不仅是企业的战略工具，而且创新了终身学习的培训模式，更是在企业知识管理方面发挥了优势。因此，本书将企业大学定义为：企业大学是由母体企业出资创办的，针对企业员工、企业上下游产业链和利益相关者提供持续的教育培训，为提高企业竞争力和促进组织变革，整合企业内部知识资源并进行企业知识治理的机构。

二、企业大学功能相关研究进展

对于企业大学的功能，国内外学者有不同的看法，其中，有代表性的观点如下：

Paton 等（2005）认为，企业大学具有服务供应商、聚焦员工的终身学习、企业知识管理的系统、企业的智慧中心等功能。Petr 和 Elena（2018）从组织学习的角度强调，企业大学的功能主要是围绕企业的战略促进员工、团队和组织进行不同层面学习的过程。Grigory 等（2016）认为，企业大学就是将企业的价值观和组织愿景通过培训根植到员工中，成为帮助企业实现共同愿景的工具。随着企业大学的发展，学者们对企业大学功能的认识进一步扩展。Prince 和 Stewart（2002）建立了"企业大学轮"模型，并将企业大学的关键职能定位为协助知识创造的知识管理、协调和发展员工及合作伙伴的学习流程、建立有效的学习型组织的运行体系和学习机制。Alagaraja 和 Li（2015）发现企业大学有多样化的职能，不仅可以组织有效的教育培训活动以提升员工的学习能力和知识技能，而且可以传承和发展企业文化，并且为帮助企业应对激烈的市场竞争提供适宜的知识资源，以满足日益增长的学习需求并适应动态的知识环境。Jansink（2005）、Bolisani 和 Oltramari（2012）、Taleb 等（2016）认为，企业大学最重要的功能是挖掘、分享并创造企业员工在组织中的隐性知识。

国内有关企业大学的研究起步较晚，对企业大学功能的研究相对单薄，数量也较少。刘春雷等（2010）认为，企业大学的基本功能可以对应于传统大学的创造知识、传播知识和社会服务功能。侯锷和闫晓珍（2009）认为，企业大学主要是进行企业的文化导入和人才培育，构筑全员培训的平台，以实现企业的战略规划。吴峰（2013）提出，企业大学交换隐含在员工个人头脑中的知识和经验并形成组织知识，将个人发展与组织发展相结合，整合培训资源以满足员工的职业发展需要。张竞（2011）研究发现，企业大学承担企业战略推进器作用，应在战略层面上帮助企业提升竞争力，成为企业的战略伙伴。

从上述关于企业大学功能的研究中不难看出，由于所属企业的不同属性和不同的发展阶段，企业大学功能必然呈现多样性，总体来说，研究者分别从企业战略推进、人力资源开发、产业链培训、知识管理四个方面阐述了企业大学的基本职能。企业大学的功能主要分为三类：其一，承担企业教育培训的基本功能。包括围绕企业的战略协调和整合学习资源，不断为员工和组织提供前沿的信息和知识服务，以满足员工持续知识升级和职业发展的需求。其二，承担跨界面衔接的功能。企业大学不仅局限于内部员工和价值链的培训，而且要利用其接口的优势跨界面衔接和梳理各部门的业务流程，积极与外部高校、科研院所等建立联系和合作，从而促进企业的变革转型和能力提升。其三，承担企业知识治理的功能。企业大学能够整合技术和群体的活动，构建复杂的多方面的知识活动，是组织知识管理的有力工具和知识创新体系的重要组成部分。

三、企业大学的研究视角

企业大学的概念和属性是国内外研究者主要关注的研究方向。大多数学者从教育学领域和人力资源领域出发研究企业大学的运营和建设。

从教育学的视角来看，Judy 等（2002）认为，企业大学是高等教育的一种新的形式和补充，是适应性更强的高等教育，从某种程度上来讲是教育市场进行细分后的结果。企业大学也承担着与传统大学相同的职能，如员工教育培训对应传统大学的教育教学；企业大学研究前沿知识、开发课程和研究教辅方式等对应传统大学的教学研究；与传统大学服务功能类似的是企业大学服务本企业的经营发展目标和员工的职业生涯规划。Denise 和 Bedford（2017）认为，成人高等教育的内涵和形式在终身学习型社会需要进一步拓展，企业大学的出现为多元化的成人高等教育增添了一种新的形式。学者们还认为企业大学的建立能够弥补传统大学的不足，并且将其与高等教育进行了对比研究。例如，刘春雷（2013）基于高等教育的视野，研究企业大学发展的规律、共性特征和运营规律。企业大学与传统大学具有相似之处，如都同样进行人才培养、拥有相对完善的组织架构和教学课程体系。企业大学与传统大学也存在着很多的差异，如传统大学的通识课程与科学技术发展的联系紧密度较低，而且传统大学偏重理论知识的传授，对企业的特殊实践性和培训的针对性较差，因而在专业技术的培训等课程上落后于企业的实际需要（Sham，2007）。企业大学则注重与企业业务实际相连，为员工提供岗位技能的培训，并紧随科技信息的发展，传递更前沿的知识信息。另外，传统大学的学习时间无弹性，企业大学的学习时间相对灵活。作为社会知识教育系统的两大组织，传统大学和企业大学应该在师资以及课程培训项目方面加强合作以弥补各自的不足。

从人力资源管理的视角来看，Cecilia 和 Iolanda（2018）、Schultz（2015）研究发现，企业大学通过学习和培训提高员工个人的技能、开发员工的职业能力，员工在掌握新技术和新知识后进一步促进了企业的核心竞争力，同时，优化的社会人力资本也为社会经济发展提供了内生动力。Catherine（2018）分析了企业大学在更新学习系统和促进企业人力资源向人力资本转化增值方面发挥的重要作用，企业大学创立最初就是为了通过投入人力资本来提高生产力，强调教育培训与工作绩效相结合，开始多个层面员工的培训活动。Christoph 等（2018）、吴峰（2014）从课程体系、培养模式和师资队伍等方面分析了企业大学的培训与评估的管理体系。

从知识管理视角解读企业大学是当前研究的重要趋势之一。一直以来，保持员工对市场和技术的快速反应和适应能力，持续学习和终身教育是企业的关键问题。虽然各企业创建企业大学的原因不同，但都有一致性的目标即组织人力资源培训、提高员工的知识能力、增强员工的归属感。知识经济的出现使学习和知识在组织成长中至关重要，企业的组织知识需要变得更加系统化，企业应更加重视通过培训建立人力资源的能力，整合新的信息和通信技术来储存和传播知识。企业大学的知识管理能力（梳理企业内外部知识的过程）是其核心功能（Clinton et al.，2009）。同时，知识管理和企业大学具有潜在的相关性（Akgun et al.，2013；徐雨森和陈蕴琦，2018）。这就解释了为什么企业大学已经成为企业内部的组织学习和知识管理的热门机构。朱国玮和左阿琼（2010）强调了企业大学的知识转移功能，特别是通过知识螺旋模型促使员工的知识在组织之间共享和传播。

关于企业大学发展轨迹和发展阶段的研究较为少见,仅有的文献中,研究者大多根据企业对知识要素的不同需求划分企业大学的各发展阶段,企业大学的职能与核心能力随知识要素在企业生产中地位的变化而不断进化。Walton(2001)根据成熟度不同把企业大学划分为三个阶段:第一阶段是以课堂讲授为主的传统培训活动;第二阶段是注重战略的组织学习;第三阶段拓展至开发智力资本层面。Holland 和 Pyman(2006)对企业大学发展历程进行了以下划分:在萌芽阶段,企业大学几乎不与外部合作,只在企业内部培训全体员工;在管理变革阶段,企业培训对象扩展到产业链成员,并与外部高校开展合作;在创建学习型组织阶段,企业大学甚至发展成为利润中心,不断拓展内外部联系。随着科技的飞速发展,员工技能的增进与企业发展的匹配是企业关注的焦点,这就要求企业大学逐渐扩展其功能,不仅满足企业员工的学习需求,而且为产业链提供学习内容。近年来,企业大学功能呈现耦合,即在企业知识转移、创造和孵化方面不断追求创新,更有效地应用知识以满足现代企业竞争优势(陈蕴琦和徐雨森,2019)。

有关我国企业大学的案例研究并不多见,仅有的少数研究多是采用单案例的研究方法针对某一个企业大学展开调研,缺乏多案例的对比和复现逻辑。例如,刘春雷(2010)选择中国电信学院作为典型案例进行调研,分析其在应对企业变革方面的知识体系构建。刘颖和吴峰(2014)、段磊(2013)、陈蕴琦和徐雨森(2018)分别以宝钢人才开发院、中国移动学院、中兴通讯学院为案例,研究它们的培训体系和运营制度。葛明磊和张丽华(2017)研究了华为大学的组织学习和人才发展状况,并为华为大学设计了运营模型。

有关组织资本的研究文献虽然较多,但多考察生产型企业或者是对组织资本概念的分析,如 Eisfeldt 和 Papanikolaou(2013)、砥强和郭俊华(2010)等的研究。鲜有学者研究企业大学组织资本的构成维度、作用机理及演化路径,更未关注企业大学的组织资本与能力体系的协同演化关系。

另外,国内外针对企业大学的实证研究较少,仅有王世英(2011)从学习型组织的视角，运用扎根方法分析了企业大学的功能及其与组织学习的关系。

四、研究述评

梳理相关领域的文献综述，并归纳现有研究的局限性。

1. 在概念解析方面

企业大学组织资本和能力的概念、构成维度及其演化尚不清晰，导致对其理解的模糊性。梳理相关文献发现，国内外针对企业大学能力的研究议题主要在两个方面：一是抽象的战略工具说，二是对企业大学所从事的活动就事论事地归纳和罗列的活动说。鲜有学者对战略工具的内涵进行研究，虽然其具有概括性，但对企业的具体业务指导性不强。尽管少数学者对企业大学的功能和能力进行了定义，但多是基于具体活动的研究思路，偏重个案中企业大学具体的业务活动能力的挖掘，未能真正把握企业大学情境化的内涵。活动说过于具体，缺乏一般性的概括指导，增加了对能力内核的提炼难度。也就是说，现有研究缺乏一种既有概述性又有具体内容的企业大学能力体系的理论模型。同时，对企业大学可能存在的不同阶段的能力体系构建也未能进行系统化的梳理。另外，鲜有学者聚焦解析和探讨"企业大学的组织资本"这一概念，尚未形成具有共识性并能够被予以解读的构成维度框架；而对企业大学组织资本概念和构成维度的理解困难的原因程度上在于，组织资本的研究领域对企业大学本质即企业大学与企业的关系、企业大学的定位研究的模糊性。而且，针对组织资本这一抽象性的概念，众多学者纷纷从人力资本、知识、关系等单一视角阐释了其所具备的某一方面特征，导致更加难以理解企业大学组织资本构成的维度。因此，本书通过借鉴企业大学的当前研究成果，聚焦企业大学的组织资本和能力体系，采用质性研究的方法，提炼出企业大学的组织资本和能力体系的构成维度，以此为基础归纳企业大学组织资本组合模型和企业大学能力链模型，以揭示组织资本与能力体系相匹配和协同演化的机理。

2. 在研究视角方面

缺少对企业大学核心能力即知识管理方面更有针对性的研究，限制了企业大学核心能力提升研究的细化以及研究视角的丰富化。通过梳理相关文献发现，当前企业大学的研究多以教育学、人力资源和组织学习的视角为切入点，鲜有学者从知识的视角分析企业大学。仅有少量探讨企业大学能力的学者，他们更多的是分析影响能力的培训模式和运营模式的选择，促使企业大学能力提升的驱动要素与核心能力尚不清晰。尽管部分研究已对企业大学和知识管理的相关性有一定的认识，但更多关注知识管理的某方面特征，针对单一因素进行零散化和碎片化的探讨与解构，尚未从系统的知识视角对其核心能力和支撑要素或者驱动要素进行全面解析，导致当前企业大学知识管理核心能力领域的研究较为薄弱。而且，这些研究多以国外研究为主，国内研究仅限于在西方学者研究的基础上进行中国情境的检验，忽视了企业大学的发展阶段性和情境差异化情况。可见，我国企业大学领域现有研究的选题存在一定的滞后性和局限性，这不仅不利于我国企业大学情境化的研究，无法深刻认识和把握企业大学构建的核心和规律，而且不能有效地指导我国企业大学的实践问题。因此，本书从知识视角系统地解析企业大学能力提升的支撑要素及其路径，这不仅可以弥补现有研究在视角选择上的局限性，而且可以丰富和深化企业大学组织资本增效和能力提升的规律研究。

3. 在理论发展方面

缺少企业大学组织资本与能力体系研究内容的匹配与融合，这在一定程度上制约了相关理论的发展。尽管较多研究已从多角度基于"资源—能力"的理论研究范式，不断挖掘组织的能力提升和资源的匹配机理，延伸到"组织资本—能力"的层面进行分析，但鲜有学者从组织资本和能力体系匹配的层面切入进行分析，忽视了组织资本的本源是如何作用于组织能力，以及在组织发展的不同阶段，组织资本的作用路径如何与能力体系相匹配。同时，先前研究更多是针对组织资本和能力的关系展开理论性的讨论，针对企业大学组织资本对提升其能力体系的作用路径尚不清晰，尤其是依循企业大学能力层级的演变规律如何更有效地配置组织资本，以及影响能力体系层级的关键组织资本要素均未能明确，从而难以完全打开企业大学组织资本与能力体系匹配的认知"黑箱"，更难以解释组织资本匹配能力体系的积累过程和提升机制。此外，由于组织资本与能力体系的匹配研究多处于理论探讨阶段，企业大学的组织资本与能力体系的关系探讨因缺乏案例研究和实证检验而限制了理论研究的说服力，对企业大学组织资本和能力体系的组态关系进行研究有利于丰富组织资本和能力体系的理论研究。

针对现有研究存在的上述问题，本书在解构企业大学组织资本和能力体系核心概念的基础上，展开组织资本和能力体系的组态关系研究。这不仅有利于归纳和识别企业大学不同发展阶段支撑能力提升的组织资本要素及其核心要素，而且可揭示企业大学匹配能力体系层级的组织资本的组态类型、特征及规律。

第三节　研究思路

一、研究对象界定

本书以企业大学为研究对象，遵循如下标准进行选择：第一，企业大学是所属企业创办的机构，从具体名称来看均以创办企业命名，可以是某某企业大学（如海尔大学、协鑫大学等），还可以是某某学院（如中国移动学院、康佳学院等），也可以是某某商学院（如惠普商学院、皇明商学院）。本书采用国际通用名称，将这些企业创办并服务于企业的战略，为企业及其上下游产业链提供学习解决方案、培训教育等组织学习和知识管理的机构统称为企业大学。需要指出的是，一些虽由企业出资创办的旨在提升学历教育且属于民营高等教育范畴的院校（如吉利学院），以及由多家企业联合投资举办的、被教育部批准为普通本科的院校（如成都东软学院）等，不属于本书的研究范围。第二，从成立时间来看，企业大学成立时间不低于 5 年。第三，从其所属的企业来看，主要为大中型技术技能型企业创办的企业大学。中小型企业建立培训部或人力资源部门即可满足员工培训的需求。选择技术技能型企业大学是基于该类型企业技术创新的复杂性，产业链丰富和知识创造的需求，而且企业技术更新速率快，为企业的知识管理提出了更高的要求，其所创办的企业大学所承担的知识活动服务更加多元。第四，企业大学具有实体的形式和机构，虚拟企业大学并不是本书的研究重点。第五，本书对企业大学采取实地调研和访谈的研究方法收集数据资料，因此仅限于中国境内的企业大学，涉及跨国公司企业大学时，也仅将其在中国的部分作为研究对象。

二、研究内容

之所以将研究内容分块是基于我们原计划侧重组织资本的研究，但鉴于针对企业大学的能力体系有所争论，故自成一章。本书总体上侧重研究企业大学组织资本和能力体系的关系，围绕这一问题，首先采用经典扎根方法揭示了企业大学组织资本的构成维度并进一步提出了企业大学组织资本组合模型；其次运用程序扎根和探索性案例研究相结合的方法对企业大学的能力体系进行分析，同时基于知识活动的视角阐释了能力体系的演变规律；最后通过组态分析法对企业大学组织资本与能力体系层级的匹配关系进行了探索与分析。本书包括六个研究单元，具体结构及内容如下：

第一章，绪论。介绍了研究选题的背景和意义；通过对国内外企业大学发展概况、企业大学能力、企业大学与知识管理、组织资本等相关文献的分析，指出现有研究的不足，回答为什么选择研究"企业大学组织资本与能力体系"这一问题；归纳了研究对象、研究内容、研究方法以及技术路线。

第二章，理论基础与研究框架。首先，阐述研究所涉及的相关理论基础及其借鉴意义；其次，界定和阐释"企业大学"等的相关概念；最后，提出研究的理论框架。

第三章，企业大学组织资本分析。首先，选取 7 所具有代表性的技术技能型企业创办的企业大学的多名中层以上管理者进行访谈；其次，运用经典扎根方法分析形成企业大学能力体系的关键要素，即企业大学的组织资本的构成要素；最后，通过数据编码和理论分析构建了企业大学组织资本组合模型，进一步打开影响企业大学能力体系提升要素的"黑箱"，为提升企业大学的组织资本提供新的理论解释。

第四章，企业大学能力体系分析。首先，针对企业大学在传统培训阶段、终身教育阶段、融知接口阶段和知识中心阶段构成能力体系的全过程，采用探索性案例研究和程序扎根方法，选取了两所企业大学，并提炼出其在各个发展阶段的能力体系，包括衔接教育能力、知识升级能力、知识联接能力、知识孵化能力；其次，通过若干企业大学的案例辅助剖析企业大学的 4 种典型的能力体系；最后，依据各企业大学能力体系的特点，提出企业大学能力链模型，并从知识活动全息性视角分析各阶段企业大学的能力体系构成和演变规律。

第五章，组织资本与能力体系的组态关系研究。首先，运用组态分析与案例研究相结合的方法对第三章所得出的企业大学的组织资本进行了赋值和理论分析，并在此基础上对 34 所案例企业大学进行了问卷调查和变量赋值，通过 fsQCA3.0 软件构建真值表，运算分析出企业大学 4 个阶段影响能力体系层级的组织资本的多重有效组合与路径；其次，根据组态分析的统计结果，结合具体案例企业大学的现实情况，得出与企业大学能力体系层级相匹配的 10 种组织资本的有效路径组合；最后，在对影响企业大学能力体系的组织资本组态特征进行细致研究的基础上，揭示企业大学组织资本组态内多因素的作用机制、组织资本与能力体系的协同演化规律以及影响能力体系的核心要素。

第六章，结论与展望。阐述研究的主要结论、主要创新点，同时指出研究的局限及对未来的研究展望。

三、研究方法

本书以案例研究为主，归纳和分析企业大学的组织资本、能力体系及两者的组态关系，为使研究结论具有较高的信度和效度，在数据分析过程中主要采用了扎根方法、思维导图、图表分析、访谈法、调查问卷、模糊集定性比较分析法等工具和技术。采用的主要研究方法包括文献分析法、案例研究方法、扎根方法、组态分析法。

1. 文献分析法

文献分析法是对国内外关于企业大学、企业大学能力、企业大学组织资本的研究成果展开理论分析和实证研究。首先，基于企业大学相关研究梳理现有研究的进展和结论，以现有研究作为理论分析的基础，进一步明确研究方向以及明确此项研究的理论价值。其次，在每章的具体研究分析中，以研究需要为目的采用现有的理论和研究指导各章的数据分析。之所以采用文献分析法是基于文献分析法在研究中的下述方面的作用：一是案例分析和扎根分析过程中所涌现的各种现象、编码过程中的各类范畴都需要已有理论辅助定义和指导；二是建立案例研究过程中的理论分析框架；三是案例研究中的有关变量的设定需要文献分析以提供辅助和指导。

2. 案例研究方法

案例研究方法可减少研究者对思想和理论的束缚，在科学研究中已成为一种较为系统和重要的研究方法，具有在新的研究领域构建新的理论框架的优势。案例研究方法特别适宜解答"为什么"和"怎么样"的问题，特别是基于现有理论和多方数据调查以探查复杂现象的本原即本质规律（毛基业和李高勇，2014）。其重要作用主要体现在：一是作为重要的质性研究工具，能够根据案例分析产生新理论；二是为深入理解已有的理论，进一步对前人所构建的理论进行验证。案例研究方法分为探索性案例研究、描述性案例研究和验证性案例研究三种类型。

本书使用了探索性案例研究方法和验证性案例研究方法。探索性案例研究方法可作为构建新理论框架比较适宜的研究方法和工具，特别适合探究特定情境下各变量的内在关系。验证性案例研究方法主要是通过成熟的理论来描述或者解析各变量之间的因果关系。例如，通过对企业大学能力体系的文献梳理发现，学术界尚未在知识活动视角下对企业大学能力体系进行研究，本书以典型的两所企业大学作为研究对象，采用探索性案例研究方法以扎根和归纳的方式探索企业大学能力体系的构成要素并揭示其演化规律。同时，基于探索性案例研究方法得到的能力体系构成要素，通过若干案例的验证性研究解释企业大学不同能力体系构成要素的特点。

3. 扎根方法

扎根方法是深入实际情境收集数据并在此基础上构建理论的定性研究方法。研究者通常不被理论框架限制，在对所收集的数据和现象不断归纳和对比中，自下而上构建新的理论。该方法特别适合现有研究不够深入和对新问题需要进行理论建构的探索性研究。主要有经典扎根、程序扎根、建构型扎根三种典型的扎根方法。

本书第三章采用经典扎根方法，该方法的核心和原则是没有现成的文献作为参考，而是通过不断比较和分析研究对象的数据和材料进而提出假设和理论。对于企业大学组织资本的构成等问题无法从已有文献中获得理论解释，故采用经典扎根的方法深入情境界定研究对象并进行理论归纳。本书第四章采用程序扎根方法，该方法需要通过文献阅读和经验，考察基于背景资料获得的概念和关系是否适于研究情境，经过反复对比提炼案例中的概念，整理概念之间的逻辑关系并形成范畴，梳理各范畴之间的关系，从而构建出企业大学能力链模型并探索能力体系的演化规律。

4. 组态分析方法

组态分析方法适合小样本的研究，它是介于定性分析方法与定量分析方法之间的研究方法，其基本思想是以集合论和布尔逻辑运算为基础，探究多种前因条件的组合和互动导致被解释结果出现或不出现的变化。组态分析法包括模糊集定性比较分析法和清晰集定性比较分析法。之所以选择组态分析的模糊集定性比较分析方法，主要是基于三个方面的原因：一是处理和挖掘复杂的多因素组合共同作用的非线性关系具有一定的优势；二是处理不完全对称关系，即高水平的条件构型和低水平的条件构型是不一样的，不能因此简单地运用高水平原因的反面解释低水平；三是可以探讨并发现非恒定的因果关系。

四、技术路线

本书的技术路线如图 1-1 所示。

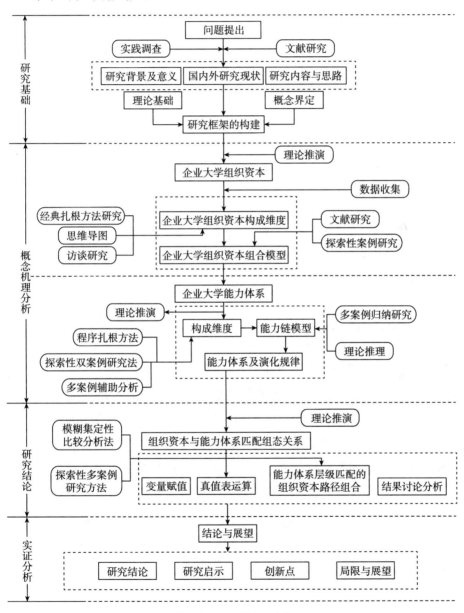

图 1-1 本书技术路线

第二章
理论基础与概念界定

第一节　理论基础

一、知识活动系统的全息性理论

1. 知识活动系统的全息性理论相关研究

按照马克思的社会再生产理论，人类活动系统的子系统由物质再生产、精神再生产和人口再生产三种基本形式构成。组织或个人所从事的任何社会活动均可视为建立在知识和信息基础上的生产、传播和应用的知识活动。从这个角度看，社会再生产的本质就是社会知识活动系统，并具有一定的对应关系。因此，刘则渊（1997）认为，社会知识活动系统依据社会再生产理论也分为知识创造系统、知识传播系统和知识应用系统三个子系统。依据分形理论的自相似性，系统的局部和整体是相似的，一个事物反映相关事物包含的全部信息，局部信息全面反映整体信息（亢宽盈，1998）。分形理论和自相似性理论对分析和认识社会知识活动系统具有重要的启示作用。也就是说，社会知识活动系统的任何活动都具有自相似性结构特征，根据社会分工不同，都可视为知识生产、知识转移、知识应用的系统（林莉，2005）。任何一个社会活动子系统的微观结构都大致包含或反映了社会知识活动系统的全部结构特征，社会知识活动系统具有全息性（刘则渊，2003）。

2. 对本书的借鉴意义

在有关企业大学能力体系认识基础上，比较有启发意义的理论视角是全息知识活动论。刘则渊（1997）较早地提出全息知识活动论，"全息"即部分与整体具有相似的特征，任一部分都包含着整体的全部信息。总体来看，社会知识活动系统是知识生产科技系统、知识传播教育系统和知识应用生产系统的统一体。任何社会机构（科研院所、高等院校及企业等）都同社会整体类似，是一个由知识生产、知识转移和知识应用构成的有全息性特征的知识活动系统。正如知识传播的教育系统（特别是大学）不仅承担知识转移功能（教学和培养人才），同时具有"研究所"的知识生产功能和"企业"的知识应用功能。在知识应用生产系统（企业）里也有承担知识生产和知识转移的机构，即企业研究所和企业大学。

二、组织资本理论

1. 组织资本理论相关观点

组织资本理论研究始于马歇尔，他分析了作为生产要素的资本主要由组织和知识构成，并且进一步分析了它们之间的关系。早期的学者认为，组织能够创造的生产性资源和知识资源比个体单位具有更有效的优势和机会。企业所具有的内在非物质财富如积累的经验和知识等同样可以像新设备一样增加企业的增长率。自学术界首次提出组织资本概念后，针对组织资本概念和本质的研究主要有三种不同的视角。

（1）认为组织资本是人力资本的一种形式，等同于智力资本或者信息资本。首先提出组织资本的学者 Prescott 和 Visscher（1980）认为，组织资本就是企业的信息资产，属于人力资本的一部分，在企业发展过程中通过组织内部的调整和协调能力影响企业的生产，体现为员工身上的个人信息

和其所具有的只在特定组织才能发挥的技能。Mostafa 和 Adrian（2018）、
Mostafa 等（2018）认为，企业在生产经营中所产生的技能、制度以及蕴
含在产品或服务中的信息等就是组织资本，这部分人力资本要依靠对员工
的培训获得。Virginia 等（2018）从人力资本的角度出发，认为组织资本
与人力资本具有相关性，即员工的个人信息储备及为了适应组织的特定任
务而对员工进行的培训。

（2）认为组织资本是知识或者智力资本。例如，William 等（2018）
认为，组织资本是组织中的人力技能与物质资本相结合，满足生产和产品
需要的组织知识。George 等（2015）认为，组织资本是员工下班后仍然留
在企业中的技术、出版品、组织惯例与程序等知识。借鉴他们的思路，
Subramaniam 和 Youndt（2005）认为，组织资本的实质就是知识的积累，
即随着组织产品一起生产的企业特有的知识资本。Maryam 和 Idris（2015）
从无形资产的角度认为，组织资本体现在组织的设计、实践和流程中，包
括商品的设计激励系统、商业流程等持续提高产品质量的给定知识资源。
Sandra 和 Mark（2017）认为，组织资本是企业为了提高员工的知识、技能
和关系而投资形成的为企业创造价值的组织环境、氛围或机制。冯丹龙
（2006）以知识为主线展开研究，认为组织资本是在工作实践中通过组织
学习，将个人、团体和组织共享的技术知识和管理知识等编码化。刘海建
和陈传明（2007）认为，组织资本是安排和整合企业内外资源并影响企业
战略选择和绩效的一种制度或机制。杨俊仙和周洁（2016）认为，组织资
本是将员工个人在生产中所拥有的知识、技能和经验转化为能够为企业创
造利润的组织所共享的资源或资产。

（3）认为组织资本也体现着关系资本。例如，Woon 等（2018）、Cha-
hal 和 Bakshi（2015）认为，供应商和客户、营销网络等市场资本都是组
织的一种关系资本。Makela（2005）、薛卫（2010）强调组织资本表现为
组织与外部利益相关者的协同过程和适应能力，为了不断适应动态变化的
外部环境而配置的组织内部的技术和知识管理。

Black 和 Lynch（2005）将组织资本划分为员工培训、员工参与和工作

设计三个维度。员工培训就是对员工进行的人力资本投资；员工参与是指参与与工作相关的管理决策；工作设计则是指组织内部的工作轮换、组织再造等业务流程。Luminita 等（2016）认为，组织资本主要由技术诀窍、流程等无形资产组成，投入越多，其生产率增长越快，组织资本具有路径依赖性，是组织竞争优势的来源。迟景明（2012）对组织资本与组织能力的关系进行了辩证研究，探索了个体知识资本向组织资本转化继而影响能力发挥的机制，显然，组织资本存量的增加会提高组织的能力。

2. 对本书的借鉴意义

组织资本的积累与路径选择直接关系到企业大学核心能力体系的建构，以及使企业大学获得发展和提升能力的问题。组织资本理论能够对企业大学的建设和发展提供启发与借鉴。与其说组织资本是理论，不如说是一种研究视角，让人们看到一些并不是一目了然的东西，组织资本还会给组织带来一定的收益。组织资本能够使一群人或者一个组织的资产组合在一起比分开获得更高的效率，但是企业大学的组织资本作用发生的机制尚不清晰。基于此，本书希望从企业大学的调查研究和数据分析中找到驱动能力提升的组织资本，并探索它的作用机制和路径。将组织资本理论融入企业大学的管理实践和理论研究中，可以进一步挖掘企业大学的组织资本构成维度，激活蕴藏在企业大学最基层的隐性资源，探索企业大学的组织资本在什么程度上能够对能力产生协调共振的效果，为企业大学的发展和能力提升提供内生驱动，同时也为企业大学在实践中有效地培育组织资本提供可供操作的经验。

三、技术社会建构论

1. 技术社会建构论相关观点

20 世纪 70 年代，英国学者 David Brewer 提出了关于搭建科技知识社会的社会建构论，认为技术的发展成果是科技工作者在选择、淘汰多种技术发展路径过程中所产生的整体性共识。此后，80 年代的一些科技学者在此种思想的启发下，提出了社会需求的驱动引致技术发展的技术社会建构论（Winner，1993）。社会建构论认为，单纯的技术并不能独立导致成功，需要有效地与社会建立联系，也即社会因素构成是技术发展及其成果的内在变量（Abdulrahman & Lily，2013）。从这个意义上讲，社会因素应当被看作是技术创新的内部因素和不可或缺的因素，是技术创新得以实现的根本内在条件而不仅仅是外在因素。所有的技术都是社会体系中不可分割的一部分，并不独立于社会利益群体、社会环境、价值观念等社会因素，此类社会因素都会影响技术的制造、设计以及相应的发展轨迹（Andrew，2000）。Klein 和 Kleinman（2002）认为，在理解技术和社会的有效组合与联系时，不应只考虑技术对社会的影响，而是要充分认识技术是在社会这个大背景下成长和完善的。在社会建构论的视角下，技术的发展和完善与社会建构因素协同演化（邢怀滨，2005）。

2. 对本书的借鉴意义

随着企业产业链和技术链的拉长，企业大学愈加深入地介入企业的技术创新活动。结合技术社会建构论，企业需要探查社会的需求和前沿科学技术以发展和完善本企业的技术创新，依据社会技术的多元性研发本企业所需的技术。而技术活动并不是故步自封的，往往需要多种知识体系支撑。企业大学具有联结企业与社会、外部利益相关者的中介特性，能够利用其跨边界的优势促进企业与社会知识建构的整合。一方面，企业从事系统、复杂的技术活动，需要全面、深入的技术科学和工程科学知识。企业大学注重与传统大学等社会的联系可以弥补企业工程科学的不足，用以解决实际技术活动中的问题。企业对工程科学知识掌握的滞后，制约了企业核心技术能力体系的形成。只有将技术提升到工程科学的高度上，才能在工程科学的层次上实现技术的创新。因此，企业大学应重视和优先发展工程科学并反哺于基础科学理论研究，为引领未来的潜在技术创新提供战略储备。另一方面，企业大学对企业拟研发项目进行市场调研和技术、行业需求的评估，以帮助企业确立研发方向；整合企业内外知识生产所需的各种资源，以保证和促进企业研发合作的高效完成。此外，企业大学通过参与组织行业技术交流及推广，为企业研发部门提供信息和技术咨询服务，并在协调制定相关行业技术标准等方面为本企业知识生产搭建有效的平台。

四、社会网络理论

1. 社会网络相关观点

社会网络理论自 20 世纪 90 年代兴起并被应用于管理学领域，社会网络是由联结行动者的某些社会关系或者社会联系所构成的稳定系统（Stephen et al.，2014）。随着社会网络理论的发展，其联结行动者的范围不仅包括个人而且扩展至更多的组织、企业知识和信息等资源。网络成员因占有稀缺性资源的不同而存在差别，网络成员关系的数量、密度、位置等因素会影响资源流动的方式和效率（Kenneth & Lynn，2016）。大部分学者认为社会网络就是社会关系，强关系是组织内部的纽带，而弱关系也体现组织之间的联系（Simsek et al.，2003）。例如，Hazenberg 等（2016）认为，嵌入社会网络的资源是通过关系网络摄取的。任何组织要获得和保持竞争优势，就必须与不相关的组织建立广泛的联系以获取更多的信息（Rishika et al.，2013）。林润辉等（2013）认为，社会网络由组织内成员的关联关系总和与组织外与其相关的供应商、客户、大学与科研机构等其他行为主体的合作关系组成，企业内部的行动者可以通过内外部的信息分享获取所需的知识和技能等创新资源，增加知识资本继而实现创新。Baum 等（2000）基于企业内外部空间的划分将社会网络分为外部社会网络和内部社会网络。外部社会网络中的各个主体具有异质性资源，其规模、密度和中心度都会影响企业内部的创新绩效。构建和有效地利用外部社会网络，与外部网络联系越紧密，企业内部就越能获得丰富的技术和创新资源。外部知识网络主要体现在企业从外部获取知识、信息和技术所建立的关系网络上（Emma et al.，2018）。内部社会网络的主要体现是企业处于协作网络中，内部网络成员营造相互沟通和信任的氛围，通过经常性的交流和合作，共享和内化知识信息，改善集体决策能力，推动企业的制度和技术创新（Gospel，2016）。社会网络对知识活动的广度和深度有重要影响，其联结密度等因素会影响不同知识类型传递的路径（Ren et al.，2018）。

2. 对本书的借鉴意义

企业大学为知识生产、知识转移和知识孵化提供了有效的界面，企业大学随着能力体系的逐渐完善，会进一步成为企业与外部知识网络和内部知识网络之间知识融合的"接口"。企业大学与高校合作弥补自身的师资不足，同时聚合高校的知识生产资源；与科研院所和专家的合作可引入外部先进的技术和知识资源，为供应商、经销商及顾客提供有针对性的培训服务，促进了产业链内的知识整合。社会网络理论提示企业大学的内外联系和协调工作对聚合创新资源、保障企业内知识活动系统的高效运行起到了重要的作用。

五、架构理论

1. 架构理论相关研究

Miller 教授于 1970 年首次将架构理论（Configurational Approach）引入管理学领域。架构理论的内涵是在系统性和全局性的视角下，影响组织的各因素组合形成的一致模式（Pattern）或相互关系的构象（Constellation）。该理论极好地弥补了单一变量和权变变量对结果解释的缺陷（Meyer et al.，1993）。架构理论概念出现后，Drazin 和 Van（1985）进行了实证研究和检验，研究发现，虽然三个自变量加总和集聚研究对于行为预测具有很好的效果，但自变量独立解析的效果不佳，很难由此得出行为预测的结论。Gresov 和 Drazin（1997）提出架构观点是研究组织一系列重要属性的相关性和多维互动产生的集聚结果。20 世纪 90 年代后，架构理论由理论到方法不断演进。我国对架构理论的研究和应用并不多见。龚丽敏等（2014）认为，架构可以用多个变量的互动关系反映组织的重要属性。

可见，架构理论的基本观点包括以下三种：一是架构理论与方法是处理多因素和多变量与结果产生的关系（Canbolat & Aydin，2016）。不同因素和不同变量的组合有可能导致同一结果或者相同产出，也即同一结果是由不同的因素和变量聚类分析而引起的（Short et al.，2008）。其基本思想是以集合论和布尔逻辑运算为基础，考察多种前因条件之间的互动关系如何共同导致被解释结果出现变化。二是单个因素并不能对结果产生强效果,而是取决于各因素之间的相互配合,各因素的组合关系才能对结果或者产出产生大的影响(Elisa et al.,2018)。三是架构视角下,核心要素能够较强地解释组织间的因果关系,外围要素所架构的关系对总体产生的效果较弱(Fiss,2011)。导致某个结果的原因可能会有差异,也即因果关系的非对称性。也就是说,导致高水平结果变量的因素组合和导致低水平结果变量的因素组合有可能是集合 A,也有可能是集合 B,或者是集合 C。殊途同归理论为此做了更好的解释:导致高水平结果变量的因素组合和低水平结果变量的因素组合并不一致,它不仅是程度间的差异,而且两者包含不同的要素(Fiss,2007)。

2. 对本书的借鉴意义

架构理论与方法对企业大学研究的借鉴和启示主要有两个方面:一是有助于企业大学研究者更好地理解企业大学组织资本的积累和发展的多重路径对能力提升的影响。传统的企业大学功能和能力研究都是通过静态研究来说明如何提升企业大学的能力,只强调提升能力的某些要素和资源,而不是基于要素的互补性和组合效应。要进一步研究企业大学的组织资本作用于能力体系层级的效用,必须理解这些不同的组织资本要素是如何匹配在一起的,这正是具有全局性和系统性视角的架构理论所擅长处理的。二是架构能够更好地处理组织资本的复杂问题。支撑企业大学能力提升的组织资本具有多重维度,并非相互独立,而是呈现复杂的相关性。企业大学的组织资本与能力体系的协同共演和架构理论在假设上是一致的。殊途同归理论对于企业大学的组织资本作用于能力体系层级具有特殊的意义。架构理论认为提升能力的方法不止一种,而且相关组织资本要素中的核心因素和外围因素对企业大学的能力体系有不同的影响。由架构理论可知,企业大学组织资本在提升能力体系的层级方面不是单一因素的作用,而是各因素之间交互作用的结果。

第二节　相关概念界定

一、企业大学组织资本

学术界从不同角度对组织资本的内涵界定和本质阐述进行了研究和探索。许多学者认为，组织资本是组织成员在工作中形成的能够改善组织绩效并为组织创造价值的资本形式，它根植于企业的价值观体系、组织结构、业务流程、组织制度、知识管理系统、客户和公共关系系统中。例如，Nieves 和 Quintana（2018）提出，组织资本具有人力资本的属性，能够汇集组织信息、改善组织关系并协调组织任务。Cabrilo 和 Dahms（2018）强调了组织资本是一种知识，并从智力资本的角度将组织资本进一步细分为创新资本和流程资本。Nonaka（1991）认为，组织资本直接表现为知识管理能力，并提出"知识吧"概念，认为其是对知识转移、知识创造的情境和条件的管理。张钢（2000）将组织资本看作组织内外部物质资本与人力资本互动的关系资本。从文献来看，不管研究视角如何，研究者都或多或少地将组织资本与企业的人力资本、流程资本和关系资本联系在一起（李飞等，2017）。企业对组织资本进行投入可以增强组织内外部的协调能力、变革组织机能，进而促进组织创新。Dost 等（2016）认为，组织资本可保障组织知识的运行，促成企业各种知识间的联系和知识创造，使企业实现持续创新。此外，陈金亮和王涛（2013）认为，组织资本的增长是组织能力提高的前提，组织资本通过内部互动和外部适应最终提高组织能力。随着组织资本的积累和增殖，组织资本进一步持续影响组织的能力提升，是组织能力的支撑平台（Krogh et al.，2012）。梳理以上文献可以发现，目前研究多从单一的组织资本视角出发，单独将某个组织资本作为研究对象。显然，将与组织资本密切相关的要素，如人力资本、知识资本、流程资本和关系资本等进行集成研究并据此探讨组织资本的增长机制是十分必要的。同时，虽然现有研究关注了组织资本对组织能力的支撑作用，但是仍需要建立一个比较综合的研究框架，据此考察组织资本如何推动组织各阶段的知识活动以及组织资本与能力体系的协同关系。

本书基于以上共识，将企业大学的组织资本定义为，依托企业大学师资、学员和企业所积累形成的知识、技能和经验，表现为企业大学的业务梳理流程、知识梳理流程、信息系统、组织架构、协调机制和内外部关联机制等，代表了流程资本、知识资本、人力资本和关系资本之间的联结方式，为企业知识转移、使用和创造以及企业大学能力的提升提供支持。

二、企业大学能力体系

Louis 和 Mickael（2016）指出，企业大学的主要功能或能力须围绕企业的战略及发展目标来设计，企业大学是增强企业竞争力的战略选择。尽管企业大学的战略性功能或能力已经得到广泛认同，但是对"战略性功能"内涵的认识并不一致。多数执教育功能论观点的学者认为，企业大学的主要功能是弥补传统大学企业教育的不足，使员工知识和技能的培训更加系统化（Kung，2016）。Allen（2010）提出，企业大学就是一个新型教育培训组织，也是终身教育的组成部分，并在传统大学教育与企业培训等整个教育链环节发挥了衔接作用。

随着企业大学的不断发展，其培训的对象不再局限于本企业员工，已经扩展至价值链上下游关联企业。因此，有学者关注到企业大学担负着企业内部各部门之间以及企业同外部组织之间知识传播和扩散的"桥梁"功能。Margherita 和 Secundo（2009）指出，企业大学是利益相关者大学，即促进员工、客户、合作伙伴以及高校教师、专业机构等之间的合作。Christoph 等（2018）指出，企业大学是企业内外部知识资源的整合者。Giuseppe 和 Giulio（2017）强调，企业大学创建了知识共享的平台，是内外部知识循环的交换中心，并提高了知识的传递和使用效率。

近年来，企业大学不仅仅在建立内外部沟通平台上发挥了作用，尤其对知识创新方面的促进作用也得到了认可（Schneckenberg et al.，2015）。因此，许多学者将企业大学的功能提升到企业知识中心的高度来认识。例如，Baporikar（2014）指出，仅仅将企业大学视为教育培训机构是将其功能简单化了，必须关注企业大学在促进知识的开发、熟化方面所发挥的重要作用，企业大学是企业的知识中心。Louis 和 Mickael（2015）强调，企业大学的主要功能不仅是知识转移或传播，而且包括知识开发和创造。Enrico（2017）认为，应将企业大学视为驱动企业创新的服务创新型组织，即企业大学整合、孕育新知识、新理念或通过产学研合作推动着整个企业的创新活动。

总体来看，企业对企业大学的期望在不断提高，要求企业大学发挥更多的作用。企业大学与企业其他研发、生产和营销职能部门相比，具有较强的企业内外联结功能，即联结知识生产、转移及应用多个环节。因此，在一定意义上，比较成熟的企业大学的能力不应仅仅局限于知识转移（培训活动），也应该积极参与知识生产或创造（研发）以及知识应用（孵化）等其他知识活动环节，将三类知识活动高效整合才是企业大学特有的比较突出的组织优势。

三、研究框架的提出

企业大学的建设和发展基点在于企业大学所拥有的组织资本和能力体系，组织资本和能力体系根植于企业大学的运行过程中，经由企业大学的机制和组织管理不断整合与提升，成为企业大学发展和为本企业提供更多知识服务的动力源。组织资本和能力体系是企业大学的基础，而组织资本又是企业大学能力体系的支撑平台。尽管国内外学者对组织资本的研究已取得了一定成果，但研究对象大多是生产型企业，对于作为独立组织的企业大学的组织资本内涵、构成要素和积累路径尚未探查。鉴于此，本书聚焦以下问题：企业大学的组织资本内涵是什么？构成维度及其特征是什么？企业大学的组织资本对企业大学的能力体系有何支撑作用？随着企业大学研究的发展，基于知识视角的企业大学研究已经引起了关注。企业大学知识管理的能力是企业大学创建和发展过程中最重要的核心能力，这一点已被越来越多的学者认可。甚至有学者认为企业大学已上升到知识中心的高度，但随着企业大学发展阶段和程度的变化，企业大学应呈现何种能力体系以及如何形成和演化等问题，现有理论仍没有做出清晰的解释。组织资本和能力体系的动态演变以及协同匹配决定了组织的定位和动态能力。如果企业大学的组织资本和能力体系呈何种演变趋势、两者之间是如何动态协同或匹配的、组织资本对不同阶段的能力体系有何种组合的作用机制和路径等问题在企业大学的研究中被忽视了，将导致理论研究与实践问题的割裂，因此，研究企业大学组织资本和能力体系的组态关系成为破解企业大学完善和提升有效知识治理规律之谜的关键。

综上所述，本书围绕这些问题进行相关研究，搭建"组织资本—能力体系"理论框架，积极探讨组织资本和能力体系的组态关系（见图2-1）。首先，深入研究制约企业大学能力体系提升的组织资本的构成。解析不同组织资本的内在关联结构，全面揭示不同等级的组织资本之间的相互作用和积累路径。其次，对企业大学能力体系的概念机理展开分析，提炼出能力体系包括的四个维度，揭示在不同的发展阶段能力体系的演化机制。最后，基于架构理论的组态分析方法，通过统计分析的实证数据识别出针对不同能力体系层级组织资本的关键驱动路径，在此基础上搭建了企业大学组织资本和能力体系的理论衔接，构建组织资本和能力体系的关系模型，进一步探讨和检验组织资本的多因素作用机制，系统梳理与企业大学在不同阶段的能力提升相对应的组织资本组合，厘清企业大学的组织资本与能力体系的适配以及两者的协同演化机理。总之，通过该框架，能够有效揭示组织资本和能力体系的匹配关系机理，进一步打开企业大学"组织资本—能力体系"这一理论研究范式的"黑箱"，为企业大学的实践提供理论指导。

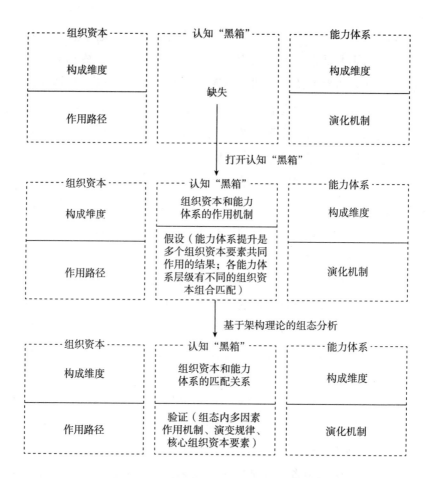

图 2 - 1　研究概念模型提出过程示意图

第三章
企业大学组织资本分析

本章的研究目的是在经典扎根分析的基础上，归纳企业大学组织资本的构成维度，并试图探索其作用机制和可能的积累路径，为企业大学的长期可持续发展和能力提升提供内生驱动。鉴于既有相关企业大学组织资本的研究还较为不足，为了完成这一研究工作，本章的研究思路是：通过对若干所技术型企业大学的中高层管理者的深入访谈，分析企业大学组织资本的构成要素，以构建企业大学的组织资本组合模型。

第一节　经典扎根方法与素材来源

一、经典扎根方法

扎根分析方法是一种科学规范的质性研究工具，由 Glaser 和 Strauss（1967）首次提出。扎根分析法是深入实际情境收集数据，通过对资料中的数据持续比较和分析并将数据抽样化和概念化，在进一步提炼新范畴的基础上构建理论（郝刚等，2018）。扎根理论研究程序科学规范，所构建的理论扎根于经验数据和研究对象的本质，并在数据收集和理论形成过程中不断对比和重复检验以提高构建理论的信度（Virginia et al., 2016）。这使得扎根理论成为定性研究中最科学的方法论之一，因其具有不被理论框架限制和持续比较的优点，也被认为更适于现有研究不够深入和对新问题进行理论建构的探索性研究（Charmaz, 2006）。

　　经过多重比较，本书在诸多的定性研究中选择了扎根理论研究方法。这是因为，相较于定性研究而言，定量研究有其局限性，即如果没有现成的理论就很难提出研究假设。另外，在研究一些复杂和动态现象时，因主观因素在数据收集中会错过或忽略现实中的真正问题，用此方法就很难发现和获得新的理论问题。由第二章的文献综述可知，关于企业大学组织资本的实证研究成果较为缺乏，因而本书拟研究的中国企业大学的组织资本构成等问题无法从已有的文献中获得理论解释，也就很难根据现有的理论提出假设，进而对企业大学的组织资本进行量化分析。面对此问题和研究基础，我们只能先深入情境中，采用定性的实证研究方法发现和探究新的现象和问题，清晰地界定研究对象，进行理论归纳，因此，扎根分析方法适用于本书的研究。同时，鉴于国内外相关文献中尚未有采用扎根方法对企业大学组织资本进行分析，因此在数据分析的基础上尝试和创新运用方法论。

　　本章研究选用扎根理论三大流派中最具代表性和科学性的经典扎根方法，主要原因是该方法避免了程序化和公式化，更加接近实证主义，提高了理论研究的信度（贾旭东和衡量，2016）。经典扎根的原则和核心是没有现成的理论作为参考，而是通过不断比较和分析研究对象的数据和材料提出假设和理论。企业大学组织资本的构成等问题尚未有文献研究，无法从已有文献中获得理论解释，故采用经典扎根的方法深入情境界定研究对象并进行理论归纳。经典扎根方法强调研究者在收集第一手资料时要避免先入为主的主观假定，必须从当事人的视角并深入到事件中探求被访者所表达的信息，进而加以分析并提出理论（Glaser & Holton, 2007）。经典扎根方法的特点：一是持续比较。经典扎根方法特别要注意研究的问题应从研究对象的参与者中产生，使数据收集和分析环节所产生的新概念和范畴与已形成的概念和范畴不断进行交互和对比分析，直至没有再出现新的概念和关系，达到理论饱和。若理论未达到饱和，则需要重新审视数据资料和分析过程，对资料进行相应的补充以至达到理论饱和（张笑峰等，2015）。二是数据的丰富和多元化。经典扎根方法认为"一切皆是数据"，即任何涉及研究对象的建构资料都可以作为定性研究的数据来进行比较分析（Charmaz，2006）。这意味着，经典扎根方法的数据不仅包括一切与研究问题相关的客观资料，如研究对象的图片和音像、访谈记录、调研数据、研究对象的观点、个人经历和现有文献，而且包括研究者对研究对象的认知。三是文献回顾延迟进行。经典扎根中的文献也是数据，研究者可以将文献中已有的数据与现实情境中出现的现象进行比较（Manal & Ab-del，2015）。经典扎根方法为了使研究者避免受到已有文献先入为主的影响，只有当现实或实践中数据概念化的分析完成后，才会回顾和比较相关领域里的文献。

经典扎根方法有着规范的研究程序，根据研究进程不断地进行动态调整。根据 Glaser 和 Strauss（1967）、贾旭东和谭新辉（2010）、贾旭东（2010）的研究，本书将经典扎根理论的研究分为研究问题、数据收集、数据处理和理论构建四个阶段。具体按照图 3 - 1 所示的步骤，对企业大学组织资本的构成和作用机理进行经典扎根研究。同时，通过思维导图软件 Mindmaster 2018 对经典扎根研究所形成的大量文本资料和数据进行编码整理的辅助分析，这样做有助于提高研究者文本研究的效率。

二、素材来源

经典扎根方法的数据收集一般采用理论抽样，也称为目的性抽样，即根据研究目的有针对性地选取样本（贾旭东，2010；贾旭东和谭新辉，2010）。经典扎根方法通常采用访谈、参与观察、田野调查等方式获取一手资料。另外，文献研究也是经典扎根方法的资料来源之一。本书主要采用个人深度访谈的方法收集资料，同时将企业大学中高层的会议讲话稿、工作日志、企业大学的管理制度等文本作为补充。

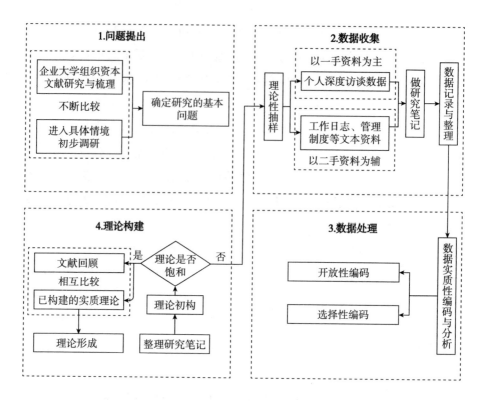

图 3-1　企业大学组织资本分析的四个程序步骤

本章选取 7 所技术型企业所属企业大学的 18 名中高层负责人作为案例研究对象进行深度访谈。深入访谈是质性研究的一种非常重要的数据收集方法，它通过与受访者深入地互动交谈以探讨现象的形成。样本数量的确定是以理论饱和为原则，即获取的新资料中不再有新的重要信息。研究团队先后于 2017 年 2~8 月分别对这 7 个案例对象进行了 3 次实地调查。在征得被访者同意的基础上，访谈进行了全程录音，并在访谈结束 2 天内进行了文字转录工作。随后，研究者请被访者对访谈信息进行了核实。拟访谈 15~20 人，最终对 7 所案例企业大学共计 18 名中高层负责人进行半结构化访谈，每次访谈时间为 1~2 小时，访谈地点一般在被访谈者所在企业大学。每次的实地调研均由笔者对受访者进行访谈，受访企业大学的中高层负责人来自华为大学、海尔大学、康佳学院、华润大学、中兴通讯学院、协鑫大学、国网技术学院 7 所企业大学。访谈对象为这 7 所企业大学的校长、副校长，培训教育部、发展策划部、对外交流部、学习技术与交付管理部、专业能力学习方案部、项目管理部等部门的负责人。

访谈样本的选择遵循如下原则：①样本的有效性，受访者应具备在企业大学或企业工作 5 年及以上的工作经验。②样本的代表性，受访者包括企业大学校长、企业高层及企业大学相关部门的主要负责人。之所以选择企业大学校长、副校长是基于他们对企业大学的机制和制度的形成以及采取何种措施以提升企业大学的能力负有主要责任；对企业大学分院院长、部门部长或副部长进行访谈是因为他们的工作涉及企业大学的主要业务范围，能够更好地了解企业大学日常所做之事和内部资源。③研究的可行性，考虑到受访人员的实际情况，确保该人员能够在研究时间内完成访谈。

本书研究的数据围绕一个核心问题展开，其基本表述是"有哪些关键的因素能提高企业大学的能力，即如何使企业大学的知识活动增效？"具体访谈问题包括：每日的工作安排和参与的事项有哪些？工作内容和职责是什么？有什么标志性事件？如何选聘企业大学的授课讲师？是否和上下游产业链或是科研院所等机构联系和合作？与企业内部各部门如何进行知识交流？支撑企业大学能力提升方面如何配置资源？

为了打消受访者的顾虑以保证数据的真实性，在每次访谈前，笔者均以书面形式向受访者出示"保密承诺书"，承诺该访谈仅用于研究使用，不会将访谈的内容泄露给任何第三方，且在研究的最终成果中不会出现有关受访者个人的详细信息或任何可能暗示受访者个人信息的内容。所有访谈完成后整理这 18 份访谈记录的录音文稿近 5 万字，参考工作日志、讲话、管理制度等文件等总计约 8 万字，视频时长 130 分钟，音频时长 102 分钟，图片 25.4M。多个数据源的支持使本书的核心范畴和理论模型得到了三角检验，提高了研究的信度和效度。

第二节　数据编码

经典扎根方法的关键环节是实质性编码，包括开放性编码和选择性编码两个数据处理阶段（Glaser，2001）。每次访谈后都是通过实质性编码进行数据的处理和分析。首先进行开放性编码，共计获得 300 个编码，在获得"内部师资网络"、"外部师资网络"、"内部知识流程"、"外部知识流程"、"硬件平台"、"知识共享平台"等核心范畴后进入选择性编码阶段。其次在选择性编码阶段，将数据和文献相比对后确定该核心范畴再无其他范畴而判定为饱和，共计获得 283 个选择性编码。最后进入理论构建阶段。在数据编码和分析的过程中出现大量的文本，利用 Mindmaster 2018 进行整理，提高编码的效率并且使概念的形成更加形象化。

一、内部师资网络

企业大学的重要工作就是对员工进行知识培训，在经历了主要借助外部师资进行员工培训后，越来越多的企业大学逐步在探索如何更有效地实施员工培训（Sugunah & Lokman，2018）。其中，企业的内部师资队伍越来越受到重视。大部分企业大学惯常采用的是引用高校专家学者、科研机构、培训机构和咨询公司师资授课的方式，但是在引用外部师资的过程中却存在诸多问题（杨亮，2021）。首先是企业培训的针对性不强，对企业知识的培训效果不佳。针对企业的专业技术等问题，外部师资并不能深入了解，也就无法解决一线经理和专业部门技工的现实问题。而内部的师资大多是企业一线技术人员和管理人员，能够立足企业实际量身定做，更有针对性地解决专业技术难题。其次是从构建学习资源的系统性和持续性来讲，外部师资通常对某些部门当前存在的问题进行课程讲授，虽然培训的课程具有时效性，但却影响了企业大学对这些学习资源的进一步更新和系统地开发利用。员工的能力是循序渐进、逐步提升的复杂过程，企业大学的内部师资恰好能够承担对员工进行差异性、持续性和系统性专业辅导的任务。最后建立内部师资队伍能够传授和传承企业内部的专业技术和管理能力等相关知识，内部师资网络体系为企业的知识管理提供了非常重要的引导机制。另外，内部师资网络也是在充分利用了企业内部资源的基础上降低了企业培训的成本。因而，内部师资网络资本的建立是非常有必要的，已然成为企业大学培训取得实效的最佳途径。

我们在研究中发现了核心范畴——内部师资网络，支持该核心范畴的数据和编码在对企业大学中高层的访谈中多次出现。以下 5 段是分别从 18 位企业大学的受访者处获得的访谈数据。

部分受访者提到了企业大学的内部师资来源问题（见表 3-1）。

表 3-1　数据 1

数据	编码
所谓大学者，非谓有大楼之谓也，有大师之谓也。作为企业创办的大学或者是内部培训机构，师资必然是很重要的部分，特别是师资的选聘情况。业务部门有了某个培训需求，就要联系老师，找到哪位老师对这个领域熟悉，能讲授这门课程。虽然学院也有一部分固定的师资，但主要还是从企业内部选聘，大部分内部选聘的老师都是流动的 　　这就需要和业务部门沟通选聘生产实践一线的、职业能力强的员工作为师资候选人，特别是要多选聘研发部门的工程师作为学院的兼职讲师 　　大学有近 200 名员工，专职老师很少。强调兼职讲师要离业务近、具有实战性，这就需要从一线选聘优秀经理人作为讲师 　　现在学院已经有近 2000 名兼职讲师，而且大部分都是部门经理人和一线的工程师 　　（康佳学院受访者；国网技术学院受访者；海尔大学受访者；中兴通讯学院受访者）	内部选聘师资；按照业务部门的需求寻找师资；对业务领域熟悉的师资；内聘师资流动性；一线师资；工程师师资；专职老师；师资来源；兼职讲师；业务近的老师；实战派师资；一线经理人；选聘优秀员工作为讲师；兼职师资较多；大部分部门经理人师资；一线工程师师资

注：数据为访谈节选。下同。

部分受访者谈到了在内部师资中的职级情况（见表 3-2）。

表 3-2　数据 2

数据	编码
集团董事长、党委书记、总经理等集团高层都会经常为学员授课，在集团领导的带动下，学院各职能部门和子公司负责人也都纷纷到学院授课，而且还参与课程开发，这不仅有力地推动了内部兼职教师建设和具有集团特色的课程体系建设，而且形成了"职工以到学院接受培训为荣，各级管理者以到学院授课为荣"的良好氛围 　　为保证大学方向不搞错，在大学上面设置指导委员会，董事长是指导员，3 个轮值 CEO 作委员，半年要开一次会。成立校级行政组织，校长负责对大学的供给进行引导管理 　　学院会不定期地邀请集团高层来大学授课，这也是集团内部管理层的一种沟通方式。在某些重要课程的开班仪式和结课时，都会邀请董事长来讲一节课。董事长的讲话会涉及企业的方向和战略。董事长的讲话稿会在随后的教师研讨会中传达，相关部门会把董事长的讲话稿上传官网供所有学员继续学习和领会 　　（华润大学受访者；华为大学受访者；协鑫大学受访者）	企业高层高频率授课；职能部门负责人授课；高层参与课程建设；集团管理者以到学院授课为荣；指导委员会；董事长做指导员；高层会议引导管理；邀请企业高管授课；董事长授课；传承企业战略；举办师资研讨会；高层理念灌输

部分受访者谈到了中高层师资之间、高层师资之间讲授内容的相互承接和补充，这样才能围绕企业的战略落地、知识分享和员工技能提升展开更有效的培训（见表 3-3）。

部分受访者谈到建设内部师资网络（见表 3-4）。

还针对内部师资建设的有如表 3-5 所示的表述。

在开放性编码阶段，"内部师资网络"获得 6 级共 52 个编码或范畴的支持，通过以上数据和编码探查并判定"内部师资网络"为核心范畴。在选择性编码阶段，因该范畴又获得了 4 级共 48 个范畴的支持且尚未发现其他编码，故判定其饱和。

使用 Mindmaster 2018 软件整理"内部师资网络"这一核心范畴在开放

表 3 – 3　数据 3

数据	编码
最近学院邀请了集团董事会办公室、集团审计部的讲师，通过授课、视频、案例研讨等多种形式强化学员对企业文化及核心价值观的认知……包括集团的总经理、副总经理和学院院长在内的高管要在"高管沙龙"与学员分享经营理念并进行问答互动，领会和详细解读企业的战略和董事长讲课内容，补充董事长讲授的内容，使讲授的内容符合企业的战略发展。每周学院开中高层师资座谈会，这样可以保证中高层讲授的内容互相承接 　　目前比较关注师资体系完善，大学的师资体系包括内部的内训师和学员兼职讲师，还有外部的客座教授 　　要对师资制定一系列的规范要求，对师资的能力素质、培养计划和方法、激励机制等做一些研究。还需要对各个中心调研，了解各业务部门对师资的具体要求 　　通过探查业务部门的需求征集和统筹安排优秀的业务骨干、集团高管等作为内训师，辅助聘请客座教授、供应商、咨询公司的老师，因为主要涉及业务技能的培训层面，这就需要聘请对集团业务流程熟悉的老师来大学授课。内、外部的师资比例为 7∶3，主要还是实行内部讲师制，外聘师资是辅助。对业务部门的骨干会进行教练式的辅导，完善他们的师资认证体系 　　建立了讲师的评价体系，如聘请专业认证机构和集团一线的营销专家对这些内训师进行认证和评价。组织专门的营销专家一起讨论完善和充实这些来自一线的案例，并且积累为完整的课程体系，这样大学讲师的授课标准就研发出来了 　　（华润大学受访者；海尔大学受访者；中兴通讯学院受访者；康佳学院受访者）	董事会讲师；高层互动；补充董事长讲授内容；讲授内容符合企业战略发展；师资座谈会；中高层讲授内容相互承接；完善师资体系；专兼职讲师；内训师有兼职讲师和外部客座教授；制定师资规范和要求；按照业务部门需求征集业务骨干老师；集团高管作为内训师；内部讲师比例大；内部讲师制；外聘师资熟悉企业流程；教练式辅导；师资培育；师资认证体系；讲师评价体系；积累课程体系；研发讲师标准

表 3 – 4　数据 4

数据	编码
……在平时培训中一旦发现具备讲师潜质的员工，就会鼓励他做兼职讲师，补充进大学的讲师库。虽然他具备讲师的素质，但是大学还要对这些新挖掘的兼职讲师进行专业化和系统化的教法培训。大学内部兼职讲师队伍是流动的而不是固化的，对于积极性不高或是没时间授课的兼职讲师，大学会和本人协商取消其讲师资格 　　大学构筑公司内部主管、负责人等中高层人人是内训师的培训架构和平台 　　经常组织专兼职师资座谈会，也一直在注重内部师资的培养，设置了优秀讲师物质与精神奖励，通过组织专兼职教师进行学习进修活动，如"金苹果"项目就是从选拔培养、课程开发、管理和激励方面提升师资能力 　　（协鑫大学受访者；华润大学受访者）	挖掘有潜力授课的员工；培训有讲师潜质的员工；讲师队伍流动；淘汰不积极讲师；补充积极性高的讲师；高管成为内训师；专兼职师资座谈；内部师资培养；物质与精神奖励；专兼职教师学习进修；提升师资能力

表 3 - 5　数据 5

数据	编码
教师不是终身制，而是循环起来输出每个人最优秀的时段，给予学员更多的启迪……对教师要有激励，每隔一段时间就会举办优秀教师的表彰活动，如颁奖庆典，就是大学授予他一个称号，再把奖品寄给他，随后登报表彰。他有空再回来参加颁奖仪式，这样可以激励他和其他的教师更好地学习和输出 　　不断进行师资队伍建设，改善讲师梯队结构和加强激励机制。大学内部的核心讲师主要包括对培训感兴趣的员工，技术骨干有工程师、各级的管理者、高管三个来源，这些被纳入讲师资源池的讲师也是分等级授课的，在定授课费时就要考虑讲师的等级，资深讲师每天最高2万元的授课费。其次是高级讲师、中级讲师、讲师以及助理讲师。物质激励是必须的，但最主要的是确定这个机制，不能只有一种分配模式 　　（华为大学受访者；协鑫大学受访者）	企业培训师资理念；师资输出优秀时段；循环教师；非终身制；实际启迪的师资；教师激励；表彰活动；物质奖励；精神奖励；师资队伍建设；改善讲帅梯队结构；加强激励机制；内部核心讲师来源；技术骨干师资；高管师资；评定讲师等级；授课费；讲师资源池

性编码和选择性编码阶段的数据和范畴，如图 3 - 2 和图 3 - 3 所示。

　　从以上得到，"内部师资网络"是企业大学能力提升的重要因素之一。进一步地，从选择性编码中可以得到"内部师资网络"内涵主要包括以下四个方面：

　　第一，内部师资的来源。企业大学的内部师资大多按照业务部门的需求选聘技术骨干、优秀的员工、部门经理等一线员工。内外聘的师资控制在合理的范围内，内部师资居多是企业大学知识转移取得最佳实效的保障。内部讲师不仅承担为员工授课培训的职能，而且围绕公司的各类问题展开相应的研究并提供解决方案，成为企业内部的智库。同时，通过研究业务实际问题等一系列学习项目辅导建立了教学相长的平台。

　　第二，内部师资在企业内的职级。企业对企业大学越来越重视，授课教师中包括大部分董事会成员和企业中高层经理，他们都会高频度地参与课程的讲授。企业的董事长通常也会参与授课。

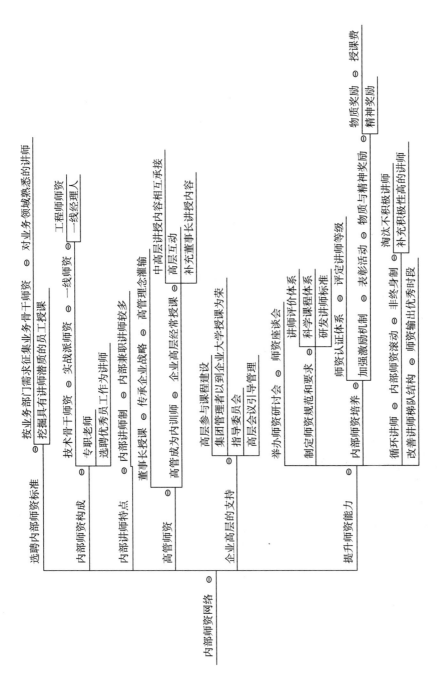

图 3 - 2　发现"内部师资网络"范畴的开放性编码

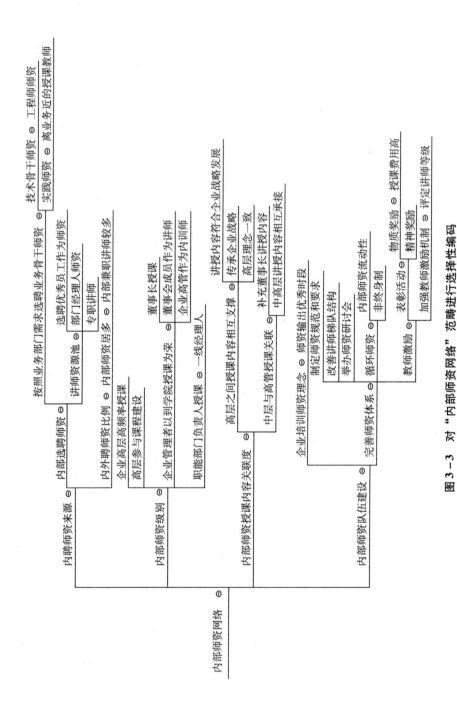

图 3－3 对"内部师资网络"范畴进行选择性编码

第三，内部师资授课内容的关联度。作为企业大学的师资，只有高层的理念一致，所有高管的讲授内容相互支撑才能符合企业的发展战略。中高层在讲授过程中要相互承接，补充董事长等高层讲授的内容而不是质疑高层的理念，这样才能使员工围绕战略落地，更好地理解和传承企业的战略。

第四，内部师资队伍的建设。打造优秀的内部师资队伍、完善内部师资体系是实施企业大学有效培训的先决条件。一是挑选适合的内部师资，内部师资要有流动性，建立非终身制。内部讲师出成果时或在最优秀的时段给学员授课更有利于知识的高质量转移。二是根据企业的实际情况制定内部师资管理的规范和要求，规范内部师资的开发管理、进入和退出机制。三是明确内部讲师激励机制，分层分级地进行物质和精神奖励。通过举办研讨会、统一备课等方式加强师资之间的沟通，探讨更加适合本企业的知识体系。

二、外部师资网络

企业大学的师资直接关系企业大学培训能否有效开展（张竞，2003）。虽然内部师资熟悉企业的情况，但缺乏知识的深度和体系化，大多为兼职，培训经验不足。为此，很多企业大学会根据实际情况，通过各种方式聘请一定数量的高校教授、同类企业的高管、行业内资深专家和职业培训师等作为企业的外部师资提供外脑支持，以弥补企业大学内部师资的不足。外聘的师资大多深谙前沿理论知识，拥有广阔的产业知识和丰富的企业培训经验，但对企业大学所属的企业运营情况和高管的战略意图并不清楚，所授知识普遍缺乏实战性和针对性，无法真正有效地与学员的业务相匹配。因此，如何选聘适合企业的外部师资是企业大学开展培训和创新的重要支撑。表3-6和表3-7为来自7所企业大学的18名企业大学中高层负责人的访谈数据。

部分受访者谈到了如何选聘外部师资以及聘用师资层次的问题，他们还谈到了企业大学外聘师资的层次都很高，部分师资是董事长亲自出面聘请的专家（见表3-6）。

表 3 – 6　数据 6

数据	编码
除内聘的师资外还要外聘部分师资，补充大学内部讲师所欠缺讲授的管理方法和理论知识或是前沿知识，而且对于这部分师资，董事长主要要聘请层次更高的老师，如通过调研发现一些院士、长江学者等知名的专家在集团所涉及的相关专业领域有研究，那么大学就会通过一些渠道联系这些专家来为学员授课或者是做兼职教师。校长聘请不到的专家，会向董事长汇报，请董事长出面聘请。可以说大学通过高管聘请的外部师资还是很多的 　　邀请或者选聘一部分外部的兼职教授参与学院的培训，学院已经和多所大学如东北大学、上海交通大学、安徽工业大学确立了长期合作关系，选聘了 30 多名专家 　　而且要聘请来自多个不同国家的专家教授到学院讲学或者工作。通过与国外多个研究机构和企业联系，学院先后派出了骨干教师上百人次赴国外进修 　　在上海开企业大学研讨会时结识了西安交通大学的徐教授，她的观点很有新意，看得出来她在这方面的研究很深入，接下来大学派专人和徐老师做了很多的沟通，邀请她到大学来授课，这种懂实战又懂理论的老师是大学非常需要的 　　（海尔大学受访者；协鑫大学受访者；中兴通讯学院受访者）	外聘师资；聘用师资层次高；聘用院士；聘用长江学者；董事长亲自聘请师资；高管聘用师资多；外部兼职教授；高校教师选聘；选聘国外专家讲学；教师国外进修；校长亲自聘请师资；外聘实战和理论兼有的师资

　　部分受访者具体谈到了企业大学外聘师资的选聘标准，主要聘请熟悉企业战略和管理的专家学者，进一步谈到外部聘用师资的比例问题（见表 3 – 7）。

　　在开放性编码阶段，"外部师资网络"获得 5 级共 26 个编码或范畴的支持，通过以上数据和编码探查并判定"外部师资网络"为核心范畴。在选择性编码阶段，因该范畴又获得了 5 级共 28 个范畴的支持且尚未发现其他编码故判定其饱和。

　　研究使用 Mindmaster 2018 软件整理"外部师资网络"这一核心范畴在开放性编码和选择性编码阶段的数据和范畴，如图 3 – 4 和图 3 – 5 所示。

表 3 - 7　数据 7

数据	编码
……陪同总经理到香港科技大学、深圳大学等高校聘请行业专家，有近 50 名集团内外部专家被吸纳进了创新专家库，为集团提供智力支撑。在和企业外部顾问沟通时要求咨询机构选派对精益生产熟悉的实战派老师担任讲师 深入高校、科研院所、培训机构选聘合适的师资。一些遴选的师资是与董事长或校长熟识，这些老师只要有时间就会来大学授课，大学也非常希望这样的老师来授课，因为这些老师与公司高管沟通较多，特别是他们比较了解集团高管的作风，也可以说外聘老师就是要聘请熟悉集团高管作战风格的、熟悉集团战略的老师。所以在选聘老师时会邀请对集团熟悉，或者是对集团业务技术熟悉的老师来授课 要对外部师资进行选聘，虽然外聘的师资较少……高薪聘请高校、科研院所的研究团队弥补自身师资的不足。但是因为很多外部的师资并不熟悉企业流程，仅仅是理论的灌输，所以会组织外聘的师资对集团先进行调研，熟悉集团的业务流程，再联系实际，运用管理学等方法为学员授课 （海尔大学受访者；华为大学受访者；国网技术学院受访者）	吸纳专家到创新专家库；提供智力支撑；外部顾问沟通；熟悉生产系统的实战派讲师；外部高校和科研院所等机构选聘师资；师资与高管熟识；师资了解高管作风；熟悉企业战略的外部师资；熟悉企业业务技术的外部师资；外聘师资较少；高薪聘请研究团队师资；外聘师资不熟悉企业；外聘师资理论灌输；使外部师资熟悉企业的业务流程

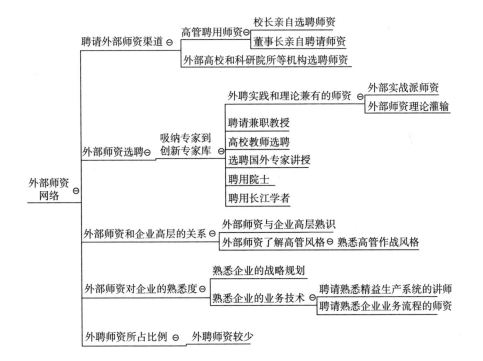

图 3 - 4　发现"外部师资网络"范畴的开放性编码

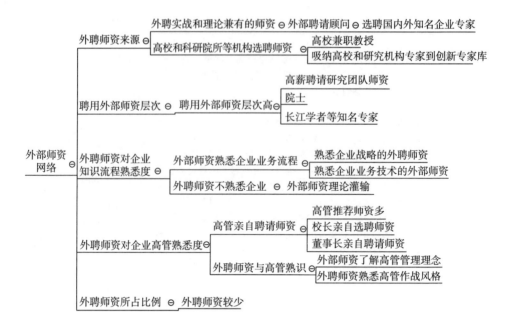

图3-5 对"外部师资网络"范畴进行的选择性编码

从以上研究中可以看出，外部师资网络是支撑企业大学能力提高的重要因素之一。进一步地，从选择性编码中可以得到，外部师资的选聘要注重以下五个方面：

第一，外聘师资的来源。企业大学的外聘师资主要来自高校和科研院所选聘的教授和专家学者，还有聘请于国内外的知名企业家和行业资深专家。

第二，聘用外部师资的层次。在企业大学外聘的师资中，不仅聘请教授等学者，还聘请国内层次较高的行业顶尖人才，如院士、长江学者等知名专家作为客座教授，为企业大学的学员提供智力支撑。

第三，外聘师资对企业知识流程的熟悉程度。聘请的外部专家除为学员上课外，还要定期帮助企业进行诊断分析，发现经营管理中存在的问题。聘请的外部师资如果不熟悉企业，仅是对学员进行理论灌输，那么所讲授的内容就没有针对性，也就达不到为学员进行业务梳理的效果。而聘请熟悉企业业务流程的专家，则可运用其丰富的前沿理论知识以及有针对性的业务技术知识提高学员学习的效果。

第四，外聘师资对企业高管的熟悉程度。一方面，如果聘用的外部师资与企业高管熟识，并了解高管的战略理念，讲授时就能更好地传达高管的战略意图，使企业大学的培训更符合企业的战略规划。另一方面，企业大学的外部专家师资和顾问大多是被推荐而来，高管亲自聘请产业知识和专业知识丰富的专家，特别是校长亲自选聘的师资和董事长亲自推荐并联系的师资，则更有利于使外部师资所讲授的内容与企业知识的匹配，贴合企业发展的需要。

第五，外聘师资的比例。随着企业大学的不断发展和完善、内部师资能力的提升，越来越多的企业大学较少聘请外部师资，而是采用辅助外聘师资的形式。聘请的外部师资大多也仅是做技术讲座或将其纳入专家库为企业创新创业提供外脑支撑，外部聘请师资逐渐成为内部师资的有益补充。

三、内部知识流程

企业大学是企业建立的为企业进行知识治理的机构，知识管理的理念与企业的业务流程早已融为一体（刘新梅等，2017）。企业大学知识治理重要的是将企业所需的关于客户、产品和流程等独立而分散的相关知识联结在一起，避免企业知识锁定等知识系统效率低下等问题，促进企业知识流程的顺畅和优化（盛伟忠和陈劲，2018）。企业大学的知识活动渗透在企业内部业务流程的各环节，通过梳理业务部门的知识流程和整合知识链条，建立企业内部的知识网络，继而提升企业知识创新能力和知识系统的效率（卢启程等，2018）。企业大学不仅是企业整合知识资源实现知识共享的工具，而且是企业的知识库，梳理企业内部各业务部门的业务流程和知识流程是其作为企业知识治理机构的核心功能。针对企业的知识缺口问题，特别是关键知识的量与质的缺乏是影响企业发展的战略性问题，是企业大学研究企业知识缺口的弥补策略，同样对于企业的生产和成长具有重要的实际意义。

部分受访者谈到企业大学要获得企业高层支持并积极参与（见表3-8）。

表3-8　数据8

数据	编码
企业大学需要和企业多个部门做好衔接与沟通。校长可以称为首席学习官，要给学员宣解公司战略，并且将战略进行很好的分解和落地，包括下一步组织课程也要和战略相关	业务管理经验与各部门衔接；各部门沟通；首席学习官；战略理解和分解；宣解战略；组织与企业战略相关课程；高层高频度参与；高层支持；解决问题的培训；按需培养干部；按照业务部门需求培训；关键业务
集团董事长、党委书记、总经理等主要领导和校长，也是要高频度地参与大学重要培训项目的设计、授课、研讨和研修成果汇报点评，指导大学的管理研究工作	
学院不会去市场上购买那些热门的课程，因为学院的培训目的是要解决公司内部问题，公司的业务部门提出什么样的业务需求，学院就按需求把培训大纲和考试大纲拿出来。需要培养什么样的干部，学院就制定方案培养什么样的人才，这样就不会让业务离学院的培训渐行渐远	
（华润大学受访者；康佳学院受访者；中兴通讯学院受访者）	

部分受访者提到，参加高层决策会议和协同董事长办公室制定企业的战略规划等事项，同时也提到了帮助业务部门筛选所需的知识信息、识别业务部门的知识短板等（见表3-9）。

部分受访者谈到，重点工作是了解业务部门的知识掌握程度，使培训与业务实际相结合（见表3-10）。

部分受访者谈到，培训要与业务一致，特别是多次参加业务部门的会议、组织业务部门的研判会等，为各业务部门提供交叉协作的平台（见表3-11）。

部分受访者谈到，其主要工作在于研究业务所需的知识是否与企业匹配，并帮助企业解决业务痛点，获取匹配的知识。部分企业大学受访者还谈到成立了管理研究中心提炼管理的方法（见表3-12）。

表 3 - 9 　数据 9

数据	编码
企业大学的定位较高，因此需要站在战略高度上与业务部门进行对接，而且培训要给业务部门带来明显的收益。出发点是要让业务部门实际感受到学院培养的人对业务是有帮助的，考察企业需要掌握什么知识，业务部门的知识缺口是什么。除公司开会外，校长或各部门负责人会经常回公司向各业务部门的负责人了解公司运营情况，调研和分析业务部门的知识需求是否与企业的经营战略相关 　　帮助集团解决经营中的难点问题，与董事长办公室联系在集团战略方向制定方面做一定的工作，如大学的执行校长要定期参加集团董事会或者集团有关战略决策研讨的高层会议，这样就能够把握集团的战略方向……培训的表格和实际企业操作中的表格、代码和标识符一模一样。教师讲授的内容与实际工作内容没有差距，就是要建立一个"所学即所得"的模式。公司的核心业务以项目方式开展运作，大学需要保证项目团队的有效运作，提供专业能力学习解决方案。此外，还要对公司项目能力提升目标负责 　　学院整体运营是自负盈亏的，会拟定一些合作协议，审批各部门报来的业务需求，还需要申报课酬，以及向院长汇报项目收入的结算单。自负盈亏的有偿模式可以保证学院的培训和业务的一致性，防止业务部门滥用学习资源……成立学习技术开发项目团队，进行学习发展项目的设计和开发，为学员提供个性化的学习技术解决方案。另外，系统的规划和建设要面向公司各级管理者的学习解决方案、课程体系和所有相应课程以及关键学习项目的开发设计、专业交付、维护更新与项目管理。建设和管理面向各级管理者学习项目、领导力学习项目的知识资产。协同项目管理，面向 BG、BU 和一线组织，建设并且提供有针对性的项目管理学习与发展解决方案；进行全球项目管理核心学习内容的设计开发、维护更新及专业交付与管理，管理项目管理学习的各类知识资产；建设案例共享平台，负责公司核心业务领域的案例和经验总结。梳理和推广案例方法论、运作机制等，并以此来赋能业务部门 　　（协鑫大学受访者；中兴通讯学院受访者；华为大学受访者）	战略高度与业务部门对接；为业务部门带来收益；培养的人才对业务有帮助；业务需求；业务部门知识缺口；培训需求调研；分析培训相关性；帮助企业解决问题；定期参加董事会；参加集团决策会议；参与高层会议；参与制定企业战略；培训贴近企业实际；讲授内容与实际业务一致；项目式运作；项目管理和经营；项目团队；内部客户满意；专业能力学习解决方案；项目能力提升；运营自负盈亏；与业务部门拟定合作协议；审批业务部门的业务需求；收费模式；教学交付平台；培训与业务一致；学习发展项目设计和开发；技术开发项目团队；学习技术解决方案；学习项目；协同项目管理；核心案例总结；建设案例共享平台；梳理和推广案例方法论；赋能业务部门

表 3 – 10　数据 10

数据	编码
岗位能力分析是学院培训的重要内容，学院组织业务部门的骨干编制与业务相关的课程。到目前为止，学院共出版发行了岗位标准化的教材和实际工作案例汇编等 6 本书籍，这使得培训和业务紧密结合 　　学院通过学员递交的学习报告以及结课后的测试和现场问答等环节了解学员对知识的掌握程度和运用知识改善项目的能力 　　大学设置的职业发展中心在公司每个业务板块都有一个对接人，这个人主要负责收集各业务板块的需求，然后汇总到职业发展中心负责需求受理分析的部门，由这个部门将业务需求加以分派，或开始项目设计，或进行进一步诊断。同时，开展多项目的资源管理，通过项目准入和资源管理，不仅对项目进行取舍，还包括项目优先级划分、项目交付效果评价。当然要想和业务部门对接，帮助业务部门分析它们存在的问题和欠缺的能力是什么，通过怎样的培训去解决，就要非常了解这些业务部门的专业知识，如通过参加业务部门的工作例会，熟知企业内各部门制度、流程和业务内容，对业务部门培训需求进行统计、分析和总结，这样才能做出具有针对性的培训计划 　　（中兴通讯学院受访者；康佳学院受访者；海尔大学受访者）	岗位能力分析；出版岗位标准化教材；了解知识掌握程度；培训和业务结合；课程结合工作实际；运用知识改善项目；业务对接；收集各业务板块的需求；项目设计；业务诊断；多项目资源管理；项目优先级划分；项目交付评价；分析业务部门存在的问题；分析业务部门欠缺的能力；培训解决业务部门的欠缺；了解业务部门的专业知识；参加业务部门工作例会；熟知业务流程；统计和分析培训需求；提出有针对性的提高计划

表 3 – 11　数据 11

数据	编码
学院已经建立了联席会议制度，主要是将培训、工作研讨和会议都融合在一起探查业务部门需要哪些知识，哪些知识是有缺失的。以组织研判会的方式分析公司业务部门达成经营目标会遇到什么障碍，帮助业务部门筛选所需要的知识信息。通过跨部门的交叉合作以及会议讨论，学院可以系统地梳理和凝练知识，为业务主管提出改善建议。另外，学院有专人经常和业务部门主管沟通，学院的人员参与业务部门的某些项目，提炼项目的经验和流程。同时编制了很多针对内部业务流程的文档。公司领导和业务部门主管会经常到访学院，学院每周都会接访集团内部的领导十余人次，商讨如何更有效地为集团的业务服务 　　董事长来大学视察时强调了大学与专业学院的联合工作机制的落实，所以大学在随后每周的研讨会上加强了"七个重点项目"以及"四个平台"建设的研讨，总结最佳实践，构建方法论，促进专业学院以及各利润中心相互之间的交流和分享。考察了很多方法，最终决定运用复盘技术在课中、课后对相关项目及工作进行复盘，这样可以很好地总结成功经验，沉淀集团的最佳实践 　　（康佳学院受访者；华润大学受访者）	联席会议制度；参加业务部门会议；探查业务部门所需知识；探查业务部门知识缺失；组织业务研判会；分析经营障碍；跨部门交叉合作；梳理和凝练知识；为业务部门提出改善建议；参与业务部门项目；提炼业务流程；编制业务流程文档；联合工作机制；工作复盘；沉淀经验

表 3 - 12　数据 12

数据	编码
启动了领导力精耕班培训项目，引入了绩效改进理念和工具，采用以解决业务痛点问题与培养人员能力同步的培训策略，让各业务单位带着任务目标或者痛点问题来，由大学的干部以及骨干员工组成问题解决队参与项目，一般通过 2 个月的行动学习方式，再由专业的绩效改进师引导，解决业务痛点……研究业务发展的速度和规模与集团的基础是不是匹配，这样可以全面规范提升质量管理的水平。因为来这个班的都是中层以上的干部，所以校长会在这个班授课，其实主要目的就是和各业务部门的骨干拉近关系，才能更了解集团的业务实际，很好地参考和把握大学的方向……目前一直在推广行动学习这样的形式，就是在解决实际问题中边干边学地发展技术和流程，集团领导也给予了反馈和积极的评价。要求学员在学习完成后做结题报告，最后交的那份报告由校长和专家做评委，就和毕业答辩一样，针对报告一问一答来检验学习成果，这其实对他们来说也是一个梳理的过程 　　董事长一再强调要将学院定位为集团的管理研究中心和员工创新活动平台。所以大学很早就成立了管理研究所，通过研究技术工程知识在集团的实践和推广，为集团持续运营、管理变革和管理决策提供咨询服务。另外，研究所也帮助集团总结提炼集团公司内部的管理工具、管理方法和优秀管理实践，跟踪行业理论发展的前沿……现在已经将课程培训转为"问题驱动"的 3Q 研修模式，围绕现场工程技术问题、产品质量、工艺操作采取快速培训。这样就可以利用学院的平台将生产部门、营销部门、研发部门以及上下游产业链的相关人员组织在一起共同研究并且解决问题。大学主推并且也确实实施了一系列技术领域团队建设、"金苹果计划"等体制和机制的创新模式，这能够有效地培养具有国际视野、优秀的研发队伍 　　（华润大学受访者；协鑫大学受访者）	绩效改进理念和工具；解决业务痛点；培养人员能力；组成问题解决团队参与项目；行动学习；绩效改进引导；研究业务发展与企业是否匹配；全面规范和提升质量管理水平；管理研究中心；创新活动平台；为集团运营和变革提供咨询服务；提炼集团内部的管理工具；提炼管理方法；跟踪理论前沿；问题驱动；研究工程技术问题；研究产品质量和工艺操作问题；技术领域团队建设；培养研发队伍

部分受访者还谈到，为提高业务部门的关键业务能力，在探索创新业务实践特别是在跟踪行业知识动态、技术查新方面有一定的侧重（见表 3 - 13）。

在开放性编码阶段，"内部知识流程"获得 6 级共 71 个编码或范畴的支持，通过以上数据和编码探查并判定"内部知识流程"为核心范畴。在选择性编码阶段，因该范畴又获得了 3 级共 81 个范畴的支持且尚未发现其他编码故判定其饱和。

表 3 - 13　数据 13

数据	编码
学院建立完善的员工技术和能力资格鉴定体系，以提高关键业务能力。案例赋能中心负责案例开发和案例教学，这也是为了识别知识短板，以案例的形式总结最佳实践，梳理项目管理的全流程 　　大学举办创新创业大赛，设置项目路演、创新集市项目展示、项目与产业对接等环节以探索创新业务的实践。员工组成 16 个项目公司，结合实际工作深入探讨，并且运用甘特图等工具现场进行演练。这个大赛参照业务流程，协调生产部门和研发部门等工程师的工作内容和工作方法，立项审核项目。对于每一个项目，大学都组织专家研讨，集团放有 5 亿元的创新基金在大学，用这笔基金来支持好的创新项目 　　为使集团各业务单元紧跟工程机械领域最前沿的科技，在课程设置方面就要融入企业最新、最先进的技术和工艺的解读。特训营在学习平台上为各业务部门的学员提供了大量的技术工艺类的相关课程，帮助大家查漏补缺，有针对性地补充自身所需。为使业务部门更加深入地了解国内环境，学院多次举行专题讲座，集团领导、职能中心领导以及业务单元经营班子都会出席此类活动 　　（华润大学受访者；康佳学院受访者；国网技术学院受访者）	技术能力资格鉴定体系；提高关键业务能力；案例赋能中心；案例开发；识别知识短板；梳理项目管理全流程；总结最佳实践；创新大赛；探索创新业务实践；现场演练；协调各部门；紧跟前沿科技；课程融入先进技术和工艺解读；提供大量技术工艺类课程；帮助学员查漏补缺；帮助业务部门了解产业背景；举办技术类专题讲座

　　研究使用 Mindmaster 2018 软件整理"内部知识流程"这一核心范畴在开放性编码和选择性编码阶段的数据和范畴，如图 3 - 6 和图 3 - 7 所示。

　　从以上研究中可以看出，内部知识流程是企业大学进行有效知识管理的重要因素之一。进一步地，从选择性编码中可以得到企业大学梳理企业内部知识流程的以下三个方面：

　　第一，探查企业内部的知识缺口。企业大学收集各业务部门的知识需求，通过梳理业务流程探查业务部门的知识弱项。当企业当前的工程科学知识无法满足企业实际业务需求时，即被认为存在企业知识资源缺乏的知识缺口，特别是快速变化的市场环境使得知识缺口的出现成为企业无法避免的问题。面对此问题，企业大学作为知识治理机构就需要深入业务部门，探查业务部门的知识短板并诊断阻碍业务流程各环节的知识障碍。企业大学及时发现和弥补知识缺口，梳理业务知识对于企业的生存和成长至关重要。

　　第二，跨界面的知识衔接。企业各职能部门由于独立进行本部门的业务

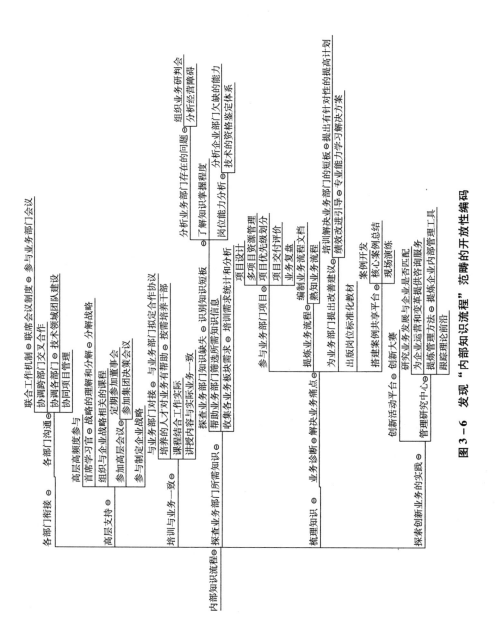

图 3-6 发现"内部知识流程"范畴的开放性编码

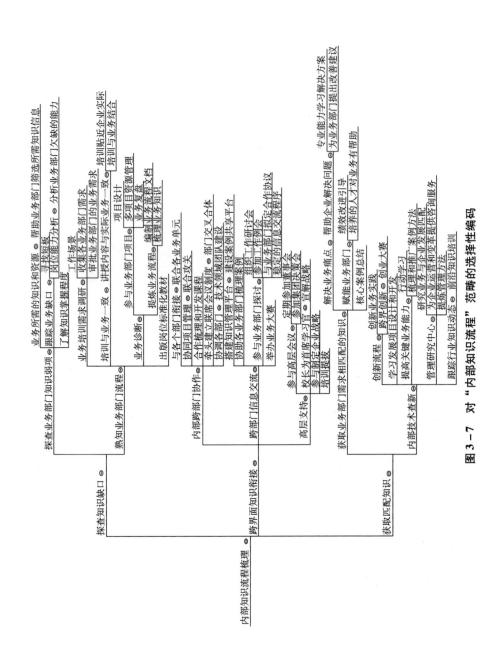

图 3 - 7 对"内部知识流程"范畴的选择性编码

活动，缺乏有效的沟通，使得知识活动被分割。而企业大学具有跨边界的渗透性特征，能够将企业各部门所拥有的和可支配的知识形成一种集体的智慧，在组织成员间和各个部门间充分地共享和整合。企业大学借助广泛的培训、讲座、建设案例共享平台、举办业务大赛、组织研讨会等方式挖掘各业务部门的知识资源，跨部门地交流信息，不断将被割裂的知识接续，为知识的有效利用创造条件。同时，企业大学牵头建立联席会议制度，协同项目管理，加强了内部跨部门的交叉协作和知识的衔接。当然企业大学也只有获得高层的支持，参与企业的战略决策，顶层的驱动才能使企业大学站在战略的高度增强企业的竞争力。部分企业大学的校长由集团董事长担任，另有部分企业大学的校长是集团的首席学习官或是董事会成员，这有利于企业大学协调各业务部门展开知识的交流和协作。

第三，获取匹配知识。企业大学有必要对企业业务流程各环节的知识进行持续管理，为企业发展提供必备的"造血和输血"功能，促进企业及其员工新知识的学习和创造。探析企业内部关键流程所需的工程科学知识，通过将各部门的业务流程和活动进行知识编码，如归纳和总结企业内部的技术文档、项目案例等重组现有知识并升级企业技术知识，可进一步研究和探查与业务部门知识缺口相匹配的知识。同时，研究业务部门每项流程作业活动相匹配的知识，从中找出有价值的作业活动，剔除冗余的业务流程并重组现有知识。企业大学为业务部门技术技能领域的绩效问题提供有价值的咨询或学习解决方案，帮助企业解决业务痛点问题，建立基于知识的工作方法，形成知识共享氛围。

四、外部知识流程

企业大学虽然强调要为企业梳理业务知识流程，但不等于完全依靠自身的资源。企业的初始禀赋是有限的，对于依托本企业而成立的企业大学的相对资源更是有限，一味地依靠自身的资源和能力进行管理，不与外界联系也不向外界学习，无视引进有价值的知识和信息，则必不能有效地达到知识梳理的效果（Guerci et al.，2010）。企业大学具有跨边界的开放性组织特征，更加不能闭门造车，也不能对外部的知识不加以评估而全盘引进。企业大学只有对企业各部门的知识弱项有了明确和清晰的认识，在依靠自身资源的基础上将外部有用的知识整合进企业知识库，通过对外部知识源获取的知识进行评估并引入生产资源，利用企业大学多渠道的外部创新资源才能加强企业的知识创新能力（陈昆玉等，2020）。因此，为最大化发挥企业大学的交流平台和知识接口的功能，不仅应衔接和密联集团内部各业务部门，而且应加强与企业上下游产业链、客户以及高校、科研院所、标杆企业大学等的交流与合作，促进优势互补。以下五段数据说明企业大学与外部知识源联系方面的工作。

部分受访者谈到，与外部资源的联系纽带主要是通过举办或参加论坛等相关会议，如行业协会、企业大学联盟、校长沙龙等论坛和会议，可加强技术交流并建立互访联系（见表 3 - 14）。

表 3 - 14　数据 14

数据	编码
牵头成立了"中国通信业企业大学教学研究会"，主办了企业大学论坛，协办了行业趋势发展讲座，以跟踪业界的先进理念、方法与技术 联合了数十家知名企业大学共同发起并成立了企业大学联盟，每年定期在广州、上海、北京各组织一次校长沙龙，分享各自的成功经验，这个论坛会邀请一些企业家、知名专家以及核心媒体资源，可以说是拓展资源非常实用有效的交流圈。近年来大学都会参加中国企业大学的评选活动，通过这个评选诊断大学的优势与不足，明晰发展方向，总结企业大学最佳实践智慧，共享发展成果。通过这些会议和论坛积累很好的人脉关系，各标杆企业大学之间会互派负责人学习访问，这种互访也可以了解各企业大学的运作模式，丰富实战经验……另外，学院和知名企业有密切联系，上海通用汽车有限公司就在大学进行了创新的深思和重塑课程的培训辅导。学院为有需求的企业提供实战性的课程，引领行业的发展趋势和方向，发挥企业大学在创新发展中的引擎作用 不定期邀请知名企业家在大学的领导力发展论坛发表演讲。学院的专业团队出国考察，引入先进的教学设施。学院与国外相关企业合作建立了很多联合培训中心并进行互派培养 （中兴通讯学院受访者；华为大学受访者；国网技术学院受访者）	牵头举办研究会；举办行业趋势发展讲座；举办企业大学论坛；跟踪发展趋势；追踪和分享业界先进理念和方法；内化业界先进方法和技术；成立企业大学联盟；校长沙龙；分享成功经验；互访交流；参加企业大学评选；诊断优势和不足；总结最佳实践智慧；为外部企业创新辅导；引领行业发展趋势；邀请外部企业家发表演讲；引进国际先进教学装备；与国外企业建立联合培训中心；互派培养

部分受访者谈到，收集更多的市场信息，挖掘客户的需求，并通过信息搜索可为企业引进先进的管理方法和行业标准，在信息筛选和外部知识辨识方面应有一定的作为（见表3－15）。

表3－15 数据15

数据	编码
董事长一再强调，学院一定不能仅仅是培训部门的升级，要为公司做生产技术、管理方法的研究，成为企业的智库。通过调研和外出学习，大学引进了美国卓越绩效模式以及TL9000等行业标准、IBM的BLM模型等，建立围绕客户和业务部门的联席会议制度，搭建了桥梁。协调联合了国内17所高校、4所通信科研院所，成立了产学研合作组织，搭建了技术联盟的平台，与教育部联合建立了ICT产教融合的创新基地，联合教育部倡议成立了人力资源联盟	引进先进绩效模式；引进行业标准；引进先进管理方法；客户关系管理；围绕客户建立联席会议制度；成立产学研合作组织；协调搭建技术联盟平台；联合建立产教融合的创新基地；举办产学研论坛；维系企业合作伙伴关系；挖掘外部客户需求；获取订单；为同行业企业提供管理和咨询服务
学院每年要举办产学研论坛。近年来学院从成本中心向利润中心转移了，在服务好内部的同时，也要服务好外部客户，维系通信行业和战略合作伙伴关系。客户市场部就是负责挖掘客户需求的，为运营服务提供解决方案，获取订单。同时也为同行业企业提供项目管理培训和咨询服务（华为大学受访者；中兴通讯学院受访者）	

部分受访者谈到，应加强上下游产业链、同行业企业大学交流以及产学研合作（见表3－16）。

部分受访者谈到，与高校、科研院所合作开发项目，将外部的技术引进学习并将外部知识内化（见表3－17）。

部分受访者谈到，建立创新基地，将引入的外部智力资源纳入专家库，吸引资源用于产业升级，促进商业项目的转化等一系列外部知识进行内化创新的举措（见表3－18）。

在开放性编码阶段，"外部知识流程"获得7级共66个编码或范畴的支持，通过以上数据和编码探查并判定"外部知识流程"为核心范畴。在

表 3 – 16　数据 16

数据	编码
通过收集国际技术认证标准，提炼了供应链的管理模式，形成了六西格玛方法 　　与中国科学院联合培养研究生。学院现在的对外咨询和培训业务扮演了越来越重要的角色，为金融、IT、房地产、制造业等行业的企业提供各类创新型咨询服务，并且进行跨界学习。课程做得好就会吸引更多的企业，联系大学想学这些课程的企业很多，但是很多企业接待不过来，因为一定要保质保量，解决这些企业的痛点问题，这样口碑也才会越来越好。所以大学很重要的一项工作就是收集市场信息，调研企业的客户需求，并且要进行现场业务诊断和流程优化管理 　　成立了专门的课程组研究引入哪些国际优质课程，定期与国际专家交流探讨。参与大型的创业启动学习项目，为学生、潜在创业者和小微企业主提供免费的商业技能培训……在对外的合作交流中，学院为行业内外和上下游价值链提供知识服务，搭建了与客户的沟通平台。同时与其他同行业的企业大学和设备商在教学模式上合作创新，这是一种战略合作的创新，也是对产业价值链条的整合。发挥学院跨边界的灵活优势，可以升华企业间的合作伙伴关系 　　（协鑫大学受访者；中兴通讯学院受访者；华润大学受访者）	收集国际技术认证标准；提炼管理方法；与大学联合培养研究生；跨界学习；提供创新咨询服务；引入国际优质课程；定期与国际专家交流探讨；调研客户需求；参与创业启动学习项目；收集市场信息；为小微企业提供商业技能培训；为上下游价值链提供知识服务；联系合作伙伴；同行业企业大学教学模式合作创新；同行业战略合作模式创新；产业价值链整合；发挥跨边界优势

表 3 – 17　数据 17

数据	编码
学院与高校、科研院所有很多的合作项目，如和北京大学经管院合作的"企业大学构建指标体系"和"网络内训师培训"的项目；学院也与上海交通大学合作进行"创新营销"的课程项目研发 　　大学与沃顿商学院合作开发"高级营销管理研修项目"；与厦门大学合作开发"培训项目" 　　学院在积极与行业协会及业内标杆企业大学、著名研究机构、协会等进行交流合作，他山之石可以攻玉，学院就要提炼经验，将理论具体化，最大化地实现知识应用和创新管理……学院在中东地区与当地的企业和工程技术大学协同建立了工程师培训中心，联合制订计划培养人才。参与中国科协的一些具体工程研究项目。牵头编著了涉及15个领域的行业技术百科全书，牵头了国家重大科学仪器研究项目。在海外同意大利罗马学院建立了国际学院、创新研究中心和物流中心。还与印度等十几个海外培训中心建立了研究中心，引进外部技术学习。同时学院会不定期邀请领域内知名的院士做讲座 　　（华润大学的受访者；国网技术学院受访者；中兴通讯学院受访者）	与高校和科研院所合作研究项目；协同课程研发；合作开发项目；技术信息交流；外部技术引进学习；提炼经验；理论具体化；应用实践；协同建立培训中心；参与科协的工程研究项目；牵头编著行业技术百科全书；牵头国家重大科学仪器研究项目；合作建立创新研究中心；引进外部技术学习；邀请院士做讲座

表 3 -18　数据 18

数据	编码
大学建立了创新实验室，要了解外界市场最新的技术是什么，对内对外都可以对接创新的技术资源和思想。而且建有专家库，专家一方面授课，另一方面是给创新创业项目做辅导，还有就是做一些基金项目的筛选工作。这种跨界能使专家看到项目在产业中是否有应用的可能，评估这个创新项目是否可行，专家的价值判断、项目判断和技术判断都有助于创新项目的开展。大学的 Open CRU 是个开放的平台，可以联结企业和外部机构，也吸引更多的人才、技术、项目等资源用于产业的升级 　前段时间协调和对接清华的研究队伍，促成和清华大学微电子研究所签署研究成果商业化转换的战略合作协议 　（华润大学受访者；海尔大学受访者）	创新实验室；了解市场最新技术；对接创新的技术资源和思想；建专家库；聘请专家做创新创业项目辅导；专家筛选基金项目；搭建开放平台联结企业和外部机构；吸引资源用于产业升级；与清华大学有效对接；促进商业化转换

　　选择性编码阶段，因该范畴又获得了 3 级共 73 个范畴的支持且尚未发现其他编码，故判定其饱和。

　　研究使用 Mindmaster 2018 软件整理"外部知识流程"这一核心范畴在开放性编码和选择性编码阶段的数据和范畴，如图 3 -8 和图 3 -9 所示。

　　从以上研究中可以看出，梳理企业外部知识流程是企业大学有效进行知识管理的重要因素之一。通过选择性编码可得到企业大学梳理外部知识流程的三个方面：

　　第一，引进外部知识。企业大学利用跨边界的优势搜索信息，通过对外部知识的评估并引入知识生产资源，这样做不仅可以收集国际技术认证标准或引入国际优质课程，而且在追踪产业技术发展的趋势等方面将外部有用的知识整合进企业知识库。此外，企业大学可以辨识外部知识，对所收集的市场信息进行筛选，进一步挖掘外部客户的需求。通过主办或协办论坛和会议、举办行业发展趋势讲座、聘请专家辅导创新创业项目等方式，搭建企业与外界技术交流的平台。

　　第二，外部知识内化。企业大学要想将外部专家和学者的知识转化为企

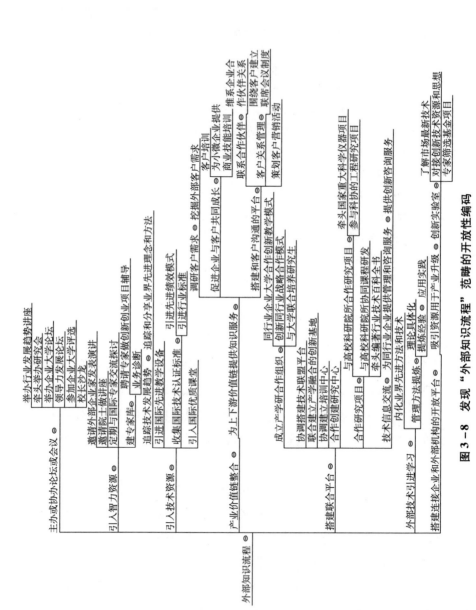

图 3-8 发现"外部知识流程"范畴的开放性编码

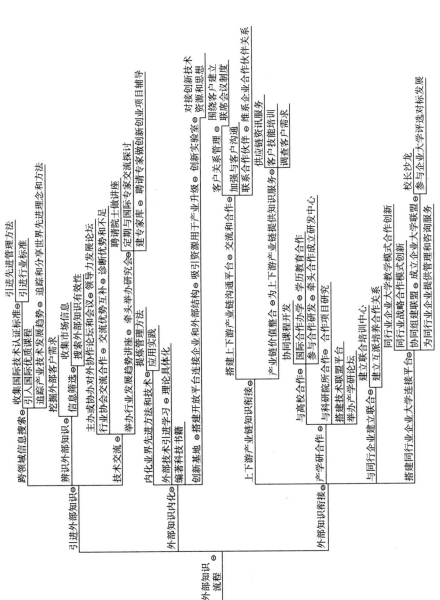

图 3 – 9　对"外部知识流程"范畴的选择性编码

业内部的知识就需要建立起外部知识内化机制。企业大学将引进的管理方法和理论等在企业中共享和运用，将提炼的知识信息应用于实践，组织学员学习内化为自身新的隐性知识。例如，有的企业大学建立了创新实验室，通过专家的指导加深了对引入的创新技术和资源的理解，改变了员工的认知模型，尽可能地排除创新障碍。此外，大部分企业大学都会定期或不定期邀请专家为学员讲授最新的业务技术和前沿思想。为使企业内部可以共享专家所讲授的知识信息，企业大学的相关部门会将外部专家所传授的知识点整理成文档并推送给学员。

第三，外部知识衔接。企业大学搭建了企业与著名院校和科研机构进行产学研合作的桥梁，定期组织交流行业内最新动态的活动。引入新技术、新理念，推动科技成果的转化和应用。在科技创新方面，组织协调产业技术联盟并形成合作。与高校合作共建研发中心，省级、部级或国家级重点实验室，研究生工作站等科研创新平台，加深科技合作。同时，企业大学也搭建企业与上下游产业链沟通的平台，加深对市场有效需求的了解。此外，企业大学还与同行业企业大学联结，通过互派访问或协同组建联盟的形式获得更多的管理和咨询服务，增进企业大学知识管理服务和模式的创新。

五、硬件平台

大部分企业大学都以校园形式存在，很多企业大学还拥有精良的物理设施。企业大学所拥有的日益复杂的学习基础设施，为组织学习搭建了知识共享和应用的硬件平台（赵呈领等，2019）。而在互联网时代，先进的现代化技术手段也给企业大学带来了机遇，越来越多的企业大学开始使用信息化手段更好地进行知识治理（Chaolemen，2015）。

部分企业大学受访者谈到了为推进企业大学的知识管理而在基础设施建设方面所做的工作（见表3-19）。

企业大学正在建立信息化管理平台，利用网络技术加强学习。部分受访者谈到了开发和探索企业大学移动终端学习平台和信息化建设等方面的工作（见表 3 - 20）。

表 3 - 19 数据 19

数据	编码
为拥有更好的学习环境，另外选址建设了新校区，新校区面积达 5 万平方米，设置了能同时容纳 500 人的阶梯大礼堂及 250 人的阶梯教室，研讨室 26 间，正在不断完善百余间的多媒体教室、指导培训区等，并且升级配置这些区域的教学辅助设施 主要是负责推进大学的南校区建设，包括建设多人容量的会议室、大礼堂、阶梯教室或者研讨室等。校园各个角落都设置了共享空间，可以为学员提供随时交流和分享的场所。校区内还需要更多的配套设施，特别是授课需要的多媒体要配套齐全，目前是在不断地采购和完善中 （华润大学受访者；康佳学院受访者）	学习环境建设；培训阶梯教室；教室建设；完善多媒体教室；完善指导培训区；升级配置教学设施；校区建设；会议室；建设大礼堂；建设教室研讨室；设置共享空间；设施配备；多媒体配套齐全

表 3 - 20 数据 20

数据	编码
为方便学员自学建立了网络教学平台，E - learning 像展厅的体验中心一样，点击率较高的学习内容就会推送到服务器前端。随后又开发了移动学习的 APP，这是集学习管理、考试系统、直播课堂和 MOOC 课程于一体的移动终端学习平台，可以使学员随时随地学习所需内容 完善了学习和教学设施，利用云服务器技术构建了云端信息数据库，存储不同学习项目的信息资料以便于学员自主学习 学院进行教学和学习平台的建设，搭建了移动网络教育平台，包括微课堂、在线论坛、在线案例库与行业数据库。主要的互联网学习平台包括微信公众号、微信社群直播平台、"Icoach Plus" 游戏化学习平台、E - learning 学习平台、考试认证平台等……负责学习相关 IT 与技术系统的规划、建设与运营，联系 IT 公司学习 IT 技术的应用创新，能够更便捷地支撑公司的组织学习，帮助学员转变学习模式 提供线上学习资源，包括在线课程、互动问答、知识文库等，平台支持 PC 端和移动端的用户随时随地随设备都可以学习 （华为大学受访者；海尔大学受访者；中兴通讯学院受访者；国网技术学院受访者）	网络教学平台；E - learning；移动学习 APP；开发移动终端学习平台；学习管理系统；开发考试系统；直播课堂；MOOC 课程；完善学习和教学设施；云服务器技术；云端数据库存储信息；教学和学习平台建设；搭建移动网络教育平台；案例库建设；行业数据库建设；微信公众号发布信息；微信社群直播平台；游戏化学习平台；考试认证平台；互联网学习平台；IT 技术系统规划、建设和运营；学习体验；线上学习资源；在线课程；知识文库；移动学习

在开放性编码阶段，"硬件平台"获得 5 级共 38 个编码或范畴的支持，通过以上数据和编码探查并判定"硬件平台"为核心范畴。在选择性编码阶段，因该范畴又获得了 2 级共 18 个范畴的支持且尚未发现其他编码，故判定其饱和。

研究使用 Mindmaster 2018 软件整理"硬件平台"这一核心范畴在开放性编码和选择性编码阶段的数据和范畴，如图 3 - 10 和图 3 - 11 所示。

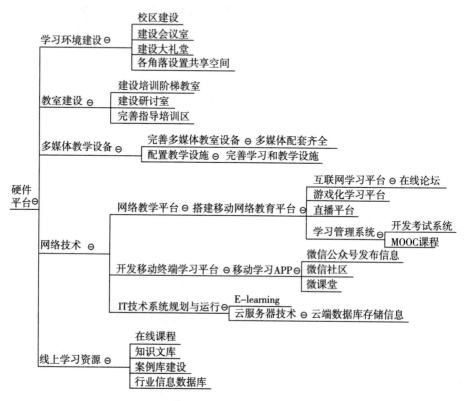

图 3 - 10 发现"硬件平台"范畴的开放性编码

从以上研究中可以看出，搭建硬件平台是企业大学知识管理有效进行的重要因素之一。进一步地，通过选择性编码可得到企业大学在配置硬件设施方面的主要做法是：

首先，配置基础设施。企业大学在物理空间为知识共享和创造提供了物

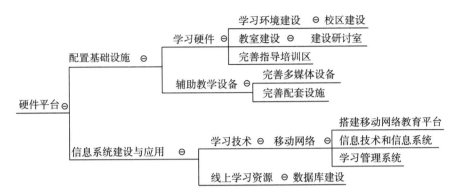

图3-11 对"硬件平台"范畴进行的选择性编码

理设施和硬件平台，包括校区建设、教室研讨室、会议室、图书馆和指导培训区等。而且在这些区域配置了相应的教学辅助设施，如多媒体设备和教学配套设施等。

其次，信息系统建设与运用。信息化平台有效地提升了企业大学业务运行的效率，同时对企业大学的知识管理、培训的实施与拓展提供了技术手段和平台。随着企业大学的发展，现有部分企业大学深入运用各种互联网的学习资源和学习技术，建设和整合 E-learning 等技术，搭建移动网络教育平台和线上信息库，已成为企业大学的重要发展策略。

六、知识共享平台

相较于传统的学习机构，企业大学组织开展的是一种工作场所的学习，即"工作就是学习"（Harry & Eric，2002）。企业更加关注团队和组织的学习，注重结合工作实际的学以致用。为了提高学习效果以达到学以致用的目的，企业大学需要以学员为中心，提倡混合式学习，尝试采用不同的授课方式，如行动学习、嵌入式学习、教练式辅导、在线课件、音视频、会议研讨、伙伴计划、商战模拟、课堂教学等，形成学员之间以及学员与教师之间深度沟通和互动的交流氛围（刘一璇，2020）。通过企业大学的学习将员工聚集在一起，学员之间共享、融合知识，增加了良好的人际互动，也有利于打破业务部门的边界，为知识共享和创造营造开放的氛围。因此，企业大学越来越重视如何有效地构建企业知识共享平台。

部分受访者组织教师探讨如何改进教学模式等的教学活动，谈到了师生关系的融洽和教辅活动顺畅能够提高知识管理的效果（见表3-21）。

表3-21 数据21

数据	编码
学院组织教师探讨场景化教学方法与模式，在课程设计与人才培养模式上主要强调代课老师在课程内容上要源于工作场景……在课堂上通过多样化的设计形式还原工作场景，形成文字、视频等场景化内容，借助丰富的学习活动设计让学员体验真实的场景，这样就能激发学员学习的兴趣 采用翻转课堂的理念，规定在课程设置方面，学员自学研讨和模拟演练要占课时的50%，晚间案例讨论约占课时的30%。这样有利于将学员的经验在团队研讨中总结提炼并重新应用到实践中。因此，教学部开发了角色扮演、沙盘演练等多种形式的模拟演练……通过引导式的教学，以学员主动思考、讨论、判断进而引导到学习理论主题，以加深学员对现实案例的理解，也将理论变成具体化的、可套用的工具模型……帮助学员从实际管理情境出发，到联系自身工作案例和相关理论知识，循环往复地体验学习，促进学员发现问题寻找短板以求改进，让学员尽可能地联系实际工作去获得方法及思路 开发有针对性、能改善绩效、解决实际问题的课程。遵循课程开发的流程，学院统一组织讲师一起讨论研究课程，在课程内容和形式方面进行细致的教学设计。提供辅助教学的讲师手册并附有学生手册等。输出的课程产品有明确而且翔实的要求，如大纲、题库、电子课件、教案文本……组织丰富的教学活动，让老师和学生在互动式的教学中融洽关系，确保教辅活动更加顺畅……每3个月就会组织"销售认证训练营"，每期训练营是20名小伙伴在各自岗位中开展为期近2个月的实践后才进行的，这2个月的实践能够让大家对"高效客户拜访"整套方法理解与运用得更加深入。讲师授课不是简单地灌输知识，主要通过引导而发现问题和解决问题 （国网技术学院受访者；康佳学院受访者；华润大学受访者）	探索课程设计；场景化教学；课程内容源于工作场景；多样化活动设计；体验真实场景；激发学习兴趣；翻转课堂；模拟演练；晚间案例讨论；开发角色扮演；沙盘演练；模拟演练；引导式教学；启发学员主动思考；工具模型；实际管理情境；发现问题和研讨；体验学习；联系工作实际获得方法和思路；开发改善绩效的课程；教学设计；提供辅助教学手册；丰富教学活动；互动式教学；师生融洽关系；教辅活动顺畅；深入理解方法和运用；引导得出答案

部分受访者谈到，在创建和激发知识融合、内部碰撞思想的交流机制、融洽相互关系中增加信任感的具体做法（见表3-22）。

表 3 - 22　数据 22

数据	编码
学员可以在学院建立的案例平台上发布和分享案例，针对公司的热点和难点问题，将案例带到研讨班进行课堂讨论，同时通过案例平台推荐给全公司管理者，使案例循环起来。对于学员编纂的优秀案例给予奖励并用于后续的培训 　　结课后会将学员的考试答卷、成绩、自我评价等都贴到大学的网上，方便学员的自学讨论。通过这些试卷或者学员的课堂表现而推荐和选拔优秀学员升职 　　（华为大学受访者；华润大学受访者）	发布和分享案例；工作探讨；问题研讨；课堂研讨；内部交流机制；案例循环；学员自学讨论；选拔人才

部分受访者谈到，如何增强学员之间的团队合作（见表 3 - 23）。

表 3 - 23　数据 23

数据	编码
在线知识管理、在线学习工具应用拓展了实践和运营。在正式学习方面由教学部组织实施在线学习，挑选将近 1000 门课程供学员自主学习。在组织个人学习方面，除正式学习外还要考虑如何开发非正式学习。特别是为学员搭建知识社区和移动学习平台，大学仅仅是平台的管理者，而不是内容的提供者。平台的所有内容都是由学员上传以供所有学员共享，平台来做汇总 　　推出和整合了论坛、同步课堂和聊天室的多种互动形式，以这个平台为契机加强交流和促进员工的知识分享……大部分的课程设置都有近一半的自由讨论时间，给学员营造良好的讨论氛围，在讨论中拓展公司干部、员工的视野，推广大胆、积极、活泼、深思的文化。大学每隔一段时间就会举办一次案例征集大赛，征集典型的案例，以传播企业的知识经验 　　基于项目扁平化，组织各业务单元的员工参与某项业务，打破了组织部门的边界限制，建立工作圈，彼此协作互助，优势互补，使得来自不同视角的新思想能够相互交流、碰撞和启发……培训学习后的分享会能够给各位学员提供交流成长的机会，"私享会·拆书"活动让大家以最短的实践汲取到不同书本中的营养，沙龙给大家提供了互相探讨和交流的机会……打造知识沉淀和分享的平台，能够让员工真正获得提升。员工到大学学习就要自己申请考试和面试，面试中的申请者即员工和专业面试官都是同事，一同面试和协商这个员工的未来培训方向，实际上这也是集团的"同事会"，就像是商学院校友会的性质，以这样一个小团体的方式学习，增强了学习氛围。举个例子，有一名员工以前是个非常内向的技术人员，进入大学后，受到行动学习和分享式学习方式的影响，被逼着主动去分享和锻炼自己，现在他已经成为集团分公司的总经理。对人才的培养不能是灌输式的，而应是分享式、提升式和协同式的 　　（华为大学受访者；华润大学受访者；协鑫大学受访者）	正式学习；自主学习；开发非正式学习；知识社区；学员共享；互动形式多样；促进员工知识分享；论坛和课堂的互动；举办案例征集大赛；传播企业知识经验；自由讨论；营造争论氛围；拓展员工视野；推广企业文化；打破组织部门的边界；协作互助；相互交流和碰撞；受到启发；建立工作圈；参加分享会；交流和成长的机会；读书沙龙；互相探讨和交流；知识沉淀和分享；员工能力提升；协商确定员工未来培训方向；小团体方式学习；增强学习氛围；分享式学习；提升式学习；协同式学习

在开放性编码阶段，"知识共享平台"获得 7 级共 51 个编码或范畴的支持，通过以上数据和编码探查并判定"知识共享平台"为核心范畴。在选择性编码阶段，因该范畴又获得了 4 级共 34 个范畴的支持且尚未发现其他编码、故判定其饱和。

研究使用 Mindmaster 2018 软件整理"知识共享平台"这一核心范畴在开放性编码和选择性编码阶段的数据和范畴，如图 3 - 12 和图 3 - 13 所示。

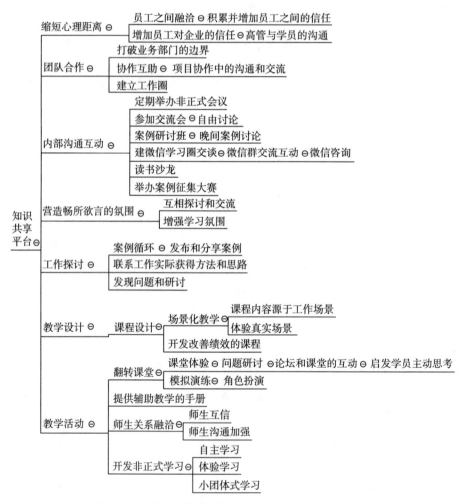

图 3 - 12　发现"知识共享平台"范畴的开放性编码

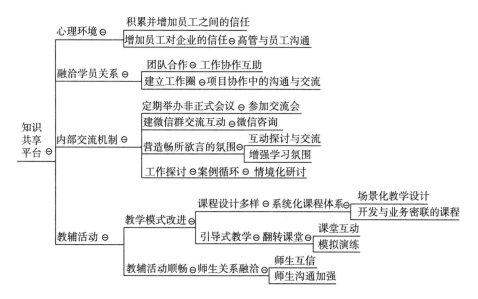

图 3 - 13 对"知识共享平台"范畴的选择性编码

从以上研究中可以看出，搭建知识共享平台是企业大学提高知识管理能力的重要因素之一。通过选择性编码可以得到，搭建知识共享平台需要注重以下几个方面：

第一，缩短学员的心理距离。企业大学设置更多的学习研讨和合作环节，使学员在长期的合作与沟通中建立一定的情感，增加相互的信任，从而缩短学员之间的心理距离，这样有利于促进学员积极主动地进行知识交流，营造知识共享的良好氛围。同时，高管作为主要师资，在授课学习的过程中加强了与学员的沟通和理解，相应地也进一步增加了员工对企业的信任。

第二，融洽学员之间的关系。企业大学培养了共同的信念和心智模式，学员彼此会有更加和谐的社会关系和互动，才能更加顺畅地衔接业务环节，实现企业的愿景。在项目的团队合作中协作互助，建立良好的人际关系和加强互动，营造开放、信任、协同创新的氛围，这是知识产生和发展的基础。

第三，建立内部交流机制。企业大学不仅传播知识，而且员工之间通过思想碰撞和交流创造新的知识。由于企业大学已不仅是单纯传播知识的场所，大部分企业大学主要采用导师辅导、行动学习、企业实践研讨等方式，通过对行业发展趋势、标杆企业的最佳实践案例分析以及管理理论的学习和研讨，为员工构建新知识，加强了企业内部员工的团队合作与沟通，搭建了内部分享的平台，塑造了知识共享和创新的氛围。此外，构建企业实践案例库，对于分享企业内部的最佳实践、防止重复犯错可以发挥有效的作用。

第四，顺畅教辅活动。教师设计多样化的课程，改进教学模式，如采用翻转课堂、模拟演练等引导式和场景化的教学模式，使学员和教师在互动、分享和知识互补的基础上进一步激发学员的创新意识，提高团队整体的创造力。教辅活动的顺畅，营造了学员和讲师之间有效沟通和融洽的氛围，有利于增强师生之间的相互信任，培养具有协作意识的学员。

第三节　组织资本组合模型

通过开放性编码和选择性编码环节对以上访谈数据的处理，核心范畴逐步饱和进而开始进入理论构建阶段。在理论性编码阶段，通过不断比较相关概念和范畴，将"内部师资网络"、"外部师资网络"、"内部知识流程"、"外部知识流程"、"硬件平台"、"知识共享平台"6个概念与现有文献进行比较后发现，这6个核心范畴可以概括为"师资网络资本"、"知识流程资本"、"知识吧资本"。

师资网络资本是影响企业大学培训工作顺利开展的重要因素之一，也可称为企业大学的基础资源（Payal & Jagwinder，2018）。企业大学的师资网络由内部专兼职师资和外聘兼职师资组成，可以定义为内部师资网络和外部师资网络。成熟企业大学的标志通常是内部师资所占比例较大，内部讲师为具有较丰富的企业知识和实践经验的技术专家和优秀管理人员，他们能够对学员进行训战结合的培训和实践指导。师资网络的内外聘比例控制在合理范围内，并保持内外部均衡是企业大学知识转移取得最佳实效的保障。师资规模小会影响教学的正常运行，但师资规模超过需求会造成资源冗余、成本增加和工作效率下降。企业大学的师资遴选范围扩大，内外聘比例更加均衡和丰富则有利于为教育、培训、科研以及创新孵化应用提供智力支持。适当外聘部分师资则是企业大学师资队伍建设的有益补充。

Khuram 等（2016）提出，知识的流程管理会影响企业的生产效果。知识创造的成果取决于组织流程、个人技能、组织氛围，同时还需要能支持知识创造过程的内外部资源整合（Mostafa et al.，2018）。企业大学的知识流程资本可以分为内部知识流程资本和外部知识流程资本。内部知识流程资本是运用知识管理的具体方法和经验处理企业内部业务流程，建立相应的方法和机制来存储和积累企业内部各阶段和各部门产生的知识（Gabriel et al.，2016）。企业大学组织资本的核心是建立组织内部的关系网络并梳理企业内部的知识流程。一方面，企业大学深入企业内部知识部门探查相关专业知识是否缺失，研判业务部门的工程科学知识和技术科学知识的掌握情况；另一方面，企业大学识别业务部门所需的知识和资源，跟踪内部知识弱项和行业知识的动态变化，帮助生产部门、研发部门和营销部门等业务部门获取与本职工作需求匹配的知识。外部知识流程资本是组织通过一定的渠道与外界保持沟通，通过外部网络获得的信息、知识和技能。企业大学是跨边界、开放性的组织，与外部组织加强知识交流可构建以知识为纽带的互补性知识联合体（张竞，2006）。企业大学的外部知识流程资本具体体现为三个方面。一是评估与企业相关的外部知识有效性。企业大学对企业各部门的知识弱项有清晰的认识，能将外部的相关知识整合进企业知识库，从而提升员工对外部知识和信息的辨识与获取能力。二是引进外部知识。企业大学便于打破不同部门和组织间的界限，连接上下游产业链和外部知识密集的各类组织，有利于引入外部知识资源。三是外部知识内化。主要是指企业大学基于互信、互动、互惠的合作网络拓展企业知识边界以及通过引进技术、消化吸收再创新而获取相关知识的过程。

Nonaka 和 Konno（1998）提出"知识吧"概念，认为组织资本直接表现为知识管理能力，认为知识吧是对知识转移、知识创造的情境和条件的管理。知识吧是促进知识交流并创造关联性的共享空间，包括实体空间、虚拟空间和心智空间的任意组合（Nonaka & Takeuchi，1995）。可通过企业大学创造的知识分享平台，促进企业内部员工之间的知识交流和互动，进一步积累和丰富组织间的多样化知识。企业大学聚合了知识资源、人力资源和技术资源，为知识共享和创造提供了相应的环境和氛围，具有知识吧效应。企业大学知识吧资本的作用主要体现在两个方面：第一，为组织学习搭建知识共享和应用的硬件平台；第二，促进了企业内外部的沟通和交流，尤其是营造了心理环境，提高了显性知识和隐性知识交流与共享的信任程度（曹科岩和窦志铭，2015）。

基于前文研究基础，通过对数据的理论性编码，我们发现了"企业大学的组织资本"这一核心范畴，获得了 3 级共 27 个编码的支持而被判定为饱和，如图 3－14 所示。

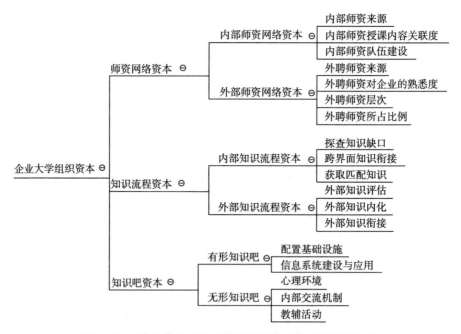

图 3－14 核心范畴"企业大学组织资本"的理论性编码

在现有的文献中，学术界从不同角度对组织资本的内涵界定和本质阐述进行了研究和探索。许多学者认为，组织资本是组织成员在特定的组织环境下协同工作而形成的能为组织创造价值的资本形式，它根植于企业的制度、组织架构、业务和知识流程、客户和公共关系等系统中。Andrea 和 Dimitris（2013）认为，组织资本就是将组织成员、组织信息和组织关系汇聚在一起改善组织能力的人力资本。Mustapha 和 Lachachi（2018）认为，组织资本是促成组织中的显性知识和隐性知识的联系，在个人和组织间转移、传播并产生价值的知识集合。施丽芳和廖飞（2006）认为，组织资本是嵌入在企业里的业务流程、工作惯例和运营信息，与外部利益相关者如供应商和客户的业务流程构建了组织生态系统。包凤耐和彭正银（2015）把组织资本看成是组织与外部环境所构建网络的动态能力，也即一种关系资本。从所查找的文献来看，无论研究视角如何，研究者都或多或少地将组织资本与企业的人力资本、流程资本和关系资本联系在一起。企业对组织资本进行投入可以增强组织内外部的协调能力、变革组织机能，进而促进组织创新。梳理以上文献可发现，目前研究多从单一的组织资本视角出发，单独将某个组织资本作为研究对象。显然，将与组织资本密切相关的要素如人力资本、知识资本、流程资本和关系资本等进行集成研究并据此探讨组织资本的增长机制是十分必要的。同时，虽然现有研究关注了组织资本对组织能力的支撑作用，但是仍需要建立一个比较综合的研究框架，据此考察组织资本如何推动组织各阶段的知识活动以及组织资本与能力体系的协同关系。

Aino 等（2017）认为，组织资本可促进组织知识的传播和创造，联系个体、团体和组织间的知识，从而使企业保持持续的创新竞争优势。此外，许志伟和吴化斌（2012）认为，组织能力提高的前提是组织资本的增长，组织资本通过内部互动和外部适应最终提高组织能力。随着组织核心能力的增强，组织资本越来越深刻地影响组织的可持续发展能力，是组织能力的支撑平台。

企业大学的不同组织资本可称为组织资本组合。如前文所述，组织资本是多元的，由人力资本、流程资本和关系资本等复合组织资本组成，它们共同支撑组织能力的提升。既有研究认为，企业大学的组织资本主要表现在雄厚的师资、设施先进、组织协同、业务完备等方面。鲜有研究涉及企业大学组织资本的构成要素，更缺乏实证数据的探查，无法支撑和解释企业大学的组织资本构成等问题。结合以上研究内容和数据进一步编码，补充和完善支撑企业大学能力提高的复合组织资本包括6个主要构成要素，分别是内部师资网络资本、外部师资网络资本、内部知识流程资本、外部知识流程资本、有形知识吧资本、无形知识吧资本。上述6类企业大学组织资本并不是简单的相加关系，它们相互促进、协同促进企业大学能力体系的发展。本章经数据编码，构建出企业大学组织资本组合模型。为便于记忆，将图3-15所示的企业大学组织资本组合模型称为方向盘模型。

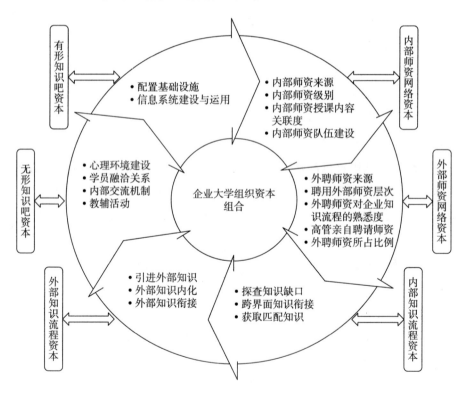

图3-15　企业大学组织资本组合的方向盘模型

第四节 本章小结

本章采用经典扎根分析方法对企业大学组织资本的构成维度进行研究。首先，对若干家技术技能型企业所属的企业大学中高层管理者进行深入访谈，通过开放性编码和选择性编码环节扎根出企业大学组织资本的各构成要素，并结合具体案例对企业大学的组织资本进行细致的分析。总结出企业大学的组织资本构成维度包括内部师资网络、外部师资网络、内部知识流程、外部知识流程、硬件平台、知识共享平台。内部师资网络主要包含内部师资来源、内部师资级别、内部师资授课内容关联度、内部师资队伍建设；外部师资网络主要包括外聘师资来源、聘用外部师资层次、外聘师资对企业知识流程的熟悉度、高管亲自聘请师资、外聘师资所占比例；内部知识流程包括探查知识缺口、跨界面知识衔接和获取匹配知识；外部知识流程包括引进外部知识、外部知识内化、外部知识衔接；硬件平台包括配置基础设施、信息系统建设与应用；知识共享平台主要包括心理环境建设、学员融洽关系、内部交流机制、教辅活动。其次，在理论构建阶段，根据研究中涌现的核心范畴进行理论性编码，理论描述和归纳了企业大学组织资本的构成，包括内部师资网络资本、外部师资网络资本、内部知识流程资本、外部知识流程资本、有形知识吧资本和无形知识吧资本，进一步构建了企业大学组织资本组合的方向盘模型。

第四章
企业大学能力体系分析

　　本章侧重于考察企业大学需要具备什么样的能力体系以及这些能力体系如何演变两个问题。从经验上判断，企业大学承载的能力或者能力体系应该趋向日益多元。现实中，大多数企业大学呈现这样的演化特点。企业大学的能力不应也不限于仅仅承担培训或者知识转移的作用，必然向承担知识生产以及知识应用或转化功能方面扩展。为此，本章的研究思路是：首先，运用程序扎根方法，基于双案例得出企业大学各个发展阶段的能力体系；其次，进行若干案例的辅助分析；最后，提出企业大学能力链模型，从知识活动全息性视角分析各阶段企业大学的能力体系构成和能力体系的演变规律。

第一节　程序扎根方法与案例选择

一、程序扎根方法

　　本章在案例研究过程中采用程序扎根分析法进行数据分析。扎根方法论的三大流派中应用最广泛的方法之一，即 Strauss 和 Corbin 在 1990 年提出的程序化扎根方法。其基本研究逻辑是：程序扎根分析法不预先进行理论假设，而以真实素材为基础，逐级归纳和提炼资料的相关内容，进而构建新的理论。Strauss 和 Corbin（1998）认为针对某一特定现象的研究不可能泛泛地穷尽一个问题的所有方面，而区别于经典扎根方法的自然呈现，程序扎根分析法需要通过先前的文献阅读和经验，将研究题目窄化或限制在某个可以被研究的范围内。因此，程序扎根分析法强调在熟知文献后有了一个相对完整的概念，通过丰富的资料背景了解与研究现象相关和无关的事物。即程序扎根方法需要通过先前的文献阅读和经验，在前人研究的基础上考察通过背景资料获得的概念和关系是否适宜研究情境，经过反复对比提炼案例中的概念，整理概念之间的逻辑关系并形成范畴，继而梳理各范畴之间的关系。在进入田野时，可以将一系列在文献里出现的概念和关系带入研究场域里，考察这些概念和关系在研究情境中是否适用或适用的具体形态。

程序扎根分析法作为质性研究工具，拥有一套完整而系统的素材收集与建构理论的程序。在程序扎根方法分析过程中，将案例原始素材进行抽象化和概念化的分析和处理的过程被称为编码，编码主要包括开放性编码、主轴编码和选择性编码三个环节。程序扎根分析法区别于其他扎根分析法是在开放性编码和选择性编码中间引入了主轴编码的过程，旨在进一步发现和建立主范畴与次范畴概念之间的联系，从而丰富所分析的范畴继而重新组合资料实现更多数据的概念化（Strauss & Corbin，1990）。开放性编码阶段是将资料、观察到的现象和访问中的每一个句子、每一个段落或每一个独立事件逐句逐段地加以分解并赋予该现象概念化，以挖掘能反映原始素材本质的范畴和概念。经过开放性编码所分解和提炼的概念与范畴几乎是独立的，而主轴编码的过程就是选择具有通用性和代表性的其他概念将各范畴关联，进一步归纳更具核心意义的概念和范畴。选择性编码是将主轴编码所获得的类属概念和范畴组织起来，展示概念和类属之间的关联关系，在此过程中如发现尚有其他范畴和编码出现，则需回到原始素材中再次编码解析直至理论饱和。

有关企业大学能力的研究尚不完善，很难采用统计描述的方法进行研究。企业大学能力体系的分析符合 Eisenhardt（1989）和 Yin（2003）所指出的案例研究，特别适于研究新的或现有研究并不充分的领域，有利于解释性和探索性地回答"为什么"和"如何"等问题。本章采用程序扎根的流程进行案例研究，基于原始资料归纳，经过反复对比提炼样本案例的概念，然后整理概念之间的逻辑关系形成范畴，继而理顺各范畴之间的关系构建出企业大学能力链模型并探究能力体系的演化规律。

二、案例选择与素材来源

1. 案例选择

扎根方法的案例研究要求研究对象的资料信息具有丰富性和典型性，并不过分苛求样本的数量，也就是样本数量的增加并不会影响研究深度。这意味着，扎根方法成功的前提是侧重于案例对象信息的丰富程度和典型性，而并不关注样本数量（吕力，2014）。同时，在选择案例数量时偶数要优于奇数，因为这样可以在对立样本间进行充分的比较分析以使结论更加完整（Pettigrew et al.，2001）。另外，案例的可获得性也是需要格外关注的因素之一（苏敬勤和刘静，2013；吕力，2013）。

本章采用程序扎根分析进行纵向案例研究。海尔大学和中兴通讯学院建立的时间较长，发展的阶段性特征较明显，便于进行纵向演化分析。海尔大学始建于 1999 年，是我国最早建设的企业大学之一，也是我国首个通过 ISO10015 国际培训管理体系认证的企业大学。中兴通讯学院成立于 2003 年，旨在向中兴通讯员工、客户及其供应商等提供专业的知识服务，现今每年的培训规模已超十万人次，是我国规模较大和内外部培训质量较高的企业大学。

双案例研究中的两个样本应该是正反对比关系或互相印证型关系，对比关系被认为效果更好。鉴于素材的可获得性，采编了两家成功企业大学的案例，案例间是互相印证型的关系。之所以选用两个案例而没有采用单案例，目的是增强文章信度和效度。但是客观上说，两家企业大学间的印证效果是比较薄弱的，样本数量增加有助于提高效果，但是会造成文章篇幅过长（为了控制篇幅，对样本描述得详细程度必然会薄弱，削弱文章的可读性）。因此，本章在程序扎根分析后进行了多案例的综合验证分析。选取我国技术技能型企业的企业大学包括海信学院、中兴通讯学院、中国惠普大学、宝钢人才开发院、TCL领导力开发学院、大唐大学、国网技术学院等若干企业大学作为案例研究对象进行进一步综合分析。

2. 素材来源

本书在数据收集及分析环节均按三角测量法要求来进行，采用以下方法收集数据。

（1）研究团队于2016年12月至2018年2月先后对包括第三章所述的企业大学等34个案例对象进行了3～5次的实地调查，对多名中高层负责人进行半结构化访谈，请其提供和核实有关信息，并就本书的主要研究结果提出看法，每次访谈的时间为1～2小时。访谈对象为企业大学培训规划部、对外交流部、学习与发展部、项目管理部等部门的负责人。之所以选择企业大学的这些人员接受访谈是因为他们的工作涉及企业大学的主要业务范围，能够更好地了解企业大学在能力提升方面所做之事。此外，还包括企业研发部门、生产和营销部门的相关人员。调查企业内部研发部门和生产部门等相关人员是因为他们是企业大学的主要服务对象，能够更好地体现企业大学与企业各部门知识衔接的能力以及企业大学知识管理的成效。访谈问题包括以下几点：企业大学发展历程大致可划分为哪几个阶段？各个阶段的培训对象和培训内容如何升级？与企业内部各个部门之间如何进行知识交流和共享，交流和共享内容的升级趋向？与上下游产业链、研究院所的知识联系如何升级？是否跟踪前沿基础理论和产业工程科学研究？企业大学未来在哪些方面进行变革？在征得被访者同意的基础上，访谈进行全程录音，并在访谈结束后立即将录音转录为文档。随后，研究者再次到访该企业大学或与被访者电话、网络交谈以核实相关访谈信息。

（2）对4位同行业专家（企业大学管理者联盟专业委员会主任、格略咨询公司事业部经理、大连高级经理学院科研部副主任、上海交通大学海外教育学院教授）进行咨询，请各位专家核实相关信息并发表看法。访谈地点一般在被访谈者的办公室，也有个别是在研究者的办公室或非正式场合。

（3）来源于工作总结、大事记等内部资料以及来自企业网站、媒体报道、领导者接受媒体访谈、相关学术文章等外部资料。

三、样本企业大学素描

1. 海尔大学

1999～2004 年：随着海尔集团规模的扩大，员工人数已由不足 800 人发展到 3 万余人，每年有大量新入职的员工需要培训。1999 年海尔大学正式创立，该阶段的里程碑事件是海尔大学建立了青训班，通过 ISO10015 国际培训管理体系认证，成为全国职工教育培训示范点。此阶段海尔大学的主要功能是对集团内部新员工和在职员工进行培训，尤其是帮助新入职员工快速适应学校到企业的过渡。

2005～2010 年：海尔集团全面实施国际化战略，提出"先造人才再造名牌"的人才培养理念，相对传统的培训职能显然不能满足员工能力提升的要求，海尔大学提出面向员工终身教育开展各项业务。海尔大学设计了包括业务知识技能、软性技能、领导力及专业能力、业务操作流程在内的课程体系。学习形式日益丰富，包括脱产学习、自主学习、在线论坛与实际案例解析等多种方式。培训人员的范围日益扩大，上万名员工通过 79 类岗位技能考试，每年培训 5000 余人，开班上百个。

2011～2013 年：在前两个阶段，海尔大学侧重的是知识在企业内部的转移或传播，该阶段则是内部知识转移和内外部间的知识转移并重，企业大学已经成为海尔集团内外部知识联结的重要平台。该阶段的标志性事件是培训对象的范围和师资遴选的范围迅速扩大。培训对象延伸到海尔的分供方、经销商等上下游产业链，甚至为清华大学 MBA 班学员提供了多次个性化培训服务。在师资遴选方面，海尔大学与国内外著名高校、研究机构及咨询公司开展合作。

2014 年至今：该阶段的标志性事件是搭建了创客平台并成立了创客学院、创客实验室、创客工厂等。2015 年成为教育部信息管理中心试点"创客实验室"，并加入由清华大学发起的"全国创客教育基地联盟"。海尔大学将自身定位为：人才培养和创客加速的培训基地、国际化人才的培养基地、员工观念创新的发源地以及公司战略的推广基地。

2. 中兴通讯学院

2003～2004 年：中兴通讯学院的前身是中兴通讯员工和客户培训中心，中兴通讯学院成立后侧重入职文化引导、业务培训及导师指导，帮助新员工尽快适应中兴通讯集团。中兴通讯学院每年培训的新员工超过 1 万人，最多时达到 2 万人，借助 E‐learning 的手段来培训海外 12 个区域和国家的新员工。

2005～2006 年：该阶段中兴通讯学院的使命描述是成为公司的"使能器"，侧重通过培训使员工及合作伙伴的"知识升级"。建立了对员工的技术和能力资格鉴定体系，培训和业务紧密结合，通过赋能来支持企业人力资本增值。中兴通讯学院设计了"管理系统晋升"、"业务系统晋升"、"技术系统晋升"和"国际系统晋升"4 条员工职业发展路径规划，随着企业的发展不断提高员工的职业技能。

2007～2012 年：该阶段的标志性事件是中兴通讯学院同企业内部各个部门及企业外部相关机构间的合作日益深化。中兴通讯学院同各个业务部门合作梳理开发了多门产品技术培训课程，在课程设置过程中强调内部跨部门的知识交流和共享。在外部联系方面，通过与高校开展产学合作教育将培训环节延伸到高校学科教育环节，中兴通讯学院将企业知识传递给高校学生，高校教师和学生通过项目研究将研究成果以知识的形式传递给中兴，形成企业内外的知识转移和共享。中兴通讯学院从成本中心发展为利润中心，建立了市场驱动式的教育系统，搭建了上下游产业链知识传递的桥梁，输出中兴通讯的经营服务理念。中兴通讯学院的培训人员中有 60%是外部客户，对外知识服务覆盖达到 60 余万人次。另外，学院联合清华大学研究院成立 NC 教育认证管理中心，培养更适合企业的工程师。在海外，中兴通讯学院与印度尼西亚知名的电信技术类高等学府 STT 联手创办亚太区培训中心，为中兴通讯在当地的培训、研发提供知识服务。

2013 年至今：中兴通讯学院前几个阶段所开展的企业知识培训、终身教育以及搭建企业内外部知识联结接口主要侧重的是知识转移或知识应用，本阶段的标志性事件则是日益关注产业基础理论研究和工程科学研究活动。学院协同创建了中兴通讯专业能力中心、技术实验室等，这些机构同时关注前沿知识探索和创新项目孵化，为企业创新孵化服务。

第二节　数据编码

本节围绕研究主题，对访谈数据和收集的资料进行定性数据分析。按照传统培训阶段、终身教育阶段、融知接口阶段和知识中心阶段样本企业大学发展的时间顺序归类资料并形成质性数据，进一步进行编码分析。

一、开放性编码

开放性编码是研究者对原始资料进行第一轮的筛选以建立对研究问题的初步认识，具体而言，开放性编码是经过对原始资料不断对比和反复分析，定义现象并提取含义相近的概念而形成初始范畴的过程（赵红丹，2014）。在进行开放性编码时，首先应在资料中选取最完整和丰富的样本提炼概念以得出初步的概念范畴；其次逐个比照其他案例资料，不断修正和完善形成最终的概念。需要指出的是，所有的概念和范畴的命名均考虑到概念和范畴来源的多样性和准确度，都以现有成熟理论文献中的相关关键词作为参考依据。

本书研究在对资料分析和提炼概念时严格遵循"忠实于资料"的原

则，尽量保留原始资料中的原文作为标签。在研究中采用 Atlas. ti7.0 质性分析软件对资料进行标签化处理，有助于通过与原始资料的对比和检验将提炼的概念进一步概念化和范畴化。

依循上述质性分析的编码步骤和流程，对前文所描述的两个样本案例均进行了标签化的处理和进一步的比较归纳。最终从资料中抽象出"岗位专项培训"、"职业生涯规划"、"业务需求分析"、"聚合资源"、"创业孵化"等186个概念。通过厘清这些概念的类属与相互关系，将其进一步归纳为57个初始范畴。研究围绕"企业大学能力体系"核心议题进行开放性编码，且以 a 标注海尔大学的编码，以 b 标注中兴通讯学院的编码。案例企业大学能力体系的开放性编码如表4-1和表4-2所示。

表4-1　海尔大学的开放性编码

数据和编码 发展阶段	原始数据	概念化
传统培训阶段	海尔大学建立了青训班，通过了 ISO10015 国际培训管理体系认证，成为全国职工教育培训示范点。对集团内部新员工和在职员工进行培训，对新员工培训的主要任务是使员工了解企业的制度、经营理念及愿景，通过导入和轮岗实习等方式促使员工快速适应学校到企业的过渡。组织和策划针对全员的变革思想宣导活动，举办大量的战略研讨会，促成战略共识，推动企业的战略变革（1999 年）	a1 建立青训班；a2 国际培训管理体系认证；a3 教育培训示范点；a4 企业制度；a5 企业经营理念；a6 企业愿景；a7 新员工适应企业；a8 企业变革思想宣导；a9 战略研讨会
	新员工训练营进行企业产品、企业经营发展道路及拆机实习、部门实习、市场实习等一系列的培训，推出业务需求分析系列，培训与岗位序列相契合，与关键岗位的能力标准契合，与生产实践要求契合。同时教授学员如何在工作中加强团队协作和沟通技巧，营造组织学习氛围，相互交流、碰撞思想（2000~2004 年）	a10 培训企业产品；a11 企业经营发展；a12 导入培训；a13 实习培训；a14 业务需求分析；a15 与岗位相契合；a16 岗位需求能力标准；a17 团队协作；a18 营造组织学习氛围；a19 辅导沟通技巧

数据和编码 / 发展阶段	原始数据	概念化
终身教育阶段	提出"海豚式升迁"、"先造人才再造名牌"的人才培养理念。2005 年，1 万多名员工几乎全部通过了 79 类岗位技能考试。为每个学员设计职业生涯规划，突出个性化培训计划，实行培训与上岗资格相结合。设计三种升迁的职业生涯规划，培训后符合条件的学员就可以入选后备人才库，继续进行个性化培训。结合即时培训，培养技能，结合现场案例分析进行实战技能培训，创新能力培训、发展能力培训（2005 年）	a20 海豚式升迁理念；a21 岗位技能考试；a22 职业生涯规划；a23 个性化培养；a24 上岗资格培训；a25 职业升迁；a26 后备人才库；a27 培养实战技能；a28 创新能力；a29 发展能力
	建设知识中心基地，每个月通过邮件或微信等形式给员工提供最新的产业前沿资讯，员工可以到海尔大学借阅图书，每本书中都附有阅读卡片以供传阅及分享。海尔大学创造条件使员工具备知识升级的能力，不断完善培训体系（2006 年）	a30 产业前沿资讯；a31 借阅图书；a32 分享知识
	提出"精英50计划"，旨在有针对性地提升项目学员的通用能力、专业知识经验和软性能力。在职员工的培训主要是通过关注业务部门的职能及操作流程帮助员工提升工作效率（2007 年）	a33 通用能力；a34 专业知识经验；a35 软性能力；a36 业务部门职能；a37 操作流程；a38 提高工作效率
	建立评价中心测评职业能力，对现有人才梯队进行测评。通过建立领导力发展中心、员工发展中心系统开展员工培训认证，促进人才培养转型升级，推动搭建职业发展通道。通过动态认证分析工具及调研访谈分析，聚焦学员在分析行业发展趋势，团队管理、资源联结、创新变革等方面的能力提升（2008 年）	a39 测评职业能力；a40 领导力发展中心；a41 职业发展通道；a42 培训认证分析工具；a43 行业发展趋势；a44 团队管理；a45 资源联结；a46 创新变革能力
	2010 年，海尔大学培训 5000 余人，开班 130 个。与认证机构联合培养和推广认定人力资源师、国际商务师等 3000 余人。组建团队设计了以业务知识技能、软性技能、领导力及专业能力、全流程业务能力为模型的课程体系，帮助员工进行能力提升。脱产学习和自主学习相结合，通过 SABA 在线学习课程，参加论坛以及多次举办高级经理人案例互动培训等分析客户需求信息，支持员工相关能力的提升，完善了员工的知识升级体系，打造了人才培养的基石（2009～2010 年）	a47 外部认证机构合作；a48 资格认证；a49 业务知识技能；a50 课程建设；a51 领导力及专业能力；a52 全流程业务能力；a53 参加论坛；a54 客户和市场需求；a55 案例互动培训；a56 完善知识体系

数据和编码 发展阶段	原始数据	概念化
	兴建了海尔国际培训中心，承办各种综合素质培训及国际学术交流活动。为清华大学 MBA 班学员提供了多次个性化培训服务。与著名的咨询公司 IBM 公司合作，分层次开发设计了领导力培训解决方案。与中欧国际商学院、上海复旦大学等内外科研和咨询机构在师资聘用方面建立了合作关系，从各高校聘请的兼职教授达 80 余人，并且已与哈佛大学和沃顿商学院等院校开发编写案例（2011 年）	a57 国际学术交流；a58 为高校提供培训；a59 开发设计解决方案；a60 与高校和科研机构合作；a61 聘请兼职教授；a62 合作开发编写案例
融知接口阶段	对外输出人单合一的模式，每年交互包括中国顶级的管理学者和商学院、政府、企业、高校、商会等众多组织，其中包括日立、金蝶、中石油、北汽集团等公司，清华大学、北京大学等学校，旨在把海尔的创新管理经验传递给更多人（2012 年）	a63 输出人单合一模式；a64 知识交互；a65 传递管理经验
	将研发、营销、服务等部门并联，以用户的价值为核心进行大规模个性化定制。借力创新平台，对接多元丰富的产业资源，从技术需求、解决方案等不同方面实现融合发展。通过为用户提供学习解决方案，创建全流程最佳体验的学习社群共创平台，吸引资源方在 Hi - study 平台上共创产品，形成满足用户终身学习的社群生态，打造物联网时代的共享企业大学，构建非线性学习生态圈（2013 年）	a66 并联业务部门；a67 对接产业资源；a68 技术需求；a69 为用户提供解决方案；a70 学习社群；a71 吸引资源；a72 共创产品；a73 社群生态；a74 非线性学习生态圈
知识中心阶段	成立青岛市青年创业孵化试点基地；青岛市创客教育实践基地；清华大学、北京大学、中国人民大学、山东大学企业实践基地；海尔大学搭建了创客平台并成立了创客学院、创客实验室、创客工厂加速创客的成长（2014 年）	a75 创业孵化试点基地；a76 创客教育基地；a77 实践基地；a78 创客平台；a79 加速创客成长
	成为教育部信息管理中心试点"创客实验室"，就高校创客课程开发、海尔创客模式输出等进行深入合作。加入由清华大学发起的"全国创客教育基地联盟"（2015 年）	a80 教育部创客实验室；a81 创客课程开发；a82 创客模式输出；a83 全国创客教育基地联盟

数据和编码 发展阶段	原始数据	概念化
	联结百度、暴风影音、京东众筹等23家资源，促成创客与这些资源之间的31起合作。开启了小微孵化模式，转型为人才培养和创客加速的培训基地。启动小微训练营的非线性、定制的学习项目，开放吸引有意愿和高潜质的关键人才，通过多维度的学习、交互和实践等方式帮助创客打造运营小微的能力。未来之星训练营通过定制个性化的赋能学习构建学习发展生态圈，创造用户价值最大化，助力小微升级。创新广角镜工作坊活动解决小微训练营中部分团队面临的棘手问题和项目痛点并进行定制化学习（2016年）	a84 联结资源；a85 小微孵化；a86 创客加速；a87 小微训练营；a88 非线性定制学习项目；a89 学习发展生态圈；a90 创造用户价值最大化；a91 助力小微升级；a92 创新工作坊；a93 针对项目痛点定制化学习
知识中心阶段	成为首批国家级创客空间，并入选首批国家"双创"示范基地。牵头成立了行业第一家工业智能研究院以及全球首个智能制造创新联盟，不仅进行基础理论研究还进行研发，向整个工业输出制造的标准和模式，持续关注新技术。通过研究院等平台使得企业能更好地实现业务全流程以及智能制造解决方案的升级和匹配；创新创业课程对接海尔创业平台资源，进行创业实战辅导；聚合了一流资源，为企业搭建了开放式资源整合的平台和可持续增长的生态圈；打造自己的创新孵化器，聚焦创客的加速以及小微生态圈体系的建设（2017年）	a94 国家级创客空间；a95 国家双创示范基地；a96 牵头成立工业智能研究院；a97 智能制造；a98 创新联盟；a99 基础理论研究；a100 研发；a101 输出制造标准和模式；a102 持续关注新技术；a103 创业课程；a104 创业实战辅导；a105 聚合资源；a106 创新孵化器
	成为中国内地唯一两次获得ATD（人才发展协会）Best Awards（最佳学习型企业奖）的组织；成立中外管理创新研究院，搭建海尔与企业之间的互动和智慧激荡的平台；海尔大学广州创新中心成立，标志着海尔大学的"产城创"生态赋能营得到广泛认可。赋能营主要围绕智造之路聚焦产业界前沿话题，探讨未来行业的发展方向，打造最具未来感的创新创业、产能升级；召开"数字化开放日"，邀请西门子、PTC等15家数字化解决方案领先企业，带来数字化领域的新工具、新技术以及整套解决方案，吸引海尔集团企划、研发、质量、制造、人力、战略等领域1000余位创客交互体验（2018年）	a107 成立管理创新研究院；a108 互动和智慧平台；a109 创新中心成立；a110 生态赋能营；a111 产业前沿知识；a112 创新创业；a113 产能升级；a114 数字化解决方案；a115 创客交互

表 4-2 中兴通讯学院的开放性编码

数据和编码　　发展阶段	原始数据	概念化
传统培训阶段	针对新入职员工设计了入职培训，以帮助新员工尽快融入企业文化氛围，入职导向内容包括企业文化、战略性学习、公司生产经营的规则、职场礼仪、岗位工作说明等与企业管理制度相关的知识；构建了"以师带徒"的岗位培训制度，使新员工快速熟悉公司制度和工作流程；通过知识竞赛、培训日历等活动开展多种形式的岗位培训专项活动，以使员工学习更多的技术诀窍（2003 年）	b1 新员工培训；b2 企业文化培训；b3 战略性学习；b4 企业价值观；b5 企业生产经营；b6 岗位工作说明；b7 企业的管理制度；b8 导师制；b9 熟悉企业工作流程；b10 岗位专项培训；b11 技术诀窍
	提出"让员工能随时随地学习"理念，建立了 LMS 及 E-learning 在线学习系统并自主研发了"中兴 E 学"；为员工制订学习计划；建 26 个多媒体教室，配备各种产品的模拟网上运行环境解析业务操作流程、企业产品及运营知识等岗位职业技能（2004 年）	b12 在线学习平台；b13 制订学习计划；b14 解析业务操作流程；b15 解析企业产品及服务
终身教育阶段	为员工提供技术通道晋升、业务通道晋升与管理通道晋升的"三条通道"发展模式；形成 5000 多门完备的岗位知识类、技术类课程；启动了"双最计划"即派学院最优秀的学员到海外学习最前沿的行业信息，参加此计划的优秀学员作为岗位晋升的备选人才；海外阳光行动项目是结合公司国际化战略，由优秀的学员担任海外兼职讲师分层分批对海外学员进行培训，分析海外员工岗位技能现状（2005 年）	b16 晋升发展；b17 形成完备的技术类课程；b18 满足员工能力提升；b19 前沿培训；b20 行业信息；b21 晋升人选；b22 岗位技能提升
	建立公司级培训、体系级培训和部门级培训的三级培训体系；开发 600 多门产品技术培训课程，创立了"培训管理体系标准"；成立中兴通讯 NC 教育认证管理中心，推行 NC 网络通信职业资格认证；员工技能认证计划，公司每年技能认证的重点就是要求员工需要提高的岗位技能和产品知识，主要涵盖 16 类工种，206 种产品和所有的岗位技能认证；与中国科学院联合培养研究生；学院与清华大学、吉林大学等高校建立实训平台，就 NC 教育认证开展合作培训；在巴基斯坦建两个每年支撑 1000 人培训规模的培训中心；与拉哈尔工程技术大学合作对客户及员工进行技术培训；中东区域的培训中心在埃及开罗建立（2006 年）	b23 三级培训体系；b24 产品技术培训；b25NC 职业资格认证；b26 技能认证计划；b27 产品及技术；b28 岗位技能认证；b29 学历教育；b30 联合培养；b31 国际化人才培养；b32 实训平台；b33 技术培训；b34 国际合作办学

续表

数据和编码 发展阶段	原始数据	概念化
	为8万多全球客户、合作伙伴和员工提供培训；培训项目中有59%是合作伙伴和相关合作客户；引进美国卓越绩效模式及TL9000等行业标准；以零缺陷为目标引进了六西格玛管理思想；建立市场驱动式的教育系统；与埃塞电信及下属通讯学院CTIT协同建立针对ETC工程师和电信人才的培训中心（2007年）	b35 搭建桥梁；b36 为上下游产业链提供培训服务；b37 引进先进管理方法；b38 引入行业标准；b39 市场驱动教育系统；b40 协同建立培训中心
	引进美国的基于工作场所学习和绩效量度评估的WLP计划，对学院的工作进行评估，度量培训课程在多大程度上与企业的业务相关；规定课程开发体系中必须有各业务部门参与；18位高管在学院进行战略传播；组建项目小组跨部门的沟通和研讨，建立分享知识的机制（2008年）	b41 引入培训效果评估；b42 嵌入业务；b43 各部门参与课程开发；b44 项目组学习；b45 跨部门沟通研讨；b46 跨部门知识分享机制
融知接口阶段	联合国内4家通信科研院和17所大学，如西安电子科技大学、哈尔滨工业大学等成立产学研合作组织；联合法国普瓦提埃大学进行国际化人才联合定制培养；培训网络已经覆盖全球90多个国家；在深圳举办国内通信业的"中兴通讯产学研论坛"，按照客户的需求定制相应的课程；编制内部业务流程文档（2009年）	b47 产学研协同；b48 合作研发；b49 与高校合作；b50 联合定制培养人才；b51 举办产学研论坛；b52 课程定制；b53 编制业务流程文档
	成为美国项目管理学会PMI的全球授权注册培训机构；为中国移动、中国电信、中国联通等企业提供项目管理培训和咨询服务；超过30万家国内外企业客户通过成立的云学堂互联知识信息；开发问答平台"中兴E问"；独创了为企业提供运营服务等解决方案的BaaS商业服务模式（2011年）	b54 项目管理培训；b55 咨询服务；b56 信息技术；b57 提供解决方案
	引进IBM的BLM模型、双插分析法等；建立以培训的有效性为核心的质量监控体系；联合规划部、运营管理部、架构流程等组织运作管理部门研讨，建立围绕客户和业务部门的联席会议制度（2012年）	b58 再造组织管理体系；b59 知识流程构建；b60 组织团队研讨；b61 联席会议制度

数据和编码 发展阶段	原始数据	概念化
知识中心阶段	学院协同创建中兴通讯 IT 技术学院、专业能力中心、技术实验室；与国家教育部联合建立 ICT 产教融合创新基地；与高校共建信息通信技术创新实践平台；引入拉姆·查兰的解决业务发展中实际问题的 JPS 高效管理工具 （2014 年）	b62 参与合作开发；b63 协同建立技术实验室；b64 建立产教融基地；b65 创新项目孵化；b66 创新实践平台；b67 管理模式创新
	牵头编著涉及 15 个专业领域的《信息通信技术百科全书》；参与中国科协的科普项目；提升中国移动网络运维标准化和效率的 PTN 运维文档体系建设；参与中信银行分布式数据项目 （2015 年）	b68 编著科技书籍；b69 协同制定行业技术标准；b70 参与科研机构技术研究；b71 企业技术文档建设；b72 参与产业前沿研究
	参与中兴通讯工程交付项目、研发项目；建设印度等 16 个海外培训研究中心；联合教育部举办企业国家化发展论坛，倡议成立国际联盟 （2016 年）	b73 工程科学知识； b74 协调组建联盟
	与意大利罗马二大合建意大利丝路国际学院、创新研究中心和物流中心；安全领域的泰斗沈昌祥院士做客中兴通讯学院；与厦门大学共建学生就业实习基地；与上海海关学院保管研究中心开展应用型研究；参与哈尔滨工业大学、中铁大桥科学研究院等单位牵头的"分布式光前应变监测仪"的国家重大科学仪器项目；促进中国高端芯片联盟，举办光电子产业发展促进论坛 （2017 ~2018 年）	b75 合作成立研发中心；b76 聘请院士做讲座；b77 与高校共建实习基地；b78 开展应用型研究；b79 重大项目协同研究；b80 搭建技术联盟平台

　　通过对概念的类属划分，共得到 57 个范畴：AB1 了解业务流程（a7、a14、a52、b9）；AB2 业务知识（a49、b15）；AB3 岗位技能培训（a1、a3、a15、a38、b10、b13）；AB4 学习技术诀窍（a2、b11）；AB5 搭建协作平台（a13、a17）；AB6 营造沟通氛围（a18）；AB7 学习和研讨（a19、b8）；AB8 岗位职责（a16、b6）；AB9 管理制度（a4、b7）；AB10 企业生产经营规则（b5）；AB11 业务操作规程（a37、b14）；AB12 设备操作规

程（a10、b12）；AB13 企业使命与愿景（a5、a6、a11）；AB14 促成战略共识（a8、a9、b26）；AB15 企业文化传承与整合（a12、b2、b4）；AB16 行业发展趋势（a30、a43、b19、b20）；AB17 收集市场信息（a54）；AB18 产品基础知识培训（a31、a34、a56、b17、b24、b27、b33）；AB19 知识技能提升（a27、a28、a29、a33、a35、a51、b18、b22）；AB20 学历教育合作（a47、b29）；AB21 人才培养体系（a40、b23）；AB22 联合高校合作培训（b30、b31、b34）；AB23 搭建实训平台（b32）；AB24 职业资格考试（a21、b28）；AB25 技术和能力必备标准（a24、a36、a39、a42、a48、b25、b26）；AB26 关键岗位学习路径开发（a22、a23、a41）；AB27 晋升机制（a20、a25、a26、b16、b21）；AB28 协调产学研合作（a58、a60、a62、b40、b47、b49、b50）；AB29 科研平台搭建（a72、b48）；AB30 技术信息交流（a53、a57、b51）；AB31 邀请行业专家（a61）；AB32 搜索外部技术（a68、b37、b38、b41）；AB33 资源联结平台（a45、a67、a69、a71、b35、b39、b56）；AB34 产业链知识整合（a63、a64、a65、b36、b55）；AB35 互动中学习（a55、a70、b60）；AB36 项目协作交流（b44、b45、b54）；AB37 内部知识编码（b53）；AB38 业务部门参与课程定制（b43、b52）；AB39 构建知识网络（b58、b59）；AB40 业务密联（a59、a66、b42、b57、b61）；AB41 内部知识耦合（b46）；AB42 前瞻研究（a111、b72）；AB43 技术查新（a97、a102、a113）；AB44 提供创新技术咨询与指导（a108、b76）；AB45 技术基础积累（a99、b68、b71）；AB46 管理方法提炼（a107、b67）；AB47 协调组建技术联盟（a98、b63、b64、b74、b75、b80）；AB48 输出制造标准和模式（a101、b69）；AB49 掌握工程科学知识（a96、a100、b70、b73）；AB50 加速创客孵化（a46、a76、a79、a80、a81、a82、a86）；AB51 广泛搜索新技术（a78、a90、a112、a114）；AB52 创新工作坊（a92、a94、b65、b66）；AB53 搭建创新孵化平台（a75、a83、a95、a106、a109）；AB54 项目定制学习（a87、a88、a91、a93、a103、a104）；AB55 小微生态圈建设（a73、a74、a84、a85、a89、a110）；AB56 协同开发项目

（b62、b79）；AB57 搭建并联交互平台（a77、a105、a115、b77、b78）。

二、主轴编码

主轴编码的目的在于将开放性编码阶段所发现的各个范畴建立有机的联系，解析各个范畴之间潜在的脉络联结关系，确定与研究问题最相关的主范畴以及最能解释主范畴的副范畴（徐娜娜，2016）。

通过归纳和考察不同初始范畴的逻辑次序和相互关系，在开放性编码的基础上进行主轴编码环节。将57个初始范畴重新归纳为业务培训、必要技能、团队协作、沟通技巧、企业制度、操作规程、经营理念、企业价值观、行业动态、市场需求、产品知识、学历合作、驻校培训、职业资格认证、晋升通道、合作研发、外聘师资、外部资源开发、团队研讨、跨部门课程建设、跨部门知识共享、产业前沿、基础理论研究、工程科学研究、创客、创新项目、小微团队、应用项目协作28个副范畴。接着进一步提取和命名了业务技能培训、企业知识培训、前沿产业知识培训、升级学科知识培训、外部知识关联、内部知识关联、前沿知识探索、创新项目孵化8个主范畴。主轴编码具体结果如表4-3所示：

表4-3 主轴编码结果

主范畴	副范畴（28个）	初始范畴（57个）
业务技能培训	业务培训；必要技能；团队协作；沟通技巧	了解业务流程；业务知识；岗位技能培训；学习技术诀窍；搭建协作平台；营造沟通氛围；学习和研讨
企业知识培训	企业制度；操作规程；经营理念；企业价值观	岗位职责；管理制度；企业生产经营规则；业务操作规程；设备操作规程；企业使命与愿景；促成战略共识；企业文化传承与整合
前沿产业知识培训	行业动态；市场需求；产品知识	行业发展趋势；收集市场信息；产品基础知识培训；知识技能提升

主范畴	副范畴（28个）	初始范畴（57个）
升级学科知识培训	学历合作；驻校培训；职业资格认证；晋升通道	学历教育合作；人才培养体系；联合高校合作培训；搭建实训平台；职业资格考试；技术和能力必备标准；关键岗位学习路径开发；晋升机制
外部知识关联	合作研发；外聘师资；外部资源开发	协调产学研合作；科研平台搭建；技术信息交流；邀请行业专家；搜索外部技术；资源联结平台；产业链知识整合
内部知识关联	团队研讨；跨部门课程建设；跨部门知识共享	互动中学习；项目协作交流；内部知识编码；业务部门参与课程定制；构建知识网络；业务密联；内部知识耦合
前沿知识探索	产业前沿；基础理论研究；工程科学研究	前瞻研究；技术查新；提供创新技术咨询与指导；技术基础积累；管理方法提炼；协调组建技术联盟；输出制造标准和模式；掌握工程科学知识
创新项目孵化	创客；创新项目；小微团队；应用项目协作	加速创客孵化；广泛搜索新技术；创新工作坊；搭建创新孵化平台；项目定制学习；小微生态圈建设；协同开发项目；搭建并联交互平台

三、选择性编码

选择性编码的目的是进一步抽象化主范畴以便提炼更具概括性、统领主范畴的核心范畴。该环节的主要工作是找出核心范畴和其他范畴的关系以便能够简明扼要地表明全部资料的现象，从而形成理论架构和初步模型，验证前文总结出的各个范畴之间的关联（杜晓君和刘赫，2012）。

结合案例对8个主范畴进行比较，发现"业务技能培训"和"企业知识培训"是企业大学针对新入职员工的学科知识不足以适应企业实际工作需要而进行的职业技能的衔接培训，因此将二者命名为"衔接教育能力"这一核心范畴。"前沿产业知识培训"和"升级学科知识培训"是企业大学不断更新员工的知识以满足员工终身教育需求的具体体现，因此将两者命名为"知识升级能力"。从社会技术建构理论出发，"外部知识关联"和"内部知识关联"体现了企业大学连接上下游产业链和企业内部各部门作为知识接口的两个维度，因此命名为"知识联接能力"。"前沿知识探索"和"创新项目孵化"表现为企业大学在承担企业知识中心和创新孵化方面的作用，将两者归纳为"知识孵化能力"。选择性编码结果如表4-4所示。

表4-4 选择性编码结果

核心范畴	主范畴
衔接教育能力	业务技能培训；企业知识培训
知识升级能力	前沿产业知识培训；升级学科知识培训
知识联接能力	外部知识关联；内部知识关联
知识孵化能力	前沿知识探索；创新项目孵化

在选择性编码完成后，请教和咨询企业大学相关研究领域的专家和学者，旨在对本部分的研究结果进行理论饱和度验证。再次提取和梳理三级编码过程中的全部范畴，并未发现新的其他重要范畴和要素。因此可以认为企业大学能力体系构成模型是饱和的。如图4-1所示。

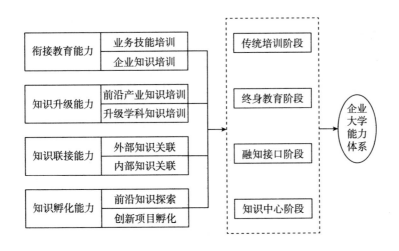

图4-1 企业大学能力体系构成

四、信度与效度分析

以上不同渠道的资料相互印证，保证了研究的内部效度和外部效度。笔者同两位具有科技管理教学和科研背景的博士组成编码团队。为使研究结论科学可靠，对编码者信度进行了检验。参照 Miles 和 Huberman（1994）提出的定性数据分析方法，从所有资料中随机抽取部分资料作为前测分析样本，三位编码成员按照编码说明和要求依次进行编码，并将结果依据 Holsti（1969）提出的相互同意度及信度公式进行计算：

$$R = \frac{n\,\overline{K}}{1 + (n - 1)\,\overline{K}} \tag{4-1}$$

$$\overline{K} = \frac{2\sum\limits_{i=1}^{n}\sum\limits_{j=1}^{n}K_{ij}}{n(n-1)}(i \neq j) \tag{4-2}$$

$$K_{ij} = \frac{2M}{N_i + N_j} \tag{4-3}$$

式中，R 为分析者的信度，n 为参与分析人员的数量，$\overline{K}$ 为分析人员平均相互同意度，K_{ij} 为分析人员 i 与分析人员 j 相互同意度，M 为分析人员 i 与分析人员 j 意见一致的项数，N_i 为分析人员 i 做出分析的总项数，N_j 为分析人员 j 做出分析的总项数。

经过计算，内容分析平均相互同意度 $R = \dfrac{0.787 + 0.765 + 0.792}{3} = 0.781$，分析者信度 $R = \dfrac{3 \times 0.781}{1 + 2 \times 0.781} = 0.915$，信度结果高于一般要求的 0.8，显示编码成员的归类一致性较高，可正式编码。

第三节　若干其他案例辅助分析

一、海信学院

海信学院于 1998 年成立，是我国最早成立的本土企业大学之一。海信学院成立的目的是为集团构建"人才加工流水线"，成为海信集团的人才培养基地。为了帮助员工实现学科教育与企业知识的融合，海信学院设计了新员工培训、价值观培训、专业技能培训等全方位的培训体系，使员工了解企业工作环境和初级职业技能。

2006 年，海信集团收购科龙公司，集团员工和业务量剧增，培训规模进一步扩大，每年培训 5000 余人。为了满足员工能力提升的需求，海信学院构建了职业发展培训、专业技能培训和领导力培训等全方位的培训体系，使员工进一步获得前沿产业知识和升级后的学科知识。

2008 年，海信集团全面实施国际化和智能化战略，海信学院侧重研究企业内部问题。在促进企业内外部知识交流方面，海信学院不定期组织小型的问题解决型研讨会，使参加培训的学员在轻松的氛围中探讨交流，搭建了员工之间的非正式关系网络。

2009 年，海信学院成立管理研究中心，通过跨界研究搭建与企业内部业务部门的平台。例如，为解决企业实际问题，学员在参加培训时必须要提出针对本公司、本部门亟须解决的三个问题，学院根据提出的问题汇聚研发部门、生产部门和市场部门等，并组成课题小组。课程结束后学员提交工作研究报告，这份报告在海信内部被称为"跨界研究"。海信学院的跨界研究工作通过员工之间相互的交流和学习，运用创新的思维模式解决生产制造中各类疑难问题，促进企业生产力的提高和生产方式的改进。此外，通过不定期组织核心伙伴联合会，与运营商、垂直行业领军企业等就智能技术的跨产业合作等问题进行研讨。海信学院与山东大学、麻省理工学院等高等院校合作，进一步完善师资体系和课程体系。通过举办各种专题的技术商业化培训班等，海信学院为上下游产业链和客户进行技术评估和商业化战略指导。同时，每年选派百名员工到三星、日立等跨国公司接受管理培训并参与技术合作。海信学院建立了网上技术信息市场，在网上发布技术难题，为相关的高校、科研院所、上下游产业链的合作伙伴提供了与企业进行广泛而深入交流的平台。

2011 年后，海信集团建立了多个研发中心和国家级重点工作室、研究院及博士后流动站，海信学院是这些联合机构的主要联系单位，表明其已经开始日益关注产业基础理论研究和工程科学研究活动。海信学院较早设立了技术研究中心，运用评估程序和技术方法分析新产品、新工艺的技术实施可行性和市场可行性。通过海信学院的信息平台，研发部门更加了解市场需求，进而转化为实用性的研发课题。海信集团组建了技术开发专家委员会，海信学院协调参与了项目立项和成果鉴定的评审，研讨技术研发规划等重大技术事项。针对研发项目组建项目小组，海信学院聚集生产部门和研发部门等工程师进行协同攻关。还参与了多项国家标准和行业标准的制定，将前沿的信息和国际技术认证标准带给企业，应用到企业内部的开发和设计中。依托设立在海信学院的博士后工作站和西安交通大学等 6 家高校建立的产学研联盟为集团提供技术创新咨询，吸引国内外著名的高新技术企业及项目，使海信学院发展为企业技术服务的综合性"技术孵化基地"。

二、中国惠普大学

中国惠普大学在传统培训阶段仅为员工提供与岗位相关的技能知识。以岗位的能力素质模型为基础，通过混合式学习设计核心课程和在岗实战演练，使员工了解企业规程、企业运营知识和规章制度等。2001 年，中国惠普大学推出了基于管理之道、销售之道、服务之道的惠普之道课程，旨在将职业标准与生产过程对接，为员工提供企业知识。中国惠普大学设计了为新员工培训的"狮子计划"项目，此项目实行导师制，通过跨团队合作、研讨、虚拟团队项目等在岗培训机制提升员工的工作技能。

伴随着市场的演变，需要及时更新员工的企业知识和学科知识，中国惠普大学知识类型逐步延伸，开始为员工及上下游供应链提供领导力提升、业务流程优化管理、供应链整体解决方案的分析等。为帮助员工获得前沿产业知识，以创新研讨会的形式定期或不定期邀请行业专家就前沿趋势和行业动态进行交流和学习。中国惠普大学的研究中心也为员工推出了一系列依托移动互联、大数据、云计算等进行前沿知识学习的课程。2002年，中国惠普大学的惠普商学院开展了 MBA 培训班，使员工可以获得更高的学历，成为第一家培训 ITIL 顶尖人才的培训机构。2004 年，为使员工进一步获得升级的学科知识，中国惠普大学与斯坦福大学合作开办了开发技术领导力的高级研修班。2009 年，中国惠普大学加强了学历教育服务，与中国科学院联合培养 IT 战略与 IT 服务管理方向研究生。此外，通过邀请各行业专业人员及经济学家等为员工解析产业知识。

2010 年后，中国惠普大学发展为外向型企业大学，成立了外包学院。随着惠普大学的发展，提供知识服务的衔接范围逐渐扩展至为制造、电商、金融等各领域的企业提供知识服务。中国惠普大学一方面运用惠普的业务流程管理和机遇问题咨询的方法论，根据流程间信息传递关系对组织内部流程建模，帮助业务部门实现内部全流程的规划整合和梳理。规定业务部门内部日常的流程，通过量化的监控和统计分析找出知识部门的相关专业知识是否缺失以及技术科学知识的掌握情况，最终获取与相关部门匹配的知识并制订持续改进计划。利用仿真角色扮演并开发了一款赛车游戏以讲解跨部门的组织分工和协同配合，行动学习和跨界学习促进了企业内部生产部门、研发部门和营销部门等的知识联结顺畅。另一方面引进摩托罗拉的精益六西格玛方法，从差距分析、培养人才发挥潜能、战略分解和项目增进等方面持续改进业务部门业务流程，并解决工作中的质量管理和运营优化等实际问题。引入了企业架构的 TOGAF 课程、数据中心专家国际认证课、推出云计算系列等为上下游产业链提供立体式的学习设计，提高产业链管理的成熟度。

中国惠普大学逐步从单一的员工技能培训演化为支撑企业业务运转，探查产业前沿共性知识、管理理论方法的融知窗口，形成了企业特有的知识生态环境，为客户提供从人力资源、流程、咨询、学习技术的全方位业务体系和创业孵化服务，促进了企业内外部知识的耦合。中国惠普大学归纳出了一系列目标管理、走动式管理、员工持股计划等管理创新的理论。2011年，成立惠普质量管理学院，引入ISO9000质量体系标准和TQC管理理念，通过跨部门的项目帮助各部门搭建方法论和工具。研发多种移动学习产品，将最新的理念和技术知识通过网络学习平台应用到惠普企业中。此外，还参与各种调查研究、行业论坛和学术文章撰写等活动。在外部知识生态构建方面，引入大数据应用平台Hadoop的培训体系认证，为上下游产业链以及各类企业提供基于行业内方法论和最佳实践的创新型咨询服务。推出"车库讲堂"，邀请国内外行业专家讲授前沿动态及工程科学等知识。中国惠普大学于2015年后建立了绩效导向的实训管理平台，参与惠普全球支持开发的HP Living Progress创业启动学习项目，为学生、潜在创业者和小微企业主提供免费的商业技能培训、创业建议和技术解决方案。随着惠普大学逐步承担企业内外部知识聚合的功能，对精益六西格玛的方法论等工具不断创新，探索和掌握了分析实验数据的数学理论和方法。中国惠普大学逐渐演变为惠普的知识中心，不仅将实训基地建成集培训、教育和技术服务于一体的"人才孵化基地"，而且积极构建了产学研用相结合的技术创新孵化体系。

三、宝钢人才开发院

2007年，宝钢人才开发院在宝钢集团教育培训中心的基础上正式成立，主要承担员工技能培训、企业的管理研究和员工创新活动。在传统培训阶段，宝钢人才开发院结合新员工的特点和成长规律，提炼出新员工培养通用模型。为使新员工快速适应企业，在新入职的2年内要循序渐进地接受岗位认知培训、工作文化养成培训以及项目引导培养等 5 个模块的系统培养。

宝钢人才开发院形成了"大师讲堂"、"高管课堂"、"管理学堂"、"专题论堂"等若干在职培养教学形式。学院根据专家访谈结果，结合宝钢的岗位要求整合各岗位所必须了解的重要知识模块及关键经历，通过案例研讨、情景模拟、现场考察、答辩等混合式学习方式帮助学员提升知识技能。通过测评和辅导帮助学员进行自我认知，并参考素质模型制订有针对性的个人发展计划，帮助学员提升能力。在学院下设的工程技术培训中心建立和实施专业技术人员培训层级体系，更新培训员工的冶炼、轧钢、机械、电器、仪表、化工、环保等冶金类专业技术。

宝钢人才开发院的内部知识管理系统包括技术共享平台、信息共享平台，通过该系统将技术知识、管理流程以及实践案例进行分类管理并有针对性地传递给学员。在学院内部构建了以知识社区与知识地图为主要功能的知识管理运作保障机制。由课程培训转为"问题驱动"的 3Q 研修模式，围绕现场工程技术问题、产品质量、工艺操作等采取快速培训。在开放的环境中将生产部门、营销部门、研发部门以及上下游产业链的相关人员组织在一起共同研究并解决问题。实施了一系列技术领域团队建设、"金苹果计划"等体制和机制的创新模式，有效地培养了具有国际视野的优秀研发队伍。

2013 年，宝钢人才开发院成立首个管理研究所，为集团持续运营、管理变革和管理决策提供咨询服务，并总结提炼出集团公司内部管理工具、管理方法和优秀管理实践。此外，在协调制定相关行业技术标准等方面为集团知识生产搭建了有效的平台。宝钢人才开发院作为中介，强化了企业之间，企业与高校、研究院所之间的技术合作开发，参与并协调宝钢研究院与技术中心的基础合作项目，着力于员工的创新能力培育与建设。定期邀请国内外专家学者为员工做专题讲座，使学员更加了解国际先进的管理理念和技术创新方法。通过为企业提供技术服务从而促进技术创新，为已有的市场、供应商关系、技术和品牌等资源搭建广泛的网络联结，宝钢人才开发院已发展成为宝钢集团技术创新和研发的共享平台。

四、TCL 领导力开发学院

TCL 培训中心于 2005 年转型为 TCL 领导力开发学院。TCL 领导力开发学院是集团人才培养的规划者和培训资源的整合者，重点是对集团中高层管理者的管理知识、技能进行培训。与 TCL 各分公司培训部门之间是一种业务指导和支持的关系，并在新员工培训等方面有所合作。

2006 年，TCL 提出质量管理的理念，领导力开发学院即跟随企业的发展战略而推行质量管理培训。2007 年，领导力开发学院根据集团提出的"回归原点"的理念又实施相应的回归培训课程。可以看出，TCL 领导力开发学院的培训项目都是根据集团的战略要求而对员工在某个方面的知识升级进行培训。此外，领导力开发学院"鹰系工程"的培训计划与职级管理体系基本相对应，"雄鹰"计划着重培养企业高层管理者的国际化经营能力；"精鹰"计划针对企业的中层骨干或高层后备培养企业经营、管理决策等方面的领导力；"飞鹰"计划重点培养基层管理者的沟通能力和团队合作能力；"雏鹰"计划针对新入职的员工开展衔接教育，灌输企业知识，提高企业人员的实践能力。学院将集团内部实践案例融入课程中，起到积累和传播知识的双重作用。TCL 领导力开发学院不仅是整个集团培训场所，而且是学员思想碰撞、研讨和沟通交流的平台。

TCL 领导力开发学院在课程设计和培养方式上主要采取导师辅导、行动学习、企业实践研讨等方式，通过学习和研讨行业发展趋势、前沿管理理论等知识信息，加强了企业员工团队合作与沟通，搭建了内部分享平台。此外，学院引进国际先进的培训课程，加深与中欧商学院、北大光华学院、美国得克萨斯大学等著名商学院及培训咨询机构的合作。顺应集团实施的国际化策略，引入巴黎高等商学院、沃顿商学院等国际著名商学院有关供应链管理和市场营销的课程，改善了集团分公司的供应链和营销模式。帮助生产、研发、营销等部门获取所需匹配的知识源，促进各部门的知识联结。2012 年，学院开始与清华大学等高校和科研院所合作，聚集了高校和科研院所的"知识生产"资源。

2015 年，TCL 更加关注创新能力的培育，领导力开发学院在提炼本集团成功经验案例的基础上，结合引入的国内外先进理念形成集团特有的管理理论与方法，通过一系列的知识创新活动提高集团的经营和创新能力。TCL 领导力开发学院被定位为集团的培训中心、管理推动中心和交流中心，同时把成熟的经验推广到企业中。此外，学院采取专家辅导、技术查新等方式协助企业内部创新孵化的开展。学院提出要成为企业自主创新的基地，日益关注产业前沿动态和基础理论研究。定期邀请国内外专家学者为员工做专题讲座，使创业者更多地了解国际先进管理理念和技术创新方法。学院还通过举办投资者接洽会、信息发布会等吸引更多有投资意向和资金实力的企业、组织及个人关注和了解母体企业，经过沟通和考察达成投资意向。学院逐渐发展为知识密集型机构，指导和管理集团公司的培训工作，协调集团的相关研究，整合集团内外部资源，成为全集团的培训、研究和创新孵化平台。

五、大唐大学

大唐大学自 2009 年成立后主要负责组织实施大唐集团各期新入职员工的培训，设置了包括企业发展、企业经营、企业文化和企业宏图展望4 个方面的课程，使新员工增强企业归属感，进一步了解集团战略和集团的发展历程，熟悉企业文化和各岗位流程。例如，在企业经营的课程环节，大学邀请集团的工程师和高管为新员工讲授产品成本控制与原理、高新技术企业集成产品开发管理这两门课程，帮助新入职员工了解产品的制作工艺流程、企业研发各环节的特点和流程。

传统的零星培训并不能满足员工对自身职业能力提升的迫切需求，2010 年，大唐大学推出了干部管理潜能开发训练营，不仅为员工提供系统化的培训和职业能力发展路径，而且为员工量身打造了专属学位项目。这个项目的课程包括高管班、中层管理者的 MPDC 项目、基层管理者的履职轮训三大课程体系，打通了管理人员、技术人员、技术维护人员的培训通道，通过实施基层管理干部培训、知识产权系列化培训、信息保密系列化培训、技术和管理培训等提高了员工的知识和职业能力。参加潜能训练营培训的员工通过工程实习和情境体验等方式了解国内外信息通信行业的产业状态和前沿趋势。2010 年，大唐大学成为教育部批准的首批工程博士和工程硕士联合培养的试点科研院所之一，肩负学历教育以及促进集团员工成长和再教育的培训任务。大唐大学同北京航空航天大学、北京理工大学、北京科技大学签订了联合培养协议，联合培养通信领域的创新人才。同年，大唐大学与专业测评机构合作，建立了员工能力素质模型为培养路径提供有效的导向。2012 年，大唐大学推出了读书会项目，每个季度大学收集和评估一些口碑较好的书籍送发给各层级的员工，这样做开拓了员工的眼界，也帮助员工掌握前沿管理理念与方法。为了保证学员对书籍内容的消化和吸收，大学要求每位学员每年至少提交两篇见解独到和分析深刻的文章，以供员工之间交流学习。管理知识大讲堂项目是要求中高层员工通过多次演讲结合经典的理论分享实际业务经验。

2013 年，大唐大学联合北京邮电大学、复旦大学共同建立了信息通信类工程实践教育中心。通过工程实践教育中心的平台，建立"卓越工程师教育培养计划"，加强与国际工程教育界的交流，促进了校企产学研用一体化的合作。

2014 年，大唐大学推出 EDP 项目，旨在每年输送集团中层以及部分高管到上海交通大学、北京大学等国内知名院校研修企业产业前沿知识和企业管理知识，不断优化中高层员工的知识结构体系。课程结束后，要求中高层学员依托在高校新学到的课程，结合实际业务开发一门针对本岗位的课程。大唐大学建立的通信和电子信息行业的职业技能实训基地，不仅对集团员工进行系统培训和工程实习，还为中下游产业链的企业培养技术人才。在促进企业跨部门知识交流和共享方面，大唐大学实施行动学习法，基于集团业务存在的实际问题，通过头脑风暴的研讨、分析集思广益，制定出可行的解决方案。

2015 年后，大唐大学成立了国家级创新人才基地，作为中转站与各高校和科研院所的产学研用技术创新体系加强有效的互动。这一方面发挥集团在通信行业的前沿技术优势，促进工程科学知识的探索和技术创新，另一方面借助企业产业化能力参与企业技术创新和工程开发的应用及推广。大唐大学通过搭建工程实践孵化的平台，吸纳集团内外的科技人才协同研发，逐步成为通信行业人才的孵化器、战略变革驱动器、上下游产业链的整合器、企业工程科学研究的知识沉淀池和创新项目孵化的支撑平台。

六、国网技术学院

2008 年，国网技术学院成立之初，核心业务即培训新员工。通过入职教育、集中培训、轮岗实习等方式，建立新员工集约化培训管理体系，培育新员工的职业素养，为公司培养高素质的专业化职工队伍。通过综合素质课程的培训，使新员工了解集团发展方向、发展规划和公司管理规范，解读集团"三集五大"体系的建设，掌握基本的信息安全管理知识和技能，进一步了解全球能源技术创新的发展趋势。此外，设置实训课堂，进行实践操作和培训学习，按照生产现场标准严格每一项工作流程以指导新员工规范的操作。例如，变电运维专业培训的对象主要是各省公司生产一线的从事变电站运维岗位工作的新入职员工，通过开展变电站安全及管理、设备及巡视维护、倒闸操作、异常及事故处理和电网新技术 5 个模块的培训，使学员能够进行变电设备巡视及维护类检修工作，全面了解岗位的业务流程和基本的业务规则。

2010 年，国网技术学院通过了 ISO9001 质量管理体系和 ISO10015 培训管理体系认证。2012 年，学院入选国家级专业技术人员继续教育基地。2013 年，国网技术学院构建了 18 级职位发展通道，完成了 11 个核心技术专业岗位的胜任力模型建设。此外，建立了评价测评中心，即对现有人才梯队进行测评。通过建立领导力发展中心和员工发展中心系统开展领导力和员工培养认证。根据测评反映的结果，对员工进行相应的考核及培训提升。根据岗位的需求辨识不同层级培养对象应采取何种培训内容和方法，以提升员工在生产管理和先进技术路线方面的知识。同时，学院建立了岗位培训、考核认证和职位任命的员工晋升机制，将员工培养晋升纳入学员的考核项目中，并在集团总部建立"学习护照"，记录每次公司的业务培训。国网技术学院作为集团高技术高技能人才培养的基地，为全体员工提供终身学习的引擎。

在促进企业内外部知识交流方面，国网技术学院的衔接主体不断地拓展，全面衔接集团内外部知识部门。国网技术学院不定期组织小型的问题解决型研讨会，使参加培训的学员在轻松的氛围中探讨交流，搭建了员工之间的非正式关系网络。协调各部门统筹开发了电网运行等 8 个技能类和 5 个技术类岗位的核心知识库和关键技能库。此外，通过不定期组织核心伙伴联合会，与运营商、垂直行业领军企业、设备厂家等相关利益方就工程技术的跨产业合作等问题进行研讨。2015 年，学院在埃塞俄比亚为中电装备公司进行了培训。同年，联合西安交通大学、菲律宾国家电网公司和香港电灯集团有限公司签订共同组建技术研究团队的协议，加强科技项目的研究。同时学院聚合集团内外部的知识，融合摩托罗拉的内部控制等国际先进管理理念，引进国际优质课程实施创新管理。

2017 年，国网技术学院承办了"国际青年能源论坛中国站"活动，邀请各国电力行业的青年专家进行能源专题研讨和解决方案的设计。2017 年，学院还加入了丝绸之路大学联盟，与西安交通大学和香港理工大学组成丝路工学院，开展丝绸之路科技发展等创新项目。此外，学院成立了 5 个新技术委员会，编制了 41 项国际标准。同时，学院通过设置学习研究中心探索智能电网、特高压和新能源等新兴技术领域的前沿知识并进行理论研究。国网技术学院作为企业内部资源整合的平台和接口，已经成为集团新技术、新技能的推广示范中心，强化了集团与高校、研究院所之间的技术合作开发，参与并协调各研究院与技术中心的基础合作项目，通过为集团提供技术服务从而促进技术创新，为已有的市场、供应商、技术等资源搭建了广泛的连接平台和创新孵化的平台。

第四节　企业大学能力链模型

通过三次编码和若干案例的辅助分析，提炼和归纳出企业大学的能力链模型，我们发现衔接教育能力、知识升级能力、知识联接能力、知识孵化能力对企业大学的发展具有较强的解释作用。通过咨询部分行业的企业大学专家以及知识管理领域的学者进行理论饱和度检验，重新对范畴提取过程进行梳理，均未发现新的重要范畴和关系。这4个能力在企业大学发展的不同阶段主导程度不同。在传统培训阶段，衔接教育能力是其主导能力；在终身教育阶段，知识升级能力是其主导能力；在融知接口阶段，知识联接能力则为主导能力；在知识中心阶段，衔接教育能力、知识升级能力、知识联接能力和知识孵化能力4个方面的能力得到更为均衡的发展，尤其是知识孵化能力日益突出，该阶段也可以称为四类能力耦合的阶段。衔接教育能力、知识升级能力、知识联接能力和知识孵化能力可以说是企业大学应具备的4个方面能力，因此可以称之为企业大学的能力链，如图4-2所示。

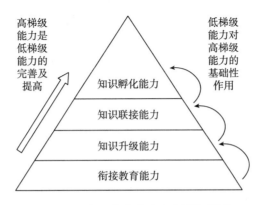

图4-2　企业大学的"能力链"模型

一、企业大学能力体系构成

之所以称之为能力体系，是因为企业大学的能力是多元的，包括衔接教育能力、知识升级能力、知识联接能力及知识孵化能力。

1. 衔接教育能力

传统大学的学科教育使新入职员工的学科知识不足以应对实际工作，于是需要企业创办自己的学校对员工进行职业技能培训，增加企业知识。Angelo 等（2017）认为，企业知识包括两类：一是企业经验，即企业运营知识及企业经营理念；二是企业规程，即企业制度性知识。企业大学课程内容的特色是与职业标准和生产过程对接，所以这个阶段企业大学可以称为学校到企业的"衔接班"。

海尔大学的衔接教育包括使员工了解企业沿革、规章制度、经营目标等的导入培训以及实际岗位定岗实习。在新员工的入职教育中海尔大学实行职业导师制，导师对新员工职业发展方面提供帮助，促进核心知识的传承。

中兴通讯学院在传统培训阶段重点培养新员工的企业文化知识和通用的职业能力、岗位知识等企业知识。设计了包含中兴企业文化、技术知识、岗位带徒等的学习地图，通过通用素质模型和职业素质学习积分计划帮助员工完成"干中学"的正式和非正式学习。针对新入职员工的入职导向培训，采取知识竞赛、培训日历、制度宣传等多种形式使员工更加了解企业的运营理念、企业愿景、制度规程及企业产品及服务。构建"以师带徒"的岗位培训制度，使新员工快速熟悉岗位知识和工作流程。建立了26个多媒体教室，运用案例讨论、多媒体教学、工程维护实习等解析业务操作流程、企业产品及运营知识，培训员工的岗位职业技能。

从以上企业大学的案例中我们可以发现，衔接教育侧重提供企业知识，实现学科教育与企业知识的融合。

2. 知识升级能力

衔接教育不能满足各类员工终身教育的要求，企业大学需要帮助员工持续获得前沿产业知识和升级后的学科知识。以企业的工程师为例，工程师知识包括企业知识、学科知识和产业知识，而且这三方面知识均需要及时更新（见图 4 - 3）。在学习方式设计上，企业大学需要建立教育—应用的"旋转门"机制，通过与高校合作为员工提供获得升级学科知识和更高学历教育的机会，通过行业专业人员解析最新前沿产业实践案例帮助员工获得产业知识。

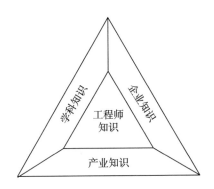

图 4 - 3　工程师知识模型

海尔大学为员工制订个人学习计划，将培训计划与员工的个人职业生涯规划相结合，关注行业和产业的变化，持续更新员工的知识系统。学员可以通过云学习平台的移动端自由检索、分享各类学习资源。为员工建立了完善的认证培训体系，其内设的技能培训中心与外部认证机构合作开展对专业技术人员培训及职业技能鉴定。

中兴通讯学院通过公司级培训、体系级培训和部门级培训的三级培训体系，帮助集团做好人力资源优化及能力提升。学院在终身教育阶段进一步升级员工的学科知识，组织了管理潜能开发训练营，使员工了解企业战略与业务、学习经典管理理念及掌握有效管理工具。中兴通讯学院建立了市场驱动式的教育系统，为客户、外包商和代理商等合作机构培养人才，输出中兴通讯的经营服务理念。此外，中兴通讯学院洞察电信行业的最新趋势，2005 年启动"双最计划"和海外阳光行动项目，学院结合公司国际化战略和海外市场的现状分析了员工岗位技能的要求，集中资源分层分批对学员进行前沿知识培训。实行管理系统晋升、业务系统晋升、技术系统晋升和国际系统晋升的 4 条员工职业发展路径线，使员工的职业发展规划适应公司国际化和业务发展的需要。2006 年，中兴通讯学院成立中兴通讯 NC 教育认证管理中心，向社会推出了网络通信专业的职业资格认证体系。学院为使员工进一步获得前沿产业知识和升级后的学科知识，设计以价值观培训、领导力培训、专业技能培训和职业发展培训为核心的课程体系，帮助员工实现学科教育与企业知识的融合。

3. 知识联接能力

随着企业大学能力的不断完善，企业大学会进一步成为企业内部各个部门之间以及企业与外部利益相关者之间知识融合的"接口"。

企业大学促进企业内部知识融合的途径体现在：一是搭建内部知识分享平台。非正式交流是创新的源泉，在合作创新中起着非常重要的作用（孙永磊等，2016）。企业中各成员的知识背景不同，企业大学提供了一个内部知识分享的平台，通过对商业环境、客户需求信息、产业前沿以及企业战略发展方向的学习和研讨，促进了不同岗位、不同学科的工程师和员工之间知识、经验的交流和合作。二是成熟企业大学的标志往往是内部师资比例较大（来自各个岗位的工程师、高管等）。三是企业大学往往组织相关业务单元联合制订培训计划，承担了企业内部知识分享平台和业务单元之间交流平台的角色。

海尔集团的市场部门曾收到多家用户对滚筒式和波轮式洗衣机的不满意见，海尔把这个难题交给海尔大学作为案例来研究。海尔大学将企业研发部门的工程师、工艺师和相关部门的员工聚集到一起，拥有交叉学科背景的员工及管理者在宽松的交流氛围中对这个案例进行充分研究和讨论，知识、思想产生碰撞，提出了集两种洗衣机于一体的"双动力"的初步解决方案。海尔大学利用这种知识交流活动对前沿动态有所把握，使参与者共享知识和资源，也有利于催生新知识。此外，海尔大学的千名兼职讲师中大部分来自中高层经理人及技术专家，每个董事会成员和高级经理会不定期参与员工授课，并且内部师资之间建立了常规的交流制度。

中兴通讯学院则是建立了联席会议制度，衔接内部所有业务相关部门以及董事会战略部门，将培训和会议、工作研讨融合，探查业务部门的知识缺口。直接参与或组织研判会，分析业务部门经营目标达成的障碍并筛选所需的知识信息。中兴通讯学院为企业内部搭建了一个跨界面的平台，通过跨部门的交叉合作以及讨论系统梳理和凝练知识，并为业务主管提出相应的决策建议。通过跨部门的交流和知识衔接，中兴通讯学院建立并维持了各部门稳定的信息交流程序。中兴通讯的高层战略研讨会一般由中兴通讯学院主要推进。学院举办贯穿全年的干部读书班，组织基层和中层管理干部多次对业务和产品方面的项目进行研讨并提出相应的举措和较为完善的规划，最后由高管评审和决议。在研讨结束后，方案形成文档汇总董事会研讨。学院还通过参与业务部门的项目，提炼项目的经验和教训以及流程，编制内部业务流程的文档。另外，中兴通讯学院加强内部师资职业化培养，超过 400 名经过认证的中高级管理人员、研发专家和工程维护专家担任兼职讲师。

企业大学促进企业与外部利益相关者之间知识融合的途径体现在：一是与高校合作弥补自身师资不足，同时聚合高校、研究院所和科学家等"知识生产"资源。Abel（2012）认为，企业界和教育界、研究院所的合作能使企业获得更多的教育资源和知识资源，搭建企业与教育的桥梁越来越重要，促进高校、院所的前瞻性科学研究和企业面向市场的实用性研究互相融合。二是企业大学为供应商、经销商及顾客提供有针对性的培训服务，促进产业链内的知识整合。三是通过与专业培训机构和专家的合作引入外部知识资源。

海尔大学开办的科技信息课程获得了麦肯锡咨询机构的专业支持和指导，促使海尔与日本 GK 集团成立技术联盟，与日本设计院协同互动从事新产品设计，还参与并促成了集团与清华大学机械工程系、天津高端装备研究院的合作。海尔的明星产品"海尔星盒"的自动记忆技术，就是通过海尔大学进行的资源对接，成功联系到华中科技大学的研发机构，从而在

4 个月的短时间内研发成功。海尔的家电研发有着大量的技术难题和技术需求，同样海尔也有大量的技术合作伙伴。例如，海尔 Hello Kitty 定制洗衣机的创意即来自海尔大学联接了全球一流的设计师等资源与用户交互，使其最终在海尔互联工厂的开放体系中将创意转化为现实。研发部门将技术需求通过海尔大学这个平台传递给上下游的产业链，使技术供需得到精准的匹配，也使用户全流程地参与企业研发。海尔大学将海尔的优秀实践经验进行沉淀，对外进行模式输出。此外，海尔大学邀请创客小微一同交流学习海尔人人创客的组织转型，为海尔创业小微提供与外部企业家面对面交流的平台。

中兴通讯学院作为知识中介，利用其网络优势协调知识源和需求方获取知识。引进美国的基于工作场所学习和绩效的 WLP 计划，评估学院的培训课程与企业业务的相关度。学院联合规划、运营管理、架构流程等部门引进外部成熟的方法论如 IBM 的 BLM 模型、双插分析法等，发挥"知识联接"的优势跟踪知识发展，为企业提供更多前瞻性的知识。2009 年，中兴通讯学院牵头并联合国内 17 所大学和 4 家通信科研院组织了国内通信业界最大的产学研合作组织和论坛，通过交流和探讨新技术和新理念，为企业研发部门提供产业前沿动态知识和技术咨询服务。另外，中兴通讯学院为企业内部员工和上下游产业链的代理商、外包商以及客户提供了学习平台和培训服务。随着中兴通讯学院的进一步发展，逐渐建立了市场驱动式的教育系统，在中兴通讯学院的培训中有 60% 均为国内外的客户和合作伙伴。中兴通讯学院还与近百所高校如西安电子科技大学、哈尔滨工业大学等建立了人才培养、国际留学、图书联合出版等合作，为企业的人才培养提供了积极支撑。学院发挥集团在通信行业领先的技术优势，在"一带一路"沿线建设了印度尼西亚、马来西亚、印度等 16 个海外培训中心，培训了来自 100 多个国家和地区的约 13 万名的客户。

4. 知识孵化能力

Rademakers（2005）、Schneckenberg 等（2015）认为，企业大学未来演变的可能性之一即成为企业的知识中心，为母体企业分享知识、传播知识和开发创造知识。事实表明，企业大学在产业前沿知识探查和创新孵化两个方面发挥着知识中心的作用。一是承担企业探索和掌握产业前沿共性知识、管理理论方法及工程科学知识的任务。自主创新要求企业必须对产业前沿知识动态有所把握，海尔大学和中兴通讯学院均提出要成为企业科技创新基地。二是承担创新孵化的任务。企业大学在内创孵化方面为企业提供融智服务、融资服务以及融技服务。在融合人才资源方面，企业大学除为创业者提供系统的管理和技术培训服务外，还作为融知窗口整合高校、科研院所等专家资源，组织专家团队解决企业的难题；在融合资金资源方面，企业大学为企业提供平台和各种融资渠道，通过协调研发主体和投资主体之间的活动，助力企业筹集用于实施项目所需的金融资源；在融合技术资源方面，企业大学可作为中介强化企业之间，企业与高校、研究院所之间的技术合作开发，通过为企业提供技术咨询从而促进技术创新，为已有的市场、供应商关系、技术和品牌等资源搭建广泛的网络联结。

海尔集团提出海尔大学应发挥多方面知识联接的优势，跟踪企业内外部知识的发展，促进新思想、新创意和新技术的开发。海尔大学跟踪企业内外部知识的发展，归纳出海尔的管理哲学、闸门管理、现场管理等一系列的理论和管理方法。海尔集团合作的资源方较多，海尔的研发中心可以通过海尔大学这个平台对各资源方的方案进行技术评估，最终确定最优的一家资源方进行技术合作研发。海尔大学组织行业信息会、国际展览会等，广泛收集有关制造技术创新等方面的先进标准和技术规范。海尔集团建立了国内首家工业智能研究院，海尔大学作为联系单位跟踪企业内外部的知识发展，促进相关的制冷技术、智能家居集成技术、工业设计等领域的超前技术的开发。近年来，海尔大学已经成为海尔创客加速平台的节点和孵化器，通过促进员工知识交流和合作，推动创新项目的开展。针对创业者和不同阶段的创业项目海尔大学设计了"创客＋"和小微训练营。海尔大学集结非竞争行业的企业家搭建固定小组，在资深教练辅导下，研讨企业经营面临的难题并提出解决方案。海尔大学的海学营聚焦未完成融资的成长期项目，通过产品、运营、商业企划、财务与投融资等主题的理论知识培训，结合辅助工具实战辅导，组成了有效的资源对接平台。利用海尔大学联络高校及研究院所的专家网络为海尔内部的小微公司提供技术咨询、技术评估、商业化创意指导和法律服务，推动创新项目的开展。

中兴通讯学院经过近十年的创新发展，成为中兴通讯的人才孵化器、战略变革驱动器、产业链整合器，进一步发展为知识转移、知识生产和知识创造活动全面耦合的组织知识的沉淀池。学院协同创建了中兴通讯专业能力中心、技术实验室等，为企业创新孵化服务。此外，还组建管理研究室，开辟管理研究讨论的"笨鸟圈"，帮助业务部门研究技术知识等问题。对外联合相关企业建立了中国高端芯片联盟，举办了光电子产业发展促进论坛等专题讲座，搭建了技术合作研发的平台。为提高中兴通讯学院自主创新的能力和加深知识创造的深度，自主进行了三部曲工作方法论的研究。学院研究通讯行业的基础理论并牵头编著了涉及 15 个专业领域的《信息通信技术百科全书》，沉淀了工程科学知识。参与了中信银行分布式数据项目的研究和由中国科学院等单位牵头的"分布式光前应变监测仪"的国家重大科学仪器项目，促进了新知识和新技术的发展。与意大利罗马二大合建意大利丝路国际学院、创新研究中心和物流中心。2017 年，中兴通讯学院与科研院所、高校等开展产教融合等的知识孵化，协同上海海关学院保管研究中心开展应用型研究，与厦门大学合作共建学生就业实习基地为企业培养合适的人才。中兴通讯学院提出建立通信行业的产教融合创新基地，并与地方高校共同建设信息通信技术创新实践平台，推动新项目的开展，建立了集培训、生产和科研与一体的创新孵化系统。

二、企业大学能力体系演变规律

前文在编码过程中，根据样本企业大学在各发展阶段的主要特点，依次命名了传统培训、终身教育、融知接口和知识中心 4 个发展阶段，将各个阶段的主导能力分别命名为衔接教育能力、知识升级能力、知识联接能力和知识孵化能力，这 4 个方面构成企业大学的整体能力体系。

显然，从选择性编码和若干案例的辅助分析可以看出，企业大学的主导能力呈现等级的递进性,整体能力体系表现为从单一向更为丰富的演变。衔接教育、知识升级、知识联接和知识孵化也可以说是企业大学应具备的4个方面能力,可以称之为企业大学的能力链,能力等级的演变态势也称为"能力阶梯",如图4-4所示。

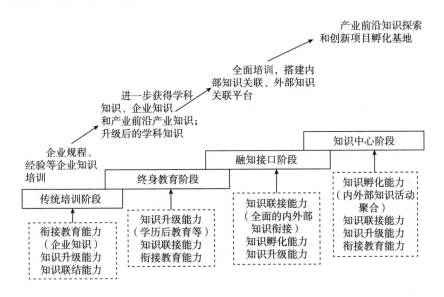

图4-4 企业大学能力体系演进"阶梯"模型

在一定意义上,以上能力提升趋势也是企业大学从知识转移能力向知识应用和知识生产能力扩展的过程。显然,衔接教育和知识升级活动可视为一种知识转移行为,知识联接和知识孵化则应视为知识整合、知识应用乃至知识创造或知识生产等更高梯级的行为。前文案例描述已经表明,海尔大学、中兴通讯学院、海信学院、宝钢人才开发院等作为比较成熟的企业大学,其能力体系已经不仅局限于知识转移活动(培训和终身教育),还积极参与或承担知识生产(研发)以及知识应用(创新孵化)等活动,也就是说,与企业其他职能部门相比,企业大学的能力更具有"全息性"。

衔接教育能力、知识升级能力、知识联接能力和知识孵化能力共同构成企业大学的整体能力,四类能力之间具有一定的承接关系。低梯级能力是高梯级能力形成的基础，不具备衔接教育能力的企业大学，显然不能胜任员工知识升级的任务。高梯级能力有利于完善和提升低梯级能力，如知识升级能力就是衔接教育能力的深化和必然发展趋势，企业大学在深度参与知识联接和知识孵化等更高梯级活动的过程中，能够更明确衔接教育和员工知识升级的现实要求。

企业大学能力体系的提升过程提示，当前中国企业大学应适当超前培育自身的高梯级能力。海尔大学积极参与创客实验室建立，以及中兴通讯学院积极参与各类技术中心建设和联结院士等科学家，就是努力提升其知识联结和知识孵化等高梯级能力。

第五节　本章小结

本章是基于企业大学典型案例的程序扎根分析，具体包括以下三个方面：

一是归纳了企业大学能力体系的构成，提出企业大学的能力链模型。基于海尔大学和中兴通讯学院的扎根分析和若干案例的辅助分析，回答了关于企业大学应该具有哪些能力或者应该承载哪些功能的疑问或争论，本书研究支持综合能力论观点。对于技术技能型企业所属的企业大学，其能力体系包括衔接教育能力、知识升级能力、知识联接能力及知识孵化能力。衔接教育能力包括业务技能培训和企业知识培训两个维度；知识升级能力包括前沿产业知识培训和升级学科知识培训两个维度；知识联接能力包括外部知识关联和内部知识关联两个维度；知识孵化能力包括前沿知识探索和创新项目孵化两个维度。

二是揭示了企业大学能力体系的演进过程。企业大学的能力体系由单一向丰富、从简单向复杂演变，所涉及的知识活动边界从小范围向更大范围演变。通常企业大学的主导能力会切合企业发展的实际从以衔接教育能力为主向以知识升级能力为主，进一步向以知识联接能力乃至知识孵化能力为主发展演变。四类能力之间具有一定的承接关系。低梯级能力是高梯级能力形成的基础，高梯级能力有利于完善和提升低梯级能力。

三是发现企业大学所承担的知识活动日益表现出全息性的特征。究其根本原因是企业大学具有跨边界组织的特征。企业大学衔接企业内部不同部门，也连接上下游产业合作伙伴、外部知识密集的各类组织，便于打破部门之间、不同组织之间、不同专业之间的界限，有利于知识活动的聚合。研发和生产部门侧重承担知识生产和知识应用功能，企业大学则不仅承担技能培训或员工知识升级等知识转移活动，而且同时深度参与到知识生产和知识应用活动中。

本章的现实意义在于，归纳了海尔大学、中兴通讯学院、大唐大学、海信学院、国网技术学院等的实践经验，这些实践经验对发展中的中国企业大学具有一定的借鉴价值。中国许多企业大学尚且处于传统培训、终身教育阶段，融知接口和知识中心的特征尚未表现出来。海尔大学等企业大学的能力体系演变趋向提示其他企业不应仅仅将企业大学定位为面向企业核心业务的培训机构或面向全员培训的知识分享平台，而是从战略层面将其定位为企业内外知识联结平台乃至前沿产业知识探索和创新活动孵化中心。

第五章

组织资本与能力体系组态关系研究

本章的研究目的是在第三章和第四章分析的基础上，通过组态分析法进一步探索和研究企业大学的组织资本与能力体系层级的匹配关系。首先，运用组态分析与案例研究相结合的方法对第三章所得出的企业大学的组织资本进行了赋值和理论分析；在此基础上对 34 所案例企业大学进行了问卷调查和变量赋值，通过 fsQCA3.0 软件构建真值表，运算分析出企业大学 4 个阶段影响能力体系层级的组织资本的多重组合与路径。其次，根据组态分析的统计结果并结合具体案例企业大学的现实情况，得出与企业大学能力体系层级相匹配的 10 种组织资本的有效路径组合。最后，在对影响企业大学能力体系层级的组织资本组态特征进行细致分析的基础上，揭示企业大学组织资本组态内多因素的作用机制、组织资本与能力体系层级的协同演化规律以及影响能力体系层级的核心要素。

第一节　组态分析法与样本选择

一、组态分析法

1. 定性比较分析方法 QCA

美国社会科学家 Charles C. Ragin 于 20 世纪 80 年代首先提出组态分析

的定性比较分析法（Qualitative Comparative Analysis，QCA），它是一种以案例研究为导向，介于定性分析方法和定量分析方法之间的研究方法。以集合论和布尔运算为基石，深入探究多种前因条件的组合和互动如何引致被解释结果出现或者不出现的变化（Elena et al.，2018；樊霞和李芷珊，2021）。

本书将集合理论引入企业大学的研究，运用组态分析的 QCA 研究方法来探究影响企业大学能力体系层级的组织资本各维度的组态类型。之所以选择组态分析的 QCA 方法而摒弃了以自变量与因变量的二元关系为基础的传统回归分析方法，是基于以下几点考量：

（1）传统统计技术的自变量对于因变量具有净效应，其基本假设是自变量相互独立、因果对称的单线性关系，对非线性关系的处理和挖掘比较困难（Fan et al.，2016）。任何结果都不仅仅是单个因素所能导致的，而是多种因素组合共同作用的效果。QCA 可以基于集合的关系挖掘多个自变量以组合方式共同引致被解释结果的前因要素，即可发掘多个因素之间的复杂的非线性关系（Greckhamer，2016）。该方法并不将单个因素视为独立作用于因变量的自变量，而是专注于前因构型与结果变量之间的充分、必要和充要关系等，挖掘由前因要素组合构成的相似或者相异类型（张弛等，2017）。查阅现有的文献研究和笔者参与的企业大学调研均表明，要揭示中国企业大学的组织资本对能力体系的影响机理，运用常规统计分析师资网络资本、知识流程资本、知识吧等因素的独立作用或二元交互作用远远不够，需要从整体性上探究多种因素组合的复杂的共同作用。相比之下，常见的定量统计方法并不擅长处理变量间的交互作用。因此，组态分析的 QCA 方法分析此类复杂的因果关系更为合适，该方法将辅助本书清晰识别企业大学组织资本与能力体系匹配的整体和复杂关系。

（2）由于不同企业大学发展阶段的演进路径存在差异，企业大学不同能力体系层级匹配组织资本时重点考虑的因素及每个因素的影响方向可能不同。即使是同一企业大学，其考虑匹配不同层级的能力体系时所关注的前因条件构型也不是完全一致。假定某企业大学关注 B 要素在能力提升或是非能力提升中的作用，且在能力体系提升中前因条件 B 存在，那么该条件不存在（记为 ~ B）却不一定是引导致其能力缺乏的架构条件。与传统定量分析方法仅能处理完全对称的相关关系不同，组态分析方法主张因果的非对称性，即导致结果变量高水平的条件构型和低水平的条件构型是不一样的，不能简单运用高水平要素的反面解释低水平（Ivan，2018）。

（3）企业大学演进路径的多样性和殊途同归的演进结果表明，可能存在不同因果路径引起相同结果的等效因果链。而变量导向的统计分析方法主要是发掘单一因果模型，且无法分析和区分导致结果变量的核心或是边缘要素，以及这些要素如何组合影响因变量（杜运周和贾良定，2017）。值得注意的是，组态分析方法能够打破传统统计方法"单因素对结果有其各自和独立的影响"这一思想，取而代之的是"并发因果关系"的假设，即以某种方式组合在一起的多个自变量能够以整合的方式解释结果变量（Ragin，2014）。同时，产生某个特定结果的原因组合并不唯一（Wagemann et al.，2016）。另外，多项自变量组成的不同原因组合可以分别解释某一结果。某个自变量与某些条件组合时可能对结果产生正向影响，而与其他因素组合时可能产生负向影响（王凤彬等，2014）。采用组态分析方法能够探讨非恒定的因果关系，显然更适合本章的议题。

（4）从理论上讲，研究因素间的匹配关系可以采用回归分析的方法，但回归分析是以大样本作为支撑并且需要处理跨层变量（Villiers & Tipgomut，2018）。而我国企业大学发展不足 20 年，能称为真正意义上的企业大学数量不多（毕竟我国大部分企业大学仍然处于高级培训中心的形态），回溯性数据丰富且功能体系发展较全面的企业大学样本数量并不能达到大样本的水平，也无法有效处理企业大学众多影响因素和情境因素的跨层变量，因而难以通过统计方法得出稳健的结果。如果采用小样本的常规案例研究方法又无法通过手动的方式对比几十家或上百家企业大学的数据并总结规律。组态分析的 QCA 方法则介于二者之间，适于中小样本（样本数在 10 ~ 50）的研究，且无须对跨层变量做特殊处理（Misangyi et al.，

2017）。定性比较分析是以布尔逻辑运算为基础，其结果的稳健性只取决于样本是否涵盖了代表性个体以及研究者对案例的熟悉程度（Ferreira，2016）。另外，组态分析中的构型解释能够使研究者从整体上看待案例，而不是简单堆积案例的各种变量。组态方法要求研究者要考虑多个前因条件组合构型的共同作用而不是单因素的单独效应，一般情况下选择 3～8 个前因要素为宜，即确定了 n 个前因要素，便会有 2n 个逻辑上可能的前因条件构型（Tomas et al.，2018）。

2. 模糊集定性比较分析 fsQCA

组态分析方法中最常见的是清晰集定性比较分析（csQCA）和模糊集定性比较分析方法（fsQCA）。csQCA 最初适于分析清晰集合隶属的组态，该方法仅使用二分变量（0，1）来取值和描述变量特征，当变量取值为 1 则表示某条件存在，变量取值为 0 则表示某条件不存在（Huarng，2016）。清晰集仅能分析非高即低的变量，由于很多研究往往使用连续而非二分的变量，采用清晰集处理更多如连续值的信息存在一定的局限性，因而拉金将模糊集定性比较分析（Fussy – sets Qualitative Comparative Analysis，fsQCA）引入定性比较分析方法中，使得 QCA 方法能够处理程度变化的问题和部分隶属的问题。目前，fsQCA 已发展为检验复杂因果关系较为成熟的方法。

模糊集定性比较分析的变量取值为 0 到 1 之间的任何数，强调变量的隶属程度（Membership Scores）。分数代表不同案例属于某集合的程度，常见的将原始数据转换为模糊集的方法有四值法（0，0.33，0.67，1）、六值法（0，0.2，0.4，0.6，0.8，1）以及连续值。Ragin（2014）指出，对于采用多少数字的模糊集和该选择哪种具体方法应该由研究者决定。本章的变量取值主要来自质性材料，各变量是在一定范围内连续变化的，而并非仅是非此即彼的关系。因此，本章较适合采用连续值赋值原始数据，将原始数据转化为 QCA 中经典的四值法。需要注意的是，首先要使用 fsQCA3.0 软件中的"校准"（Calibrate）程序将原先的数据转换为模糊集分数。其次通过生成模糊集真值表（Truth Table）进行必要性检测和数据处理。在真值表基础上进行布尔代数运算，最终得到企业大学能力体系层级提升的组织资本子集。通过精炼这些原因组合，探索促进企业大学能力体系层级提升的多条原因组合，分析各因素之间如何交互作用并共同作用于企业大学的能力体系。本书使用 fsQCA3.0 软件进行数据分析，具体分析过程如图 5 – 1 所示。

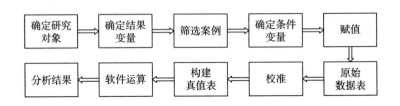

图 5 – 1　组织资本与能力体系的组态分析步骤

二、研究样本筛选

本章选取 34 所成立 5 年以上的技术技能型企业所属的企业大学作为案例研究对象，全程追踪了样本企业大学从创立之初到当前的能力体系演变历程，涵盖了不同背景的企业大学在各阶段的多个分析单元，以探索企业大学组织资本的匹配与能力体系层级的关系。研究样本需要满足的条件和筛选的依据：一是选择典型性原则。在选择样本时，主要聚焦我国技术技能型企业所属的企业大学。原因在于技术领域的企业所涉及的科学技术方面知识最能代表知识经济发展方向。知识管理主要关注的是技术和知识处理，选择技术领域公司创办的企业大学是基于该类型企业技术创新的复杂性，产业链丰富和知识创造的需求，而且知识、科技先导型企业技术更新速率快，为企业的知识管理提出了更高的要求。该类企业主要由具有较高的专业技术知识与技能的人员构成，对员工知识能力的提升要求更加迫切，所生产的产品具有较高的知识与技术含量，企业生产与管理内容和环节更加依赖知识与技术活动。因此，其所创办的企业大学所承担的知识活动服务更加多元。所选取的 34 所企业大学均是在业界得到了广泛认可的标杆企业大学。案例企业大学建立的时间较长，发展的阶段性较明显，回溯性数据丰富，便于进行纵向演化分析。二是数据可获得性原则。这34所企业大学的公开资料较丰富，且研究者有机会直接了解相关信息，通过开展实地调研获得一手资料。作为企业大学的典型代表，不少企业大学能够有效地促进企业知识管理，便于研究者获取样本。

本章主要从两个渠道收集数据：一是开展访谈调研，尽可能对34个样本企业大学开展实地调研。通过访谈调研所收集的样本数量达到90%以上。实地调研主要包括行业专家咨询、借助行业会议和知名企业大学论坛（第七届、第八届中国最佳企业大学发展论坛，2017国内知名企业大学校长论坛，2017年中国企业教育百强论坛，第十二届人力资本发展论坛，第十四届中国企业培训与发展年会等）以及关系网络（亲缘关系、朋友关系和企业关系等），对多名企业大学中高层主管（须任职3年以上）、企业大学学员、企业高管、就职于高级职业经理人培训机构的人员进行访谈并获取相应数据。在调研过程中，初次访谈设计了开放访谈提纲，以定性方式为主，参见本书附录；后续访谈设计了包括调查问卷题项的半开放提纲，逐步涉及变量编码和赋值等的定量问题，参见本书附录。采用匿名调查方法，在34所企业大学发放问卷242份，其中有效问卷223份，有效问卷回收率为92%。二是收集二手资料，与研究组成员通过企业大学工作总结、大事记等内部资料、企业大学网站、新闻报道、校长接受媒体专访、相关学术文章等积累二手资料，以全面了解企业大学的相关数据。

在此基础上，根据文献资料和调研结果，最终选择了34所样本企业大学，其概况如表5-1所示。值得注意的是，34所企业大学的样本数量符合QCA方法集中在10～50个分析单元为宜的通常做法。

表 5-1　选取的样本企业大学

序号	企业大学名称	所属企业	企业大学功能定位
1	中兴通讯学院	中兴通讯股份有限公司	在客户培训中心与员工培训部整合的基础上于 2003 年创建，旨在向中兴通讯员工、客户及其供应商等提供专业的知识服务。在全球建立了 16 个培训中心（含中兴通讯学院总部），知识服务业务覆盖近 100 个国家和地区，为 60 多万国内外客户提供专业的培训、咨询、评估认证和学习工具服务，是培训咨询、国际化人才培养等最佳实践的领先者
2	TCL 领导力开发学院	TCL 科技集团股份有限公司	2000 年成立，于 2005 年转型为 TCL 领导力开发学院。承担对集团中高层管理者进行有效培训工作，还融入企业经营管理和知识管理的全流程，是整个 TCL 集团培训的坚实平台
3	金风大学	金风科技有限公司	创建于 2011 年，是国内风电设备制造行业首家企业大学。旨在为公司培养人才，提高员工综合能力，并向行业及业务伙伴输出知识产品
4	宝钢人才开发院	宝钢集团	2007 年正式成立，定位为企业的管理研究中心和员工创新活动平台。2013 年成立首个管理研究所，为集团持续运营、管理变革和管理决策提供咨询服务，并总结提炼集团公司内部管理工具、管理方法和优秀管理实践。此外，在协调制定相关行业技术标准等方面为集团公司知识生产搭建有效平台
5	三一学院	三一重工股份有限公司	2012 年创办，围绕公司智能制造和知识服务的两大核心竞争力开发设置课程，探查工程机械领域的技术工艺和前沿科技。学院是公司培养人才的基地，同时逐步发展为企业的智库，不仅帮助公司清晰地定位市场和客户的需求，而且充分利用内部资源帮助公司培养学习、预知及应对市场变化的能力
6	华润大学	华润（集团）有限公司	2007 年成立，致力于构建学习型组织，打造企业核心竞争力，建设可持续发展的学习环境，培养具有竞争优势的管理人才，助力企业的经营目标和战略发展

序号	企业大学名称	所属企业	企业大学功能定位
7	长安汽车大学	长安企业集团股份有限公司	2010 年创立，主要服务企业内部，兼顾供应商、经销商和服务商。建立领导力、专业力和基础素养三大课程体系与岗位学习地图，以提升员工管理胜任力、专业胜任力、职业胜任力。通过能力认证设计、全覆盖的"爱长安"社交化的网络平台、专业化的实训基地建设，把员工的学习、业务培养和企业知识融入日常的培训实践，贴近业务的学习项目满足了公司转型发展
8	协鑫大学	协鑫（集团）控股有限公司	2009 年成立，主要围绕企业分解、文化传承、知识共享和员工技能提升 4 个方面分享并创造协鑫 26 年的知识沉淀。内部孵化将近 500 名专职讲师，为员工设置 5 个层级的能力提升梯队培养方式。主要使命是积累管理方法和沉淀知识，旨在建立一个新能源行业的标杆型企业大学
9	神华管理学院	神华集团有限责任公司	2010 年创立，承载着为集团中高层管理人员及后备人才培训的任务，对接集团战略，围绕提升集团能力开展管理理论课题研究和案例的开发
10	迈瑞管理学院	迈瑞医疗国际股份有限公司	2011 年创立，构建了迈瑞的领导力培养体系，梳理迈瑞从主管、经理、总监到总经理等管理人才在各层面需要解决的问题和面临的挑战。推出匹配领导力发展计划，即三大人才发展计划：针对公司高管层的领瑞计划；针对总监级员工的智瑞计划；针对经理层面员工的启瑞计划
11	海尔大学	海尔集团股份有限公司	始建于 1999 年的海尔大学在初创期即成为全国职工教育培训示范点。2014 年与清华大学在内的多家研究院成立国内首家工业智能研究院，同年成立了海尔开放创新中心。搭建了创客加速的平台，2017 年培训社会创客达 2 万名，已有 1000 多家不同行业的企业及商学院来交流学习。结合海尔的非线性管理模式探索，逐渐发展为员工的创业平台、企业战略的推广基地以及创客加速的孵化基地

序号	企业大学名称	所属企业	企业大学功能定位
12	金蝶大学	金蝶国际软件集团有限公司	2002 年成立了"企业信息化技术研究所"和"国家 CIMS 工程技术研究中心深圳授权培训中心"。拥有内部稳定且成熟的师资队伍,积极开拓市场,紧跟企业和客户的需求,培训范围已扩至为客户和代理商,培训内容主要包括技术和产品培训、行业发展趋势预测、提供个性化解决方案等
13	新奥大学	新奥集团股份有限公司	2014 年成立,作为集团知识流动、能力提升的平台,从集团愿景出发,支持集团以客户为中心的战略选择,跨越职能壁垒,用知识的流动带动集团整体能力的提升,快速推动战略升级。工作重点主要聚焦培植员工对企业愿景和战略的坚定信仰,贯彻以客户为中心的企业文化,建立统一的领导梯队和培养机制体系,建立快速规模化的新型岗位人才培养能力,搭建部门协作与共享平台
14	中国电信学院	中国电信集团有限公司	2008 年正式成立,是集团领导力发展研究基地、推动企业转型变革的平台。搭建了知识库以汇聚和传递企业的最佳实践,助力成功经验快速复制和创造。聚焦知识的创新,通过设定创新项目评选等活动,逐步发展为集团创新基地
15	中航大学	中国航空集团公司	成立于 2008 年,是集团高层次人才教育培训的主渠道和主阵地,发挥"人力资本投资中心、理念文化传承中心、创新思维推进中心"的功能。培训对象以集团内部中高级管理人员及专业技术人员为主,年培训规模在 4000 人次左右
16	康佳学院	康佳集团股份有限公司	创立于 2000 年,制定了产品链类、供应链类等四大培训板块,推动人才培养模式的完善,深入业务实践引领组织的创新
17	美的学院	美的集团股份有限公司	2005 年正式成立,主要为各级员工提供管理技能和工程科学知识等的系统培训。2014 年后继续关注企业内部的学习和交流,同时更多地促进企业内部知识的传承、积累和梳理,通过知识管理活动形成集团的知识生产、知识创新和人才培养新模式

续表

序号	企业大学名称	所属企业	企业大学功能定位
18	华立管理学院	华立集团股份有限公司	2005 年成立，主要承担员工教育培训、业务诊断与咨询、知识管理等功能，分享和沉淀优秀的企业实践案例，积累和形成公司的内部知识管理机制
19	东菱学院	东菱凯琴集团有限公司	2008 年成立，支撑集团的战略，培训对象从技术工人延伸至班组长、经理、高层总监等。员工必须通过参加学院人才梯队不同层级的系统化培训才能晋升。学院对各岗位的需求和能力进行分析评估，针对实际工作中遇到的案例对员工进行培训，并帮助集团引入了六西格玛项目，使得公司确立了未来几年推行精益生产与工业工程技术的策略
20	远东大学	远东控股集团有限公司	2010 年成立，为员工提供了学习和企业知识管理平台。实施多层次人才培养体系和学习项目，研讨如何通过知识的应用达成人力资本、创新资本、客户资本的增值。重点通过知识管理提升工序、流程、工作的绩效将沉淀的知识应用到实际工作中，引领组织创新
21	台达企业学院	台达电子工业股份有限公司	2012 年正式建院，依据培训内容和员工的层级划分为三大学院，技术学院致力于为业务部门提供解决方案；管理学院根据岗位学习地图等方式实现管理能力的提升；精英学院通过解析战略以及前沿知识等提高中高层学员的能力体系。建立全员共享的知识管理网站、案例库与行业数据库
22	中车大学	中国中车集团有限公司	在南车大学的基础上于 2015 年改建，建设了智能业务平台、专业实施平台、人才开发平台、人才赋能平台、学习共享平台和价值创造平台六大人才高地支撑平台。统筹规划集团内外部的学习培训资源，在高端人才培育、知识管理和组织变革等方面发挥作用，加强前瞻性、系统性的知识应用和知识孵化，有效地实施好集团人才发展战略，加快公司转型升级和技术创新、管理创新

序号	企业大学名称	所属企业	企业大学功能定位
23	华为大学	华为技术有限公司	2005 年成立后围绕项目管理能力、专业能力的提升，以训战结合为特色，赋能为中心支撑企业关键业务。采用全员收费模式，激发知识型员工主动学习和自我培养。作为联系单位在全球建立了 20 多个联合创新中心、26 个能力中心及实验室，这些机构同时关注前沿知识探索和创新项目孵化
24	用友大学	用友有限公司	2008 年正式成立，以"蓄水池计划"、"千人扩张计划"及覆盖各序列员工的学习项目形成了助推集团战略转型的支撑能力。将行动学习应用于战略研讨、业务规划、工作会议和培训课堂中，上接战略，下接绩效，建设了学习型组织，提升了组织能力，推进了组织变革
25	中广核大学	中国广核集团有限公司	2005 年成立后主要与高校联合培养人才，2007 年统筹全集团的教育和培训工作，管辖四大培训中心。2011 年营造学习型组织建设氛围，对每个技术岗位进行岗位分析、任务分析和所需技能分析，通过系统化培训方法开展高校的培训管理和企业的知识流程梳理。2013 年后组建 AE 联盟，有效提升了产业链各单位员工质量管理水平
26	易事特大学	易事特集团股份有限公司	为保证与公司业务需求的高度一致，为员工提供实战的培训服务。对内、对外开展各种针对公司业务的技术培训、领导力培训、职业化训练、新员工培训等。2015 年后，主要是整合内外部资源，梳理内外部知识流程，为企业管理者提供问题解决方案
27	大唐大学	大唐电信科技产业集团	2009 年创建，承载为企业输送高质量人才的使命，是教育部"拔尖创新人才"联合试点单位，依托集团在通信行业领先的技术优势、知识产权管理优势及办学资质，打造中国通信行业培养人才的平台、产学研相结合的技术创新互动平台
28	大联想学院	联想集团有限公司	1998 年成立，主要为企业员工和客户提供具有针对性的方案，帮助集团制定战略，提升组织能力和胜任能力。专注于将制度和流程相结合，为具体的业务提供支持，分解和执行企业战略

续表

序号	企业大学名称	所属企业	企业大学功能定位
29	伟创力学院	伟创力国际有限公司	于2003年建立，通过建立与不断开发以胜任能力为基础的培训与发展体系，致力于培养员工终身学习的意识和行为。沉淀和积累组织所拥有的知识、技能、技术等核心能力，支撑企业的变革
30	海信学院	海信集团有限公司	1998年成立之初即成为海信集团的人才培养基地。2009年成立管理研究中心，侧重研究企业内部问题并形成了海信特有的管理理论与方法。2011年后，逐渐发展为集团董事会领导下的知识密集型机构，通过跨界研究、跨界整合学习等立足前瞻研究，成为全集团的培训、研究和知识创新平台
31	京东方大学	京东方科技集团股份有限公司	致力于挖掘和传承京东方基因的智慧资产，建立一套机制将京东方的知识经验，包括价值观、课程、讲师、流程、工具箱等结构化，辅助公司战略落地。2016年，组织实施了近万人参与的30个培训项目。坚持智能化推进工作，立足企业现状，尽全力研究"智造化"方向，提高智能制造技术水平；加深与上下游产业链联系，准确把握市场趋势，掌握市场导向，熟悉最新市场动态，为进一步的发展提供指导和支持
32	中国惠普大学	中国惠普有限公司	2004年成为第一家为客户培训ITIL大事记顶尖人才的培训机构；与斯坦福大学合作开发技术领导力高级研修班。2007年梳理企业内部各业务部门的工作步骤、技术知识等，为上下游产业链分享惠普之道，对客户需求调研并进行现场业务诊断和流程优化管理。逐渐演变为惠普的知识中心，不仅将实训基地建成集培训、教育和技术服务为一体的人才孵化基地，更积极构建了产学研用相结合的技术创新孵化体系

序号	企业大学名称	所属企业	企业大学功能定位
33	创维学院	创维集团有限公司	2004 年建立，以关注集团中高层精英团队的培养和开发为起点，逐步向基层群体延伸。从高校和标杆企业大学引进了战略规划十步法、绩效管理等方法和工具，改善业务管理和团队建设。建立了创维领导力管道模型，在此基础上建立了与每个培训对象相对应的培训课程体系
34	国网技术学院	国家电网有限公司	2008 年创立，是高素质应用型技术人才与技能人才培养基地、电网实用新技术与新技能应用示范中心。以企业内部专业技术、生产技能人员培训为主，以业务服务、技术支持和管理咨询为业务，在行业研究、趋势引领方面聚焦产业链生态圈进行创新尝试，形成了一系列的知识孵化项目

第二节　研究假设

组态分析的定性比较研究方法主要关注的是跨案例的多重并发因果关系，这意味着不同的原因要素组合可能产生相同的结果（王凤彬等，2014）。多重并发因果关系可以从三个方面来理解：①多个相关前因条件的组合引起某一结果（AB→O）；②多个不同的条件组合会产生同样的结果（AB＋CD→O，"＋"表示布尔逻辑"或"）；③某个前因条件可能出现也有可能不出现的情况都可能导致同一结果（AD→O，也可能 A～D→O，其中符号"～"代表逻辑"非"，下同），可以表示为 A 和 D 的组合能够使某个结果变量出现，而 A 和缺少 D 的～D 也可以导致该结果的出现。

组织资本作为组织能力的支撑平台，可促进知识资源的优化配置，而当前尚未有学者关注企业大学组织资本的增殖如何促进企业大学能力体系的完善。因此，迫切需要研讨如何根据企业大学承担知识活动和跨边界的属性特征确定组织资本与企业大学能力体系之间的联系。当前学术界仍未清晰解释：企业大学的组织资本具有哪些关键属性，组织资本的构成要素与企业大学的能力体系之间具有何种因果关系？回答这个问题的意义在于：①可以有力解释为什么搭配完全不同组织资本的企业大学却都能促进企业大学能力的提升。②为企业大学配置组织资本明晰了方向，追求比现有组织资本更有效和更实用的企业大学组织资本的配置方式。③识别企业大学组织资本的关键属性，并依据关键属性的组合促进企业大学能力体系的提升，这在企业大学和组织资本的研究方面是突破性尝试。④需要结合企业大学的发展阶段对企业大学的组织资本和能力体系的共演过程、协同机制进行较深入的研究。⑤将企业大学组织资本的关键属性与能力体系层级做桥接，即确定企业大学组织资本作为一个充分条件的关键属性怎样组合可以促进能力体系的升级；怎样的组合是企业大学能力体系提高的必要条件。组织资本各因素间的逻辑关系以及作用机制尚缺乏系统的论证，需开展量化数据的实证分析。

综上所述，本章潜在地提出以下研究假设：

假设 1：企业大学能力体系的提升是多个组织资本要素共同作用的结果。

假设 2：企业大学各能力体系层级有不同的组织资本组合匹配。

假设 3：某一关键的组织资本对企业大学的能力体系是否会产生重要影响，取决于它与其他因素共同作用的关系。

第三节　变量赋值

一、组织资本的变量构成及赋值

定量和定性的数据是定性比较研究方法的编码依据（Wagemann et al.,

2016）。我们从参考文献中寻找所涉及的原因变量和结果变量的测度方法，进而在描述企业大学的组织资本和能力体系中寻找相应的材料支撑。运用模糊集定性比较研究方法（fsQCA）是要根据样本案例的信息对每个变量采用打分的方式，逐一对模糊集变量进行赋值。前文已提到，fsQCA 具体的赋值方法有众多选择。拉金指出，对于具体选择哪种方法以及采用多少数字的模糊集应由研究者决定。因采用四值法能够更细致地反映样本数据间的差距，参考寿柯炎（2015）使用的模糊集处理方法对连续变量采用连续值法，即对于非连续变量采用 QCA 中经典的四值法（0、0.33、0.67、1，其中，"0"代表完全不隶属，"0.33"代表偏不隶属，"0.67"代表偏隶属，"1"代表完全隶属。）相应变量的具体赋值依据设定如表 5－2所示。

表 5－2　企业大学组织资本变量赋值依据

构念	维度	描述	测度标准	赋值
师资网络资本	内部师资网络资本	师资级别	聘用企业内高管讲师人数很多	高
			聘用企业内高管讲师人数很少	低
		高管师资之间讲授内容的关联度	高管师资之间讲授内容相互补充，关联度很高	高
			高管师资之间讲授内容相斥，关联度不高	低
		高管与中层师资之间讲授内容的支撑度	高管与中层师资之间讲授内容契合，能很好地支撑	高
			高管与中层师资之间讲授内容不契合，不能相互支撑	低
	外部师资网络资本	外聘师资对企业知识流程的熟悉程度	外聘师资对企业知识流程很熟悉	高
			外聘师资对企业知识流程不熟悉	低
		外聘师资对企业高管的熟悉程度	外聘师资对企业高管非常熟悉	高
			外聘师资对本企业高管不熟悉	低
		企业高管聘请的外部师资的数量	外部师资由企业高管直接聘请的人数很多	高
			外部师资由企业高管直接聘请的人数很少	低

构念	维度	描述	测度标准	赋值
知识流程资本	内部知识流程资本	识别知识缺口的程度	能够有效地识别企业的知识弱项	高
			无法有效地识别企业的知识弱项	低
		探查与企业所需知识相匹配的水平	能够有效探查各部门所需知识和资源	高
			无法有效探查各部门所需知识和资源	低
		跨界面知识衔接程度	内部跨界面的知识联结顺畅	高
			内部跨界面的知识联结不顺畅	低
	外部知识流程资本	外部知识评估水平	外部知识评估水平很强	高
			外部知识评估水平很弱	低
		外部知识源联系紧密度	与外部知识源联系紧密	高
			与外部知识源联系松散	低
		外部知识引入程度	外部知识引入的质量与企业匹配度很高	高
			外部知识引入的质量与企业匹配度很低	低
知识吧	有形知识吧	信息网络平台完善程度	信息网络平台很完善	高
			信息网络平台不完善	低
		数据库及文档的编码化水平	数据库及文档编码化丰富	高
			数据库及文档编码化不丰富	低
		学员互动程度	学员之间良好互动	高
			学员之间缺乏互动	低
	无形知识吧	营造氛围	营造了信任、共享知识的氛围	高
			没有互信、共享的知识氛围	低
		师生关系和沟通程度	师生关系融洽且沟通频繁	高
			师生关系不融洽且无沟通	低

1. 师资网络资本变量赋值

（1）内部师资网络资本（ITN）变量赋值。当前研究企业大学内部师资的测度，大部分是通过内部师资的数量以及选聘、培育等的角度来度量（Marion & Josiane，2013）。这种方法存在两方面的问题：一是仅在师资的管理机制方面描述，不能完全刻画内部师资的能力，特别是不能更好地判别内部师资如何支撑企业大学的知识传递；二是无法反映企业大学内部师资的独特性，即企业大学师资与其他机构如高校等师资的差异。企业大学的内部师资往往是由企业的中高层或高级工程技术人员组成，在落实企业独特的战略计划时具有很强的企业特色（John & Martyn，2014）。但如果企业高层和高级技术人员在所讲授的内容方面不能融洽地承接，在导向方面有所偏差，就不能很好地落实企业的战略。经过综合考量，本书拟定企业大学聘用师资的级别高低、授课高管之间讲授内容是否互相支撑以及授课的高管与中层之间是否具有关联性等方面共同度量企业大学的内部师资网络资本（Internal Teacher Network Capital），具体赋值编码标准如表5-3所示。

表5-3 内部师资网络资本的 fsQCA 赋值标准

分值	赋值依据
1.00	企业大学聘用非常多的企业高管等作为师资，授课的高管讲授的内容能非常好地互相支撑，授课的中层和高管之间讲授内容有非常强的关联性
0.67	企业大学聘用较多的企业高管作为师资，授课的高管讲授的内容能较好地互相支撑，授课的中层和高管之间讲授内容有较强的关联性
0.33	企业大学聘用较少的企业高管等作为师资，授课的高管讲授的内容较少互相支撑，授课的中层和高管之间讲授内容有较弱的关联性
0	企业大学几乎没有聘用企业高管等作为师资，授课的高管讲授的内容不能互相支撑，授课的中层和高管之间讲授内容没有关联性

（2）外部师资网络资本（ETN）变量赋值。外部师资网络资本（External Teacher Network Capital）是企业从外部知识源聘请的为企业培训授课的专兼职讲师（Richard，2005）。当前对企业大学的外部师资网络资本尚未有深入研究，在已有的研究中，外部师资网络资本主要从外聘师资的来源以及专业化程度、专职培训师以及兼职培训师的角度评测（荆涛，2009）。而高质量的外部师资对企业的熟悉程度应是判断外部聘用师资是否符合企业大学的最重要标准（葛明磊和张译丹，2015）。由案例分析可知，外部师资网络资本体现在三个方面：一是外聘师资对本企业高管的了解程度；二是高管亲自聘请的外部师资数量；三是外聘师资了解企业内外

的知识流程程度。基于上述三个方面，设定企业大学的外部师资网络资本的 fsQCA 赋值标准如表 5 - 4 所示。

表 5 - 4 外部师资网络资本的 fsQCA 赋值标准

分值	赋值依据
1.00	企业大学外聘师资对企业的高管非常了解，非常熟悉企业内外部的知识流程，高管亲自聘请的外部师资非常多
0.67	企业大学外聘师资对企业的高管比较了解，比较熟悉企业内外部的知识流程，高管亲自聘请的外部师资较多
0.33	企业大学外聘师资对企业的高管了解较少，不太熟悉企业内外部的知识流程，高管亲自聘请的外部师资较少
0	企业大学外聘师资对企业的高管不了解，不了解企业内外部的知识流程，几乎没有高管亲自聘请的外部师资

2. 知识流程资本变量赋值

（1）内部知识流程资本（IKP）变量赋值。内部知识流程资本（Internal Knowledge Process Capital）是指企业的内部运营中嵌入的业务流程信息和知识（王永贵，1999）。企业大学一方面探查企业业务部门有利于知识传递或阻碍知识传递的部分和内容，并寻找它们之间的内在逻辑。另一方面捕获业务部门的这些知识和技能，并将其分配到能够最大产出的部门。Martin（2015）认为企业的内部流程资本是获取企业内部业务技能所需的新知识和信息，挖掘和沉淀业务全流程的知识活动所匹配的知识。Rusly 等（2015）从知识的识别、收集、分解和评价 4 个方面探究企业内部知识流程资本。本章从识别知识缺口、研判知识掌握情况、寻求相匹配知识以及跨界面知识衔接 4 个方面衡量企业大学的内部知识流程资本的强弱。具体赋值编码标准如表 5 - 5 所示。

表 5 – 5　内部知识流程资本的 fsQCA 赋值标准

分值	赋值依据
1.00	企业大学非常专注于探查企业内部知识缺口，经常帮助企业各部门研判知识掌握情况并寻求相匹配的知识，与企业内部跨界面知识联结非常顺畅
0.67	企业大学比较专注于探查企业内部知识缺口，较多帮助企业各部门研判知识掌握情况并寻求相匹配的知识，与企业内部跨界面知识联结比较顺畅
0.33	企业大学较少探查企业内部知识缺口，较少帮助企业各部门研判知识掌握情况且较少寻求相匹配的知识，与企业内部跨界面知识联结不太顺畅
0	企业大学几乎不探查企业内部知识缺口，几乎不帮助企业各部门研判知识掌握情况且几乎不寻求相匹配的知识，与企业内部跨界面知识联结非常不顺畅

（2）外部知识流程资本（EKP）变量赋值。外部知识流程资本（External Knowledge Process Capital）是指搜寻外部知识网络的知识和信息，将企业所需要的独立而分散的相关技能和知识信息如市场信息、客户、产品及流程知识等联结起来引入到企业内部知识库，通过进一步的内化以提高企业的知识管理能力和创新能力（储节旺等，2006）。Mina 等（2014）、Brunswicker 和 Vanhaverbeke（2014）、张爱丽（2010）等认为外部知识流程资本可以按照外部知识化水平的评估与利用水平来考察。企业产品的开发需要利用跨边界组织从外部吸收成熟技术和获取研发资源以培育新技术。企业大学作为中介搭建了企业内外部知识联接的接口，以利用多渠道的外部创新资源获取知识生产资源，并通过合理的配置知识资源为相关的企业知识流程运行提供契合的知识源。本书利用企业大学具有跨边界渗透性的特征，通过外部知识评估、与外部知识源联系的紧密度以及外部知识引入的程度来刻画外部知识流程资本的强弱，具体赋值编码标准如表 5 – 6 所示。

表 5 - 6　外部知识流程资本的 fsQCA 赋值标准

分值	赋值标准
1.00	企业大学具有非常强的外部知识评估能力，与企业上下游产业链和外部知识源有非常密切的联系，更广泛地引入外部知识资源
0.67	企业大学具有较强的外部知识评估能力，与企业上下游产业链和外部知识源有较密切的联系，较广泛地引入外部知识资源
0.33	企业大学具有较弱的外部知识评估能力，与企业上下游产业链和外部知识源有较弱的联系，较少引入外部知识资源
0	企业大学几乎不具有外部知识评估能力，与企业上下游产业链和外部知识源几乎不联系，几乎不引入外部知识资源

3. 知识吧变量赋值

（1）有形知识吧（TKB）变量赋值。多数学者都认可知识的支撑技术是企业大学的必要条件（Giudice & Penuta，2016；Cerchione & Esposito，2017）。有形知识吧（Tangible Knowledge Ba）一般是由知识服务的系统吧和实践吧组成的（Nonaka et al.，2000）。系统吧主要通过信息技术、知识库技术、移动网络技术等收集、联结和整合显性知识，继而生成更复杂的显性知识。实践吧是指学员通过手册、模拟程序等虚拟媒介学习、吸收和实践新的显性知识并将这些知识内化。因此，本书在刻画有形知识吧时，重点考察信息网络平台的完善程度以及是否具有数据库文档编码化手段等方面来判定，具体赋值编码标准如表 5 - 7 所示。

表 5 - 7　有形知识吧的 fsQCA 赋值标准

分值	赋值标准
1.00	搭建了非常完善的信息网络平台，有丰富的编码化文档和数据库
0.67	搭建了较完善的信息网络平台，有较丰富的编码化文档和数据库
0.33	搭建了不完善的信息网络平台，有不丰富的编码化文档和数据库
0	几乎没有搭建信息网络平台，几乎没有编码化文档和数据库

（2）无形知识吧（IKB）变量赋值。企业大学是实现企业内外隐性知识和显性知识互动转化、知识交流、共享和利用的知识吧。突破性创新的关键是网络成员间不断进行知识转移、融合和创新的相互作用而形成"无形知识吧"（Intangible Knowledge Ba）（Singh，2018）。无形知识吧的本质是相互沟通和交流（吴价宝和卢珂，2013）。企业大学营造诚信和开放的氛围，在项目的团队合作和持续学习中协作互助，学员更加主动地交流和分享经验、知识，而不会为担心损害自身利益而刻意保留，教师关系的融洽和教辅活动的顺畅也有利于增强彼此的互信，提高团队的创新能力（陈洁等，2017；李名梁和王敏波，2020）。就无形知识吧而言，本书主要从学员知识的互动程度、营造信任、开放和分享的氛围、师生关系和沟通方面来确定无形知识吧的考察维度，具体赋值编码标准如表5-8所示。

表5-8　无形知识吧的 fsQCA 赋值标准

分值	赋值标准
1.00	学员之间互动频繁，开放和分享的氛围非常好，有非常好的相互信任和合作意识，师生关系非常融洽且沟通非常频繁
0.67	学员之间互动较多，开放和分享的氛围较好，有较好的相互信任和合作意识，师生关系较融洽且沟通较频繁
0.33	学员之间互动较少，开放和分享的氛围一般，有较弱的相互信任和合作意识，师生关系较弱融洽且沟通较少
0	学员之间几乎没有互动，几乎没有开放和分享的氛围，几乎没有相互信任和合作意识，师生关系不融洽且不沟通

二、能力体系层级变量赋值依据

判断企业大学能力优劣主要考察的是企业大学的能力体系。如第四章所述，企业大学的能力体系采用文本分析方式，通过逐级编码已探查为衔接教育能力、知识升级能力、知识联接能力和知识孵化能力。能力体系是一个统一的整体，表现出全息性的特征。成熟的企业大学能力不仅局限于知识转移（培训活动），而且积极参与知识生产或创造（研发）以及知识应用（孵化）等知识活动环节。本节主要通过企业大学在不同的发展阶段的能力体系层级的主导程度即衔接教育、知识升级、知识联接和知识孵化的各项知识活动的深入程度对企业大学能力体系的层级进行刻画（见表5-9）。

表5-9　企业大学能力体系层级的变量赋值依据

构念	阶段	测度标准
企业大学能力层级	传统培训阶段	以衔接教育服务为主导，开始关注知识升级服务、知识联接服务和知识孵化服务
	终身教育阶段	以知识升级服务为主导，初步开展知识联接服务和知识孵化服务，进一步开展衔接教育服务
	融知接口阶段	以知识联接服务为主导，进一步开展知识孵化服务，有效开展衔接教育服务和知识升级服务
	知识中心阶段	以知识孵化服务为主导，有效开展知识联接服务、知识升级服务和衔接教育服务

为详细分析企业大学在各阶段的能力体系层级，本书采取对每个原则独立打分的方法进行评估。研究者基于实地观察、访谈和企业大学资料对各原因变量的测量项进行评分。企业大学发展各阶段的主导能力采用加权赋值，赋值范围在0~12，其中，0代表最弱，12代表最强。其余三项能力按照服务程度赋值范围为0~2，其中，0代表最弱，2代表最强。4个方面的得分加总即为各阶段企业大学的能力体系层级值（即综合值范围为0~18）。

三、赋值示例

本书除笔者外还成立了3人小组对收集到的多种来源的数据进行赋值和交叉验证。这3位评分者分别是企业大学中高层管理者、企业大学学员、具有企业大学研究经历者（供职于高级职业经理人培训机构）。3位评分者的背景满足三角验证的要求。3位评分者应笔者要求，在评分过程中每个人至少征求3~4位同业者的意见和建议（即实际有9~12人参与了评分）。需要说明的是，在具体赋值过程中，3位研究者采用背靠背的方式独立赋值，每个赋值资料都保证由2位研究员进行整理和赋值。对于不一致的赋值结果会再次进行独立赋值，如果仍不同则依据资料再次讨论和分析，并通过电话、微信等方式同案例企业大学再次核实数据的准确性，最终确定合适的赋值。

在具体编码时，首先，按照资料来源的顺序将相关概念的文字描述放入Excel表格并分别建立文件夹。其次，提炼文字描述中所有与变量信息有关的核心内容并进行交叉核对。最后，根据第三章得到的研究结果，影响企业大学能力体系层级的组织资本原因变量包括内部师资网络资本、外部师资网络资本、内部知识流程资本、外部知识流程资本、有形知识吧和无形知识吧（为了便于分析，分别简称ITN、ETN、IKP、EKP、TKB、IKB）。据此，3位研究者基于实地观察、访谈及企业大学资料，结合各因素的构念赋值标准对比每个案例的组织资本要素最后确定具体的集合从属值。其中，企业大学的能力体系层级是参照企业大学的案例资料进行打分。对企业大学的能力体系层级测量项在1~18进行赋值，数值越大表示企业大学能力体系的程度越高（在传统培训、终身教育、融知接口以及知识中心阶段的能力体系以该阶段的能力主导程度简称为LED、KUD、KJD、KHD）。

现以华为大学为例，对每个构念的具体赋值处理过程加以阐述，如表5-10~表5-13所示。

表5-10 传统培训阶段案例赋值举例

变量	赋值依据	赋值
ITN	在新员工的入职教育中实行职业导师制，导师对新员工职业发展方面提供帮助，促进核心知识的传承。但较少聘用高管授课，尚未有统一的讲义，不能很好地沟通课程前后衔接的内容	0.33
ETN	很多优秀的外聘专家都是高管亲自聘请的，如任正非在海南结识华中科技大学管理学院副院长陈珠芳，陈院长对华为的企业文化较了解，故聘请陈院长作为外部专家师资	0.67

变量	赋值依据	赋值
IKP	成立后侧重入职文化引导、业务培训及导师指导，帮助新员工尽快适应公司	0
EKP	与外方咨询机构合作开发案例	0
TKB	设置了能同时对2000人进行培训的阶梯教室、110余间多媒体教室和指导培训区等，并在这些区域配置了相应的教学辅助设施，利用信息技术和网络工具极大地提高了知识转移的质量和效率	0.67
IKB	教师仅是传统的灌输式授课方式，尚未搭建学员沟通交流的平台	0.33
LED	每年培训的新员工超过2万人，最多时达3万人。借助 E-learning 的手段来培训海外40多个国家的新员工	18.00

表 5-11 终身教育阶段案例赋值举例

变量	赋值依据	赋值
ITN	采取内部讲师制度，师资以高管为主，教师实行循环制而不是终身制。在大学上面设置了指导委员会，公司的3个轮值CEO作为委员，每半年召开一次工作会议。任正非、轮值CEO都讲课。任正非在开班仪式的授课，轮值CEO和授课高管均参加，以确保内部师资讲课的关联	0.67
ETN	由大学工作人员深入高校、科研院所、培训机构选聘对产业熟悉的外聘师资。高管亲自聘用的外部专家不多	0.33
IKP	为员工建立了完善的华为认证培训体系，其内设的技能培训中心与外部认证机构合作开展专业技术人员培训及职业技能鉴定。大学是教学交付平台，采取收费的模式，如果业务部门有需求则委托培训，自负盈亏的有偿模式可以保证培训和业务一致性，防止业务部门滥用学习资源。青训班、基层管理者全球培训项目（FLMP）、HRBP赋能项目、C8项目管理资源池作训项目等学习交付项目体系，识别知识缺口并梳理项目管理的全流程	0.67
EKP	针对核心伙伴如神州数码等的需求开设了战略解码、财务管理、经营管理等课程，提供实战演练、技术资料、工具支持，使他们了解最新的政策信息及行业趋势，商务财经供应链等内容	0.33

续表

变量	赋值依据	赋值
TKB	依然使用 E – learning 网络教学平台，将学习内容推送到前端服务器供学员自学	0.33
IKB	成立案例中心负责案例开发、案例教学方法赋能和学员指导，是任正非提出的训战结合理念的落地体现。成立学习技术开发项目团队，提供个性化的学习技术解决方案	0.67
KUD	该阶段的使命是成为公司的"使能器"，侧重通过培训使员工及合作伙伴的知识升级。建立对员工的技术和能力资格鉴定体系，培训和业务紧密结合，通过赋能来支持企业战略及人力资本增值	15.00

表 5 – 12　融知接口阶段案例赋值举例

变量	赋值依据	赋值
ITN	1500 多名的兼职讲师中有 60% 以上来自中高层经理人及技术专家，每个董事会成员和高级经理会不定期给员工授课，并且内部师资之间建立了常规的交流制度。组织高层干部学习公司文件，领会高层的核心战略和理念，使得中层和高层授课内容有非常强的衔接和关联性	1.00
ETN	高管亲自聘请的院士不多，主要由大学培训部负责外聘师资	0.33
IKP	同各个业务部门合作梳理开发了 680 多学时的课程，在课程设置过程中强调内部跨部门的知识交流和共享。成功引入 IBM 以业务流程再造为核心的集成产品开发流程（IPD），探查研发部门等关键部门的核心工作内涵，识别这些关键岗位的能力缺口和知识需求，设计相应的知识提升计划。组织各相关部门的工作会议，将各部门的知识衔接，围绕工程电信领域的核心知识设计学习资源库。聚集生产部门和研发部门等工程师进行联合攻关，针对光纤交换机项目组建项目小组进行案例学习，提炼了项目的经验和教训并对其做系统的梳理和总结。公司进行海外业务拓展需要获得更多前瞻性的知识信息，而大学可发挥所具有的跨边界性和知识接口的组织优势，在海外市场需求和海外投资方面开展一系列可行性研究	1.00

144

变量	赋值依据	赋值
EKP	通过与高校开展产学合作教育将培训环节延伸到高校学科教育环节，华为大学将企业知识传递给高校学生，高校教师和学生通过项目研究将研究成果以知识的形式传递给华为公司，形成企业内外的知识转移和共享。大学组织行业信息会和国际展览会，广泛收集有关电信通信方面的前沿知识和国际技术认证标准，并应用于企业内部的开发和设计环节	1.00
TKB	开发 Huawei ilearning APP 等移动学习平台，集学习管理、考试系统、直播课堂和 MOOC 课程于一体的移动终端学习平台可以使学员随时随地学习所需内容	0.67
IKB	将不同部门的员工聚集在一起组建项目案例小组，经过培训和团队合作形成共同认知，为知识共享和创造营造了开放创新的氛围。利用学习技术建立专门的案例平台"管理视界"，每个人可以在这个案例平台发布和分享案例，并带到研讨班课堂讨论	0.67
KJD	强调内部跨部门的知识交流和共享，同企业内部各个部门及企业外部相关机构间的合作日益深化。组织专家从华为战略、业务知识、业务绩效、学习需求和途径等方面综合分析业务部门的学习需求以及提炼方法论，准确地识别业务部门的痛点。与企业内外部相关机构进行深入合作，引进和内化产业前沿知识和客户需求信息等促进产业链知识融合	18.00

表 5 – 13　知识中心阶段案例赋值举例

变量	赋值依据	赋值
ITN	师资主要是内部专职、兼职讲师，师资规模适中，拥有 150 多名海外认证培训师及 200 多名专职教师，来自内部管理层和业务部门的兼职师资规模达上千人。组织中高层授课教师统一研讨授课讲义，确保了企业战略的贯彻实施和内容的相互支撑	1.00
ETN	外聘讲师只是辅助，但聘用层次较高。由总经理等高管亲自选择相关基础理论知识和产业前沿知识的院士、长江学者等科学家、行业专家等作为创新智库的外聘师资。董事长亲自并且长期聘请包括退休的丰田董事长等国内外业界知名专家，以弥补自身师资的不足	1.00

续表

变量	赋值依据	赋值
IKP	通过组织技术交流论坛和案例平台等有效改善了职能部门的界面关系，增强了各部门主动搜寻并识别其他领域信息的能力。建立了22个研究中心。移植国际先进的管理模式建立了基于IT的管理体系，并在此基础上研究形成华为公司独有的矩阵管理结构。根据实际项目组建"项目群"以响应业务的需求，一旦有新的业务，就组织一个项目群。参照业务的流程，协调生产部门和研发部门等工程师的工作内容和工作方法，立项审核项目	1.00
EKP	通过引进并参考加拿大毅伟商学院和美国哈佛商学院的案例体系，整理出案例三部曲方法论。大学作为联系单位在全球建立了20多个联合创新中心、26个能力中心及实验室，这些机构同时关注前沿知识探索和创新项目孵化。例如，在法国成立了数学研究所，致力于通信分布式并行计算、数据压缩存储等基础算法研究	1.00
TKB	完善了学习和教学设施，利用云服务器技术构建了云端信息数据库，存储不同学习项目的信息资料便于学员自主学习	0.67
IKB	通过对商业环境、客户需求信息、产业前沿以及企业战略发展方向进行学习和研讨，促进了不同岗位、不同学科的工程师和员工进行知识和经验的交流和合作，搭建了内部分享平台。采用翻转课堂的理念，课程设置学员自学研讨和模拟演练约占课时的50%，晚间案例讨论约占课时的30%。强调要将学员的经验在团队研讨中总结提炼并重新应用到实践中。开发角色扮演、沙盘演练等多种形式的模拟演练	0.67
KHD	日益关注产业基础理论研究和工程科学研究活动。将实训基地建成融教学培训、技能鉴定、管理培训、技术服务为一体的多功能、多用途的综合性人才孵化基地，建立集教学、培训、科研、生产、转化与应用于一体的创新孵化系统	18.00

四、样本企业大学赋值结果

1. 赋值结果

对34所案例企业大学的样本进行逐一赋值，得到企业大学各发展阶段组织资本和能力体系的赋值结果，如表5-14~表5-17所示。

在传统培训阶段，对 34 所企业大学的组织资本和能力体系赋值后得到的数据如表 5 - 14 所示。

表 5 - 14　传统培训阶段的样本企业大学赋值表

NUM	ITN	ETN	IKP	EKP	TKB	IKB	LED
case1	0.67	0.67	0.33	0	0.67	0.33	15.50
case2	0	0	0	0	0.33	0	5.50
case3	0.33	0.33	0	0	0	0	7.00
case4	0.33	0.33	0	0.33	0.33	0.33	8.50
case5	0.67	0.67	0.33	0	0.67	0	12.50
case6	0.33	0.67	0.33	0.33	0.67	0.33	17.50
case7	0.67	0.67	0.33	0.33	0.67	0.67	18.00
case8	0.67	0.67	0.33	0.33	0.67	0.33	18.00
case9	0.33	0.67	0	0.33	0.33	0	10.00
case10	0.67	0.67	0.33	0.33	0.67	0.33	17.50
case11	0	0.33	0	0.33	0.33	0.33	9.00
case12	0.33	0.33	0	0.33	0.33	0	8.00
case13	0.33	0.67	0	0	0.67	0	12.00
case14	0.67	0.67	0.33	0.33	0.67	0.33	18.00
case15	0.33	0.33	0	0	0.33	0	6.50
case16	0.67	0.67	0	0.33	0.67	0.33	13.50
case17	0.33	0.67	0	0.33	0.67	0.67	14.00
case18	0	0.33	0	0	0.33	0	4.50
case19	0	0.33	0	0	0	0	5.00
case20	0	0.33	0	0	0.33	0	6.00
case21	0.33	0.67	0.33	0	0.67	0.33	15.00
case22	0.67	0.67	0.33	0.33	0.33	0.33	16.00
case23	0.33	0.67	0.33	0	0.67	0.67	14.50
case24	0.67	0.67	0.33	0	0.67	0.33	15.50
case25	0.33	0.67	0	0	0.67	0.33	16.00

NUM	ITN	ETN	IKP	EKP	TKB	IKB	LED
case26	0.67	0.67	0.33	0	0.67	0	12.50
case27	0.67	0.67	0	0.33	0.33	0.33	13.00
case28	0.33	0.33	0	0	0	0.33	7.50
case29	0.67	0.67	0	0	0	0	9.50
case30	0.67	0.67	0	0	0.33	0.33	11.50
case31	0.67	0.67	0	0	0.33	0	11.00
case32	0.33	0.67	0.33	0.33	0.67	0.33	17.00
case33	0.33	0.67	0.33	0.33	0.67	0.67	17.50
case34	0.33	0.67	0.33	0	0.33	0.33	10.50

在终身教育阶段，对 34 所企业大学的组织资本和能力体系赋值后得到的数据如表 5 - 15 所示。

表 5 - 15 终身教育阶段的样本企业大学赋值表

NUM	ITN	ETN	IKP	EKP	TKB	IKB	KUD
case1	1.00	0.33	0.67	0.33	0.67	1.00	18.00
case2	0.67	0	0.67	0.33	0.67	0.67	16.50
case3	0.67	0.33	0.67	0.33	0.67	0.33	14.00
case4	0.67	0	0.33	0	0.33	0.67	8.50
case5	0.67	0	0.67	0	0	0	9.50
case6	0.33	0.33	0.33	0.33	0.67	0.67	7.00
case7	0.67	0.33	0.67	0.33	0.67	0.67	17.00
case8	1.00	0.67	0.67	0.33	0.67	1.00	18.00
case9	0.67	0	0	0	0.33	0.33	8.00
case10	0.67	0	0.33	0	0.67	0.67	10.00
case11	0.67	0.67	0.67	0	0.33	0.67	13.00
case12	0.67	0.67	0.67	0.33	0.67	0.67	17.50
case13	0.67	0.67	0.67	0.33	0.67	1.00	17.50
case14	0.67	0.33	0.67	0	0.67	0	11.00

续表

NUM	ITN	ETN	IKP	EKP	TKB	IKB	KUD
case15	0.33	0.33	0.33	0	0.33	0.33	6.50
case16	0	0	0	0	0.67	0	4.00
case17	0.33	0.33	0.33	0.33	0.67	0.33	6.50
case18	0.67	0.67	0.67	0.33	0.67	0.67	16.00
case19	1.00	0.67	0.67	0.33	0.67	0.33	15.00
case20	0.67	0.67	0.67	0.33	0.33	0	12.50
case21	0.67	0	0.67	0	0	0.67	12.00
case22	1.00	0	0.33	0.33	0.33	0.33	11.50
case23	1.00	0	0.33	0.33	0.33	0.33	11.50
case24	0.67	0	0.67	0	0	0	11.00
case25	0.33	0	0	0	0.67	0	4.00
case26	0.67	0.33	0.67	0.33	0.33	0.33	13.00
case27	0.67	0	0.67	0	0.67	0	8.00
case28	0.67	0.67	0.67	0	0.33	0.67	14.00
case29	0.67	0.67	0.67	0	0.67	0.67	16.50
case30	0.67	0	0.33	0.33	0.33	0.33	14.00
case31	0.67	0.67	0.67	0.33	0.33	0.33	12.50
case32	0.67	0.67	0	0	0.33	0	9.00
case33	0.67	0.33	0.67	0.33	0.33	0.67	15.00
case34	0.67	0.67	0.33	0	0	0	10.00

在融知接口阶段，对 34 所企业大学的组织资本和能力体系赋值后得到的数据如表 5 - 16 所示。

表 5 - 16　融知接口阶段的样本企业大学赋值表

NUM	ITN	ETN	IKP	EKP	TKB	IKB	KJD
case1	0.67	0.67	1.00	0.67	0.33	1.00	15.00
case2	0.33	0.67	0.67	0.67	0.33	0.33	11.50
case3	1.00	0.33	1.00	1.00	0.67	1.00	18.00
case4	0	0	0.33	0.33	0.33	0	5.00

NUM	ITN	ETN	IKP	EKP	TKB	IKB	KJD
case5	0.67	0.67	0.67	1.00	0.67	0.67	17.50
case6	0.33	1.00	1.00	1.00	0.67	0.67	18.00
case7	0.33	1.00	0.67	0.67	0.33	0.67	12.00
case8	0.67	0.67	1.00	0.67	0.33	0.33	14.50
case9	1.00	0.33	0.67	1.00	0.67	1.00	17.50
case10	0.33	0.33	0.33	0.67	0.67	0.33	7.00
case11	0.33	0	0.33	0	0.33	0	4.00
case12	0	0.33	0.33	0.67	0.33	0.33	5.50
case13	0.67	0.67	0.67	0.67	0.33	0.33	11.50
case14	1.00	0	0.67	1.00	0.67	0.67	15.00
case15	0.67	0.67	1.00	1.00	1.00	1.00	18.00
case16	0.67	0.33	0.67	1.00	0.67	1.00	14.50
case17	0.67	0.67	0.67	0.67	0.67	0.67	16.00
case18	0	0	0.67	0.67	0.67	0.67	9.00
case19	0	0.33	0	0.33	0.33	0	3.00
case20	0.33	0	0.67	0.67	0.33	0.67	9.50
case21	0.33	0.33	0.67	0.67	0.33	0.67	10.00
case22	0.33	0	0.67	0.33	0.33	0.33	6.50
case23	1.00	0	0.67	1.00	0.33	1.00	16.00
case24	0.33	0.67	1.00	0.67	0.67	0.67	15.50
case25	0	0	0.33	0.33	0.33	0.33	5.00
case26	1.00	0.33	0.67	0.67	0.33	0.67	11.50
case27	0.33	1.00	1.00	0.67	0.67	0.67	17.50
case28	0.33	0.67	1.00	0.67	0.33	0.67	15.00
case29	0.67	0.33	0.67	1.00	0.67	1.00	13.50
case30	0.33	1.00	0.67	0.67	0.67	0.67	14.00
case31	1.00	0.33	0.67	0.67	0.33	1.00	14.50
case32	0.67	0.33	0.67	0.67	0.33	0.67	12.00
case33	0.33	0.33	0.67	1.00	0.33	0.67	13.00
case34	0.67	0.33	0.67	0.67	0.33	0.67	12.50

在知识中心阶段，对 34 所企业大学的组织资本和能力体系赋值后得到的数据如表 5 – 17 所示。

表 5 – 17　知识中心阶段的样本企业大学赋值表

NUM	ITN	ETN	IKP	EKP	TKB	IKB	KHD
case1	1.00	0.67	1.00	1.00	0.33	0.67	16.00
case2	0.33	0	0.67	0.67	0	0.33	10.50
case3	1.00	0.33	1.00	1.00	0.33	0.67	18.00
case4	0.33	0.67	0	0.33	0.33	0.33	5.00
case5	1.00	0.67	1.00	0.67	0.33	0.33	15.00
case6	0.33	0.67	0.33	0.33	0.67	0.33	7.50
case7	1.00	0.33	1.00	0.67	0.33	0.67	16.00
case8	0.67	0	1.00	1.00	0.33	0.67	17.00
case9	1.00	0	1.00	0	0.67	0.67	18.00
case10	1.00	1.00	1.00	1.00	0.67	0.67	18.00
case11	0.33	0.33	0	0.33	0.67	0.33	8.50
case12	0.33	0.33	0.67	0.67	0.33	0.67	12.00
case13	0.67	0.67	0.67	0.67	0.67	0.67	17.00
case14	0.67	0	1.00	0.33	0.67	0.67	14.50
case15	0	0	0.67	0.67	0.67	0.67	9.00
case16	0	0.33	0	0.33	0.33	0.33	2.50
case17	0.67	0.33	0.33	0.33	0	0.33	14.00
case18	0.67	0	1.00	0.67	0.33	0.67	15.00
case19	0.33	0.33	0.33	0.33	0.33	0.33	9.00
case20	0.33	0.33	0.67	0.33	0	0.33	11.00
case21	0	0.33	0.33	0	0.33	0	8.00
case22	0	0	1.00	1.00	0.33	0.67	13.00
case23	1.00	0.33	0.67	0.67	0.33	0.33	15.00
case24	0	0.67	0	0	0	0	4.00
case25	0.33	0	0	0.33	0.33	0.33	4.50
case26	0.67	0	0.67	0.67	0.33	0.33	13.00

NUM	ITN	ETN	IKP	EKP	TKB	IKB	KHD
case27	0.33	0.33	1.00	1.00	0.33	0.33	12.50
case28	0.67	1.00	0.67	0.67	0.33	0.67	16.00
case29	0.33	0.33	1.00	1.00	0.67	1.00	13.00
case30	0.33	0	1.00	0.67	0	0.33	11.00
case31	0.67	0.33	0.67	0.33	0.67	0.67	14.50
case32	0	0	0.33	0.33	0.33	0.33	8.50
case33	1.00	0.33	0	0.33	0	0	10.00
case34	1.00	0	0.67	0	0.67	0.67	14.50

2. 临界值设定

此时，企业大学各发展阶段的能力体系层级为连续值，需运用 fsQ-CA3.0 软件的 Calibrate 函数将数据转换为对应的集合从属值。转换函数公式为 $Y = fz = Calibrate（X，n1，n2，n3）$。其中，n1、n2、n3 为赋值时设定的 3 个临界值（Threshold）。3 个临界值分别为完全从属于集合的临界值、交叉临界值和完全不属于集合的临界值。参考赵文和王娜（2017）的临界值设定方法，本书将临界值分别设定为下四分位数、平均值和上四分位数。

结合样本企业大学在传统培训阶段、终身教育阶段、融知接口阶段和知识中心阶段的赋值数据，本章确定这四个阶段企业大学能力体系的 3 个临界值如表 5 - 18 ~ 表 5 - 21 所示。

表 5 - 18　基于 fsQCA 的企业大学传统培训阶段能力体系临界值

	校准		
	完全不隶属	交叉点	完全隶属
以衔接教育服务为主导的能力体系层级	9	12	16

表 5 - 19　基于 fsQCA 的企业大学终身教育阶段能力体系临界值

	校准		
	完全不隶属	交叉点	完全隶属
以知识升级服务为主导的能力体系层级	9	12	15

表 5 - 20　基于 fsQCA 的企业大学融知接口阶段能力体系临界值

	校准		
	完全不隶属	交叉点	完全隶属
以知识联接服务为主导的能力体系层级	10	12	15

表 5 - 21　基于 fsQCA 的企业大学知识中心阶段能力体系临界值

	校准		
	完全不隶属	交叉点	完全隶属
以知识孵化服务为主导的能力体系层级	9	12	15

第四节　四个阶段组态分析

本章主要运用 Charles C. Ragin 最新开发的 fsQCA3.0 软件构建真值表进行分析。

一、传统培训阶段的组态分析

1. 必要条件分析

在运算开始前，要对设定的结果变量和条件变量进行必要条件分析。必要条件分析的目的在于检验前因条件及其反面条件是否是引起结果变量变化的原因即充分条件，但又不能为必要条件，否则单一变量就可完全解释。软件中的"Consistency"值是"1"表示该变量是必要条件，"0"表明不是充分条件，该值介于 0 ~ 1 则该样本的前因条件检验视为通过。本章对各个自变量在企业大学传统培训阶段的必要性检验结果如表 5 - 22 所示，通过软件的必要条件分析（Necessary Conditions），必要性检测结果中影响能力体系层级的 6 个要素一致性值均小于 1，说明不存在影响企业大学传统培训阶段能力体系的必要条件，即组织资本的这些前因条件变量并不能完全解释结果变量，进一步说明了单一组织资本变量的解释力不够，需要进行 fsQCA 条件组合分析的必要性。综上所述，样本的要素已全部通过必要性检验，可以全部纳入 fsQCA 中进行下一步计算。

表 5 - 22　传统培训阶段的必要性检测结果

必要条件分析

结果变量：LED

前因条件	一致性	覆盖度
ITN	0.625714	0.764131
~ ITN	0.566857	0.504321
ETN	0.774286	0.711286
~ ETN	0.421143	0.492977
IKP	0.274286	0.969697
~ IKP	0.804000	0.484337
EKP	0.220000	0.777778
~ EKP	0.844572	0.508778
TKB	0.726857	0.811225
~ TKB	0.462857	0.442140
IKB	0.413714	0.873341
~ IKB	0.696571	0.474135

注：符号"~"代表逻辑"非"。下同。

2. 中间解结果

利用 fsQCA3.0 软件进行"Truth Table Algorithm"运算，真值表是运算得出结果路径和研究发现的基础。得到真值表后，需要设定样本频次门槛值（Frequency）和一致性值（Consistency）。fsQCA 通常进行小样本分析，因此，在根据需要设定频率值时，如果案例数量未超过 100 个且案例熟悉度较高，频率值就可设为 1。样本数量增加，则该值也可以酌情增加。本章的案例数量较少且熟悉度较高，所以设定 1 为频率值。一致性表示某一条件组合在多大程度上能够解释结果变量，一般介于 0 ~ 1，越倾向于 1 则代表解释力度越好（Campbell et al. , 2016）。按照 fsQCA 方法的规定，必要条件分析的一致性可以用下列公式评估：

$$\text{Consistency}(Y_i \leqslant X_i) \frac{\sum [\min(X_i, Y_i)]}{Y_i} \qquad (5-1)$$

一般情况下一致性值不能低于 0.75，本书将一致性值设为 0.8。通过"Standard Analysis"分析程序会产生 3 个解：复杂解（Complex Solution）、简洁解（Parsimonious Solution）以及中间解（Intermediate Solution）（李永发等，2017）。复杂解没有使用逻辑余项，拒绝违背任何案例事实；简洁解使用所有逻辑余项，存在违背事实的风险；中间解介于二者之间，既不会违背事实，也不会一成不变地按照变量设置出现，最能说明问题（Giampaolo et al. , 2017）。因此采用中间解进行分析。

传统培训阶段以"LED"为结果变量的中间解的具体统计结果如表 5 - 23 所示。

表 5 - 23　传统培训阶段中间解的统计结果

模型：LED = f（ITN，ETN，IKP，EKP，TKB，IKB）			
算法：Quine - McCluskey			
中间解			
频率：1			
一致性：0.865487			
	原始覆盖度	唯一覆盖度	一致性
ITN * ETN * ~ IKP * ~ EKP * TKB	0.578286	0.226286	0.869416
ETN * ~ IKP * ~ EKP * TKB * IKB	0.413143	0.0611429	0.908292
总体解的覆盖度：0.639429			
总体解的一致性：0.861432			

3. 条件构型组合分析

在条件构型结果的表述方面，参照 Ragin 和 Fiss 的方法，使用"●"表示原因条件出现，使用"◎"表示原因条件不出现，空白表示原因条件对结果无关紧要（Misangyi & Acharya，2014）。与企业大学在传统培训阶段能力体系层级相匹配的组织资本统计结果及其分析，具体如表 5 - 24 所示。

通过运行 fsQCA3.0 的程序，本章得出传统培训阶段影响衔接教育服务主导能力体系层级的组织资本各因素组合，如表 5 - 24 所示。

表 5 - 24　传统培训阶段组织资本和能力体系匹配关系

要素变量		匹配组态	
		路径 1	路径 2
师资网络资本	内部师资网络资本	●	
	外部师资网络资本	●	●
知识流程资本	内部知识流程资本	◎	◎
	外部知识流程资本	◎	◎
知识吧	有形知识吧	●	●
	无形知识吧		●
原始覆盖度		0.578286	0.413143
唯一覆盖度		0.226286	0.0611429
一致性		0.869416	0.908291
总体解的一致性		0.861432	
总体解的覆盖度		0.639429	

由表中的数据可知，样本的总体解的一致性（Overall Solution Consistency）为 0.861432，大于模糊集定性比较方法要求的 0.8，具备较高的信度。样本的总体解的覆盖度（Overall Solution Coverage）为 0.639429，即可认为 6 种因素组合可以解释总样本的 63.9%，具有较强的解释力。根据统计分析结果，传统培训阶段的组织资本有两种要素匹配组态，对每种组合的解释分别如下：

组合①ITN* ETN* ~ IKP* ~ EKP* TKB

　　该组态表明，传统培训阶段影响能力体系的组织资本组合关系为：高内部师资网络资本×高外部师资网络资本×低内部知识流程资本×低外部知识流程资本×高有形知识吧。在传统培训阶段，配置教学的硬件设备是企业大学创办的基础。企业大学的师资网络主要由内部专兼职师资和外聘的兼职师资组成。此阶段未涉及企业内部知识流程的梳理和企业外部知识流程的梳理。组合①强调了内部师资、外部师资和有形知识吧的组合效用。企业大学成立之初需要建立供学员上课的教室以及辅助教学的各种设施，搭建培训的场所和平台。事实上，一部分企业大学在此阶段仅仅是内部的培训机构，主要选聘企业内部的中高层管理者或专业技术人员为新学员进行入职培训，旨在使新员工了解企业的规程、企业运营理念等企业知识。内部师资更加熟悉企业生产经营状况，因而在新员工业务技能培训方面具有一定的优势。虽然内部选聘的讲师自身具有较深厚的专业技术水平和业务技能，但缺乏相应的专业教学技巧。由于企业大学初创期内部资源不足，内部讲师资质不具备且讲授能力有限，仅依靠内部师资网络资本这一单因素无法更好地传达企业的价值理念和团队的沟通技巧等业务技能，更多的企业大学需聘用专业的外部讲师为学员授课，为内部培训的不断完善提供有益的补充。另外，组合①还表明了无论是聘用内部师资还是外部师资都要求具有较好的硬件设备以辅助教师授课需要。

　　满足此项组合条件的案例为伟创力学院、易事特大学等。伟创力学院投入使用即拥有不同类型的各类培训教室、会议室、学术报告厅、课程交流室等，这使得学院具备了相对较好的环境，为员工提供了培训和学习的独立场所。新员工入职前需要进行生产线的操作培训、考核和认证，按照伟创力的操作技能标准，新员工需要学习某个工位的岗位实操，这就需要熟悉企业和岗位的内部教师讲授岗位技能方面的知识。同时在岗位学习后还要参加企业质量管理体系、六西格玛知识、电子行业行为准则的培训和技能认证，一系列的考核培训认证需要外聘专长于该专业领域的培训师或企业家。通过聘用内部师资和外部师资相结合的方式，保证了新员工培训的质量。为了加快新员工向高绩效员工的转换，使其高效履行岗位职责，同时提升职业生涯发展的准备度，易事特大学的师资主要来自两个渠道，一是企业高层、各部门经理等，二是通过战略合作关系的建立，引入外部专家学者。企业大学的内部师资对企业文化、质量安全文化和产品知识更加熟悉，能够更契合地讲授不同发展阶段的岗位通用能力，提升新员工的文化匹配度和职业能力。聘请行业知名专家学者、院校的教授等可以帮助新员工识别未来胜任更高岗位的准备技能和知识。大学设置不同的分区教学基地，分别配置了相应的设施，为学员的学习和培训提供了所需的物理空间和硬件平台。

组合②ETN* ~ IKP* ~ EKP* TKB* IKB

该组态表明，传统培训阶段影响能力体系的组织资本组合关系为：高外部师资网络资本 × 低内部知识流程资本 × 低外部知识流程资本 × 高有形知识吧 × 高无形知识吧。在传统培训阶段，企业大学主要依赖聘请外部师资给新学员授课，通过聘请外部讲师讲授职业标准和企业知识。此阶段企业大学重视的是新员工的衔接教育培训，因而对企业内部和外部知识流程梳理不强，主要通过加强企业大学硬件设备和学习环境，搭建学员沟通交流的平台来提高企业大学的衔接教育能力。由组合②可知，外部师资网络资本和有形知识吧、无形知识吧的结合能够促进企业大学衔接教育能力的提升。在传统培训阶段，如果聘请高校或外部培训机构的教师授课，而无固定的场所和基础的教学设施，显然无法进行培训。在企业大学初创期，内部师资缺乏，需要外聘师资授课。聘请的外部师资是高校或是企业的高管等行业专家，对企业的员工熟识度较低，主要以课堂讲授为主，教学形式较为单一，无形知识吧是外部师资的必备支撑。仅依靠外部师资这一单一因素并不能更好地增强企业大学的衔接教育。无形知识吧的增强可进一步增进扁平化的沟通方式，使新员工彼此之间更加熟识，上下级之间、部门之间互动交流更加顺畅，可提高企业的凝聚力，真正起到衔接教育的功能。事实上，组合①和组合②都强调了有形知识吧和外部师资网络资本对衔接教育能力的作用，而且有形知识吧和外部师资网络资本存在互补性。

满足此项组合条件的案例为美的学院、东菱大学等。美的学院在初建期尚未培养具有美的特色的内部讲师，仅建立了不同类型的各类培训教室、学术报告厅、图书室、课程交流室、培训机构工作室等，利用这些硬件环境，开展更多的培训活动。为了保证新员工企业知识培训更有效，在内部师资不足的情况下就需要各种渠道聘请外聘专家、讲师，通过组织专家讲座、名师讲座、向跨国公司学管理各种主题培训承担新员工的培训任务。另外，继续创造内部交流与学习的氛围，更多地促进内部知识的积累和分享。东菱大学因内部师资不足，没有内部讲师能够独立讲授课程，因此所有讲师均需要通过各种渠道外聘，这同样也能够保证和提升培训效果。新员工集中授课培训，就需要加强教室和设备等硬件的建设以及建立多元化的内部学习交流的平台。

二、终身教育阶段的组态分析

1. 必要条件分析

本章对各个自变量在企业大学终身教育阶段的必要性检验结果如表 5 - 25 所示，通过软件的必要条件分析（Necessary Conditions），必要性检测结果中影响能力体系层级的 6 个要素一致性值均小于 1，说明不存在影响企业大学终身教育阶段能力体系的必要条件，即这些前因条件变量并不能完全解释结果变量，进一步说明了组织资本单一变量的解释力不够，需要进行 fsQCA 条件组合分析。综上所述，样本的要素已全部通过必要性检验，可以全部纳入 fsQCA 中进行下一步计算。

表 5 - 25　终身教育阶段的必要性检测结果

必要性分析

结果变量：KUD

前因条件	一致性	覆盖度
ITN	0.830275	0.646429
~ITN	0.340596	0.512069
ETN	0.498853	0.790191
~ETN	0.617546	0.468465
IKP	0.747133	0.764671

必要性分析

结果变量：KUD

前因条件	一致性	覆盖度
~ IKP	0.460436	0.473467
EKP	0.303326	0.890572
~ EKP	0.810206	0.503564
TKB	0.584289	0.649872
~ TKB	0.581422	0.553494
IKB	0.650803	0.791492
~ IKB	0.495413	0.439471

2. 中间解结果

对利用 fsQCA3.0 软件进行真值表运算产生的中间解进行分析，终身教育阶段以"KUD"为结果变量的中间解具体统计结果如表 5 - 26 所示。

表 5 - 26　终身教育阶段中间解的统计结果

模型：KUD = f（ITN，ETN，IKP，EKP，TKB，IKB）			
算法：Quine - McCluskey			
中间解			
频率：1			
一致性：0.806977			
	原始覆盖度	唯一覆盖度	一致性
ITN * IKP * ~ EKP * IKB	0.59289	0.229931	0.861667
ITN * ETN * IKP * ~ EKP * TKB	0.416858	0.0538991	0.87485
总体解的覆盖度：0.646789			
总体解的一致性：0.867692			

3. 条件构型组合分析

企业大学在终身教育阶段能力体系层级相匹配的组织资本统计结果及其分析具体如表 5 - 27 所示。

表 5 - 27　终身教育阶段组织资本和能力体系匹配关系

要素变量		匹配组态	
		路径 3	路径 4
师资网络资本	内部师资网络资本	●	●
	外部师资网络资本		●
知识流程资本	内部知识流程资本	●	●
	外部知识流程资本	◎	◎
知识吧	有形知识吧		●
	无形知识吧	●	
原始覆盖度		0.59289	0.416858
唯一覆盖度		0.229931	0.0538991
一致性		0.861667	0.87485
总体解的一致性		0.867692	
总体解的覆盖度		0.646789	

通过运行 fsQCA3.0 软件的程序，本章得出终身教育阶段影响知识升级服务主导能力体系的组织资本各因素组合，如表 5 - 27 所示。由表中的数据可知，样本的总体解的一致性（Overall Solution Consistency）为 0.867692，大于模糊集定性比较方法要求的 0.8，具备较高的信度。样本的总体解的覆盖度（Overall Solution Coverage）为 0.646789，即可认为 6 种因素组合可以解释总样本的 64.7%，具有较强的解释力。根据统计分析结果，终身教育阶段的组织资本要素有两种匹配的组态，对每种组合的解释分别如下：

组合③ITN * IKP * ~ EKP * IKB

该组态表明终身教育阶段影响能力体系的组织资本组合关系为：高内部师资网络资本 × 高内部知识流程资本 × 低外部知识流程资本 × 高无形知识吧。在终身教育阶段，部分企业大学主要聘请对企业业务知识和产业知识熟知并有实践经验的内部师资授课。内部师资了解企业的业务流程、知识弱项以及学员的学习需求，可以帮助学员从实际业务情境出发提高知识能力。内部师资改变传统的授课方式，注重与学员在生产经营中的探讨，有利于学员知识的升级和学以致用。该阶段内部知识流程资本增强，通过判断业务技能领域的关键问题为业务部门提供解决方案，但尚未评估和引入外部知识。组合③强调了内部师资、内部知识流程资本和无形知识吧组合的重要性。企业的内部师资主要是企业的中高层管理者，他们更了解企业的内部运营和外部经营环境，对员工的教学更有针对性。同时，在学习方式设计上也具备了多样化的条件。员工职业生涯规划发展和升级知识是复杂和持续的过程，需要对员工进行差异性、系统性和可操作性的指导，提升他们发现问题和解决问题的能力。通过实践案例体验式和研讨论证式的教学才能使内部讲师所熟知的业务经验更有效地传递给学员，因而除配备内部师资外还需要不断加强无形知识吧。但内部讲师仅凭对企业生产运营所涉及的产业知识和经验传授，并不能满足员工持续获得前沿产业知识和升级后的学科知识的需求。企业大学仍需要从企业的实际业务场景出发，帮助员工探查所在业务部门的知识缺口和需求以解决工作难题。立足于实际业务梳理能够促使员工的知识及时更新。③项组织资本的结合才能共同提升企业大学知识升级的功能。

满足此项组合条件的案例为康佳学院、TCL领导力开发学院等。康佳学院经过4年的发展，已有包括集团高层、中层管理人员、业务骨干和一线管理人员在内的100人通过了内部讲师认证，涵盖了营销、研发、制造、供应链、专业支持等多个职位序列。这些内部师资已具备梳理公司内部所涉及的管理、研发、制造、供应链、营销等公司各个领域知识的能力。内部讲师能够全程跟踪和探查企业内部产品链类、供应链类、营销类和管理类等业务部门的知识需求、项目实施情况以及进行岗位的分析。帮助学员不断升级学科知识，应用新的业务和技能解决工作中出现的实际业务问题。康佳学院制订了"火焰计划"，即针对集团各级人才采取有针对性和专业性的5个层级的人才培养计划。其中新高度计划即为入公司3~5年的员工加强职业拓展、升级产业知识而设置的培养项目。相较于同部门的团队环境，跨部门的沟通难度更大，在该项目中，讲师通过带领学员开展经典的"航海捕鱼"等游戏，梳理了沟通存在的障碍与心态、跨越式沟通模型、沟通协作机制及技巧等。内部讲师与学员相对熟悉，授课互动和沟通性更强，通过生动形象的企业实际案例完善学员的知识架构并讲解有效的沟通技巧，更有利于营造开放和分享知识的氛围。TCL 领导力开发学院内部师资居多，拥有 100 名认证的内部讲师。学院在课程设计和培养方式上主要采取导师辅导、行动学习、企业实践研讨等方式，通过对行业发展趋势、标杆企业的最佳实践案例分析以及管理理论等方面的学习和研讨，加强了企业员工的团队合作与沟通，建立了 E 化学习的信息系统，搭建了内部分享的平台。

组合④ITN*ETN*IKP*~EKP*TKB

该组态表明终身教育阶段影响能力体系的组织资本组合关系为：高内部师资网络资本×高外部师资网络资本×高内部知识流程资本×低外部知识流程资本×高有形知识吧。在终身教育阶段，企业大学增加了内部师资的比例，内部师资大多是中高层管理者，在教学中也可以发现优秀的学员以作为后备干部，更有利于员工的职业生涯发展。此外，还聘请了外部企业专家、高校教授、科研院所等师资对员工进行前沿产业知识的培训。企业大学与各业务部门紧密合作，了解岗位的知识需求，内部知识流程梳理能力加强，但是判断在外如何寻找知识源的能力即外部知识流程梳理方面仍然欠缺。此外，企业大学还加强了信息技术和数据库等有形知识吧的建设，为员工的知识升级提供支撑。该组合强调了外部师资、内部师资和内部知识流程以及知识吧的组态优势。内部师资在获取前沿知识和市场研究方面渠道有限，除选聘内部师资外，适当聘用外部专业培训师、行业专家和高校教师可以有效补充内部师资的某些缺陷。毕竟内部师资来源于企业中高层管理者，没有教学职业化的训练，加之大部分为兼职，长期培训未必能取得好的效果。终身教育阶段需要员工解析最新的前沿产业知识，企业大学所聘请的一定数量的高校教授、行业资深专家等可以为内部师资和员工提供外脑的智力支持。此外，外部行业专家可以通过帮助内部高管和员工探查业务问题和咨询服务以梳理企业的知识流程，继而使员工的知识和学习能力持续升级。为此，企业大学可以联合外部师资进行职业技能的鉴定，需要通过信息技术建立数据库，进行知识的编码。提高企业大学的硬件技术能力则方便学员可以随时随地了解前沿动态。因此，这4项因素的适配才能更好地促进知识升级。

满足此项组合条件的案例为三一大学等。三一集团快速发展，每年新增5000～8000名高级技工，由于人才定位与企业动态需求脱节，很难满足员工知识升级的需求。三一大学就需要为企业的精益制造培养高素质工程师和技术人才。制造行业的机械基础知识是实际操作的基础，三一大学聘请北京大学等著名高校的教授专家为学员讲授与岗位相关的机械知识等相关理论。将抽象的机械加工基本操作方法等知识具体化，企业内的工程师作为内部讲师帮助学员获得实际的岗位操作技能。围绕集团制造和服务两大核心竞争力，三一大学认为如果仅依靠外部资源就容易使企业大学产生依赖心理从而限制其能力的提升，所以要充分利用企业内部师资和业务部门的知识流程等内部知识资源打通员工学习与发展路径，避免培训的内容与企业需求脱节。基于各业务部门知识需求，融入工程机械领域最前沿科技、企业最新、最先进的技术和工艺知识。利用企业大学跨边界的优势探查市场和客户的需求，以提高企业应对市场变化和满足客户需求的能力。

三、融知接口阶段的组态分析

1. 必要条件分析

本章对各个自变量在企业大学融知接口阶段的必要性检验结果如表5-28所示，通过软件的必要条件分析（Necessary Conditions），必要性检测结果中影响能力体系层级的6个要素一致性值均小于1，说明不存在影响企业大学融知接口阶段能力体系的必要条件，即这些组织资本的单一前因条件变量并不能完全解释结果变量，需要进行fsQCA条件组合分析。综上所述，样本的要素已全部通过必要性检验，可以全部纳入fsQCA中进行下一步计算。

表5-28　融知接口阶段的必要性检测结果

必要条件分析

结果变量：KJD

前因条件	一致性	覆盖度
ITN	0.713194	0.824014
~ ITN	0.418237	0.482657
ETN	0.597045	0.818436
~ ETN	0.530820	0.529472
IKP	0.873663	0.744035
~ IKP	0.271523	0.486758
EKP	0.887417	0.724324
~ EKP	0.237901	0.469347
TKB	0.630667	0.759044
~ TKB	0.525216	0.582815
IKB	0.846154	0.789824
~ IKB	0.288844	0.437163

2. 中间解结果

对利用 fsQCA3.0 软件进行真值表运算产生的中间解进行分析，融知接口阶段以"KJD"为结果变量的中间解具体统计结果如表5-29所示。

表5-29　融知接口阶段中间解的统计结果

模型：KJD = f（ITN, ETN, IKP, EKP, TKB, IKB）

算法：Quine - McCluskey

中间解

频率：1

一致性：0.801938

	原始覆盖度	唯一覆盖度	一致性
ITN * IKP * EKP * IKB	0.636271	0.196128	0.871598
ETN * IKP * EKP * IKB	0.535405	0.0952624	0.902146
ITN * ETN * IKP * EKP * ~ TKB	0.388691	0.0173205	0.886179

总体解的覆盖度：0.748854

总体解的一致性：0.8458

3. 条件构型组合分析

企业大学在融知接口阶段与能力体系层级相匹配的组织资本统计结果及其分析具体如表 5 - 30 所示。

表 5 - 30　融知接口阶段组织资本和能力体系匹配关系

要素变量		匹配组态		
		路径 5	路径 6	路径 7
师资网络资本	内部师资网络资本	●		●
	外部师资网络资本		●	●
知识流程资本	内部知识流程资本	●	●	●
	外部知识流程资本	●	●	●
知识吧	有形知识吧			◎
	无形知识吧	●	●	
原始覆盖度		0.636271	0.535405	0.388691
唯一覆盖度		0.196128	0.0952624	0.0173205
一致性		0.871598	0.902146	0.886179
总体解的一致性		0.8458		
总体解的覆盖度		0.748854		

通过运行 fsQCA3.0 软件的程序，得出融知接口阶段影响知识联结服务为主导能力体系组织资本各因素组合如表 5 - 30 所示。由表中的数据可知，样本的总体解的一致性（Overall Solution Consistency）为 0.8458，大于模糊集定性比较方法要求的 0.8，具备较高的信度。样本的总体解的覆盖度（Overall Solution Coverage）为 0.748854，即可认为 6 种因素组合可以解释总样本的 74.9%，具有较强的解释力。根据统计分析结果，融知接口阶段的组织资本要素有 3 种相匹配的组态，对每种组合的解释分别如下：

组合⑤ITN * IKP * EKP * IKB

该组态表明融知接口阶段影响能力体系的组织资本组合关系为：高内

部师资网络资本×高内部知识流程资本×高外部知识流程资本×高无形知识吧。在融知接口阶段，企业大学的内部师资十分重要，同时重视梳理企业内外部的知识流程资本，通过建立内外部共享和知识交流的平台拓展了企业的知识联接能力。该组合强调了内部师资网络资本、内部知识流程资本、外部知识流程资本和无形知识吧的组合适配。随着能力的不断提高，企业大学在此阶段主要承担企业内外部知识联接的功能，进一步成为企业各部门之间以及企业与外部利益相关者之间知识联接的"接口"。为此，企业大学不仅需要跨越不同的技术领域在外部搜索和开发知识，而且需要进行内部知识的梳理和积累，实现资源内外部协同。在融知接口的组合⑤、组合⑥、组合⑦中均体现企业内部的知识流程梳理和外部知识流程梳理，在此阶段为必要条件，缺一不可。此外，企业大学聘请对企业业务知识和产业知识熟知并具有实践经验的内部师资，更加了解企业的业务流程和知识短板，可以帮助员工从实际业务情景出发解决工作难题。企业大学搭建内部知识分享平台，促进各部门积极地交流内外部知识流程所梳理的知识和信息，更好地衔接各部门。因此，无形知识吧是内部知识流程和外部知识流程梳理的必要补充条件。

满足此项组合条件的案例为台达企业学院等。台达企业学院主要培养内部讲师，已达1500人，且内部讲师中21%为公司工程师及中高层管理者。学院与高校合作成立了研究生工作站、实验室、培训中心等研修班和博士后工作站。通过每年举办台达创新奖的评选，开展跨地区技术论坛与交流活动，收集相关的前沿知识和国际技术认证标准。此外，注重积累企业内部涵盖设备节能、系统节能、管理节能3个层面的绿色智能制造方面的技术，同时为客户提供节能产品和解决方案，实现产业内外部的知识融合。学院逐步改变传统的课堂授课方式并拓展了培养模式，建立了知识共享氛围。

组合⑥ETN*IKP*EKP*IKB

该组态表明融知接口阶段影响能力体系的组织资本组合关系为：高外部师资网络资本×高内部知识流程资本×高外部知识流程资本×高无形知

识吧。在融知接口阶段，企业大学注重聘请外部师资，特别是加强了对企业内部知识流程和外部知识流程的梳理，通过跨部门的协作和知识共享达到内部知识联接的目标。在组合⑥的路径中，企业大学内外部联系更加广泛，师资遴选范围扩大，加强了外聘师资的比例。企业内部进行跨部门的课程研发和知识共享，利用企业大学的知识接口优势获取外部知识，为上下游产业链提供有针对性的培训服务，促进了产业链内的知识融合。无形知识吧更加强化，即通过与各部门建立稳定的信息交流程序，为各部门积极交流彼此的信息和经验提供了平台，也促进了企业各部门的密切合作，知识联接更加顺畅。仅依靠外部师资讲授的产业前沿等理论知识而学员之间没有知识交流和合作，势必不能从跨部门的团队研讨中获取更多的互补性知识和资源，同样不能使知识联接能力得到显著提高。

满足此项组合条件的案例为新奥大学等。新奥大学与研究院所、高校联系广泛，师资遴选范围相应扩大。由于新奥大学缺乏培养内部讲师的资源和能力，因此主要外聘高校和科研院所的专家作为师资。新奥大学收集公司业务所面临的问题和知识需求，请相应的业务和管理干部共同分析和研讨，在这个过程中新奥大学提供平台和结构化的工具方法，并跟踪后续进展和进行持续改进。开展多项目的资源管理、项目设计，或者进行项目问题的进一步诊断，对各个项目进行取舍，包括项目优先级划分、项目交付效果评价等。新奥大学为使员工更有效的学习，采用场景化教学方法和混合式学习模式，在课堂上通过多样化的形式还原工作场景，形成如文字、视频等场景化内容，并借助丰富的学习活动设计，让学员体验到真实的工作现场，增进学员的学习效果。此外，新奥大学联系北大工学院、来康生命科学研究院等开展产业技术研究和前沿科技领域的探索，提升集团工程师的创造能力和工程研发。

组合⑦ITN * ETN * IKP * EKP * ~ TKB

该组态表明融知接口阶段影响能力体系的组织资本组合关系为：高内部师资网络资本×高外部师资网络资本×高内部知识流程资本×高外部知识流程资本×低无形知识吧。在融知接口阶段，企业大学不仅依赖内部师资，还聘请外部师资共同为员工进行培训。同时识别企业内部各部门的知识弱项，进行企业内部知识流程的梳理。此外，更多地梳理外部知识流程，引进外部知识，重视外部资源的开发和利用，连接上下游产业链等外部知识型组织为其输出企业知识。此阶段硬件设备等并未能对企业大学的能力提升起到有效的促进作用。在该路径中，企业大学发挥跨界面联结的优势，通过外部知识流程的梳理，与外部网络建立的广泛联系，弥补了师资的不足，内外部师资规模逐步扩大并且更加均衡。企业大学内外部师资和内外部知识流程梳理相辅相成，不仅建立了知识网络以研判企业内部各部门的知识缺失，加强了内部知识流程的梳理，而且不断开发外部知识资源以获得更多企业技术领域的相关知识信息。仅靠内外部的讲师讲授前沿产业技术信息，而未从实际业务中跟踪知识的弱项，学员并不能够获得与本职工作相匹配的知识信息，培训效果也就不会理想。

满足此项组合条件的案例为金蝶大学、创维学院等。金蝶大学以内部专兼职讲师为主，同时聘请外部资深的行业专家顾问共同参与内部员工授课及对外培训业务。金蝶大学发挥其在市场开拓、知识接口方面的优势，推动本企业与国家部委、清华大学国家 CIMS 中心、IBM 企业等开展各种形式的产学研合作。邀请国内知名教授及业界权威担任授课教师，分析内部各业务部门不同层次和主题的培训需求以及知识弱项，提升决策和分析能力。兴建了企业信息化技术研究所，跟踪行业知识的发展动态。此外，联合香港生产力促进局及英国财务会计师公会香港分会推出 CPIM 及 IAS 认证，为公司内部员工和上下游产业链客户的技能提升创造价值。金蝶大学主要聚焦于师资和知识流程梳理这两个能够有效培训并提升公司效益的方面，但在硬件投入方面较少。创维学院同样认为仅仅是硬件投入只会占用资产，并不能产生有效的价值。事实上创维学院在硬件设施等有形固定资产方面的投入很少，相较于其他企业大学所拥有多间教室及会议室等配套设施，创维学院仅设有 2 间教室，培训一般到深圳华侨城等合作酒店进行。授课教师以内部师资为主，适当外聘。引进了惠普商学院的经典课程，以及飞利浦的企业诊断方法梳理企业内部的知识流程。引入的先进管理方式和理念可以突破公司内部的思维习惯，通过实战的培训和内外部知识流程的梳理，创维学院实现了外部资源的内化。

四、知识中心阶段的组态分析

1. 必要条件分析

本章对各个自变量在企业大学知识中心阶段的必要性检验结果如表 5 – 31 所示，通过软件的必要条件分析（Necessary Conditions），必要性检测结果中影响能力体系层级的 6 个要素一致性值均小于 1，说明不存在影响企业大学知识中心阶段能力体系的必要条件，即单一组织资本的前因条件变量并不能完全解释结果变量，需要进行 fsQCA 条件组合分析。综上所述，样本的要素已全部通过必要性检验，可以全部纳入 fsQCA 中进行下一步计算。

表 5 – 31 知识中心阶段的必要性检测结果

必要条件分析
结果变量：KHD

前因条件	一致性	覆盖度
ITN	0.803200	0.837132
~ ITN	0.323733	0.379138
ETN	0.380267	0.670113
~ ETN	0.714667	0.573630
IKP	0.884267	0.776581
~ IKP	0.199467	0.295652
EKP	0.706133	0.722313
~ EKP	0.405333	0.485003
TKB	0.471467	0.699367
~ TKB	0.642133	0.563670
IKB	0.665600	0.780000
~ IKB	0.477333	0.497222

2. 简洁解和中间解结果

利用 fsQCA3.0 软件进行真值表运算产生的简洁解和中间解能够判断核心条件和边缘条件，因此知识中心阶段得到简洁解的统计结果如表 5 - 32 所示。

表 5 - 32　知识中心阶段简洁解的统计结果

模型：KID = f（ITN，ETN，IKP，EKP，TKB，IKB）			
算法：Quine - McCluskey			
简洁解			
频率：1			
一致性：0.87482			
	原始覆盖度	唯一覆盖度	一致性
ITN * IKP	0.7488	0.7488	0.936
总体解的覆盖度：0.7488			
总体解的一致性：0.936			

对利用 fsQCA3.0 软件进行真值表运算产生的中间解进行分析，知识中心阶段以"KHD"为结果变量的中间解具体统计结果如表 5 -33 所示。

表 5 - 33　知识中心阶段中间解的统计

模型：KHD = f（ITN，ETN，IKP，EKP，TKB，IKB）			
算法：Quine - McCluskey			
中间解			
频率：1			
一致性：0.87482			
	原始覆盖度	唯一覆盖度	一致性
ITN * IKP * EKP * ~ TKB	0.504	0.168533	0.915698
ITN * ETN * IKP * EKP * IKB	0.318933	0.0362667	0.900602
ITN * ~ ETN * IKP * ~ EKP * TKB * IKB	0.269333	0.107733	0.893805
总体解的覆盖度：0.648			
总体解的一致性：0.93318			

3. 条件构型组合分析

企业大学在知识中心阶段与能力体系层级相匹配的组织资本统计结果及其分析具体如表 5 – 34 所示。

表 5 – 34　知识中心阶段组织资本和能力体系匹配关系

要素变量		匹配组态		
		路径 8	路径 9	路径 10
师资网络资本	内部师资网络资本	●	●	●
	外部师资网络资本		●	◎
知识流程资本	内部知识流程资本	●	●	●
	外部知识流程资本	●	●	◎
知识吧	有形知识吧	◎		●
	无形知识吧		●	●
原始覆盖度		0.504	0.318933	0.269333
唯一覆盖度		0.168533	0.0362667	0.107733
一致性		0.915698	0.900602	0.893805
总体解的一致性		0.93318		
总体解的覆盖度		0.648		

通过运行 fsQCA3.0 软件的程序，得出知识中心阶段影响知识孵化服务主导能力体系的组织资本各要素组合如表 5 – 34 所示。由表中的数据可知，样本的总体解的一致性（Overall Solution Consistency）为 0.93318，大于模糊集定性比较方法要求的 0.8，具备较高的信度。样本的总体解的覆盖度（Overall Solution Coverage）为 0.648，即可认为 6 种因素组合可以解释总样本的 64.8%，具有较强的解释力。根据统计分析结果，知识中心阶段的组织资本要素有 3 种相匹配组态，对每种组合的解释分别如下：

组合⑧ITN* IKP* EKP* ~ TKB

该组态表明知识中心阶段影响能力体系的组织资本组合关系为：高内

部师资网络资本×高内部知识流程资本×高外部知识流程资本×低有形知识吧。在知识中心阶段，企业大学主要是对企业进行知识管理，更加重视内部师资并梳理企业内部的知识流程，加强与外部知识源的合作，充分利用外部创新资源进行外部知识流程梳理。相应的教学辅助设备等硬件设施早已完善，此阶段投资硬件设备并不影响企业大学的前沿知识探索和项目孵化。该路径是聚焦于企业的内外部知识流程梳理对企业大学创新孵化的影响。梳理企业内外部知识流程能更好地衔接原有知识以及新创造知识的活动界面，以确保知识创造活动的效率和效果。聘请更熟悉企业业务知识和产业知识的内部师资，原因在于，可以围绕现有的业务流程进行挖掘，暴露流程中阻碍企业发展的环节，通过实践教学提供更多的知识以拉动知识创新。

　　满足此项组合条件的案例为金风大学、京东方大学等。金风大学的师资主要源于内部中高层管理者、各领域的资深专家，共拥有 80 多位内部核心讲师，业务部门选聘的兼职讲师达千人，这是金风大学发展强有力的支撑与保障。2017 年，金风大学与北京交通大学联合培养工程硕士，组织标杆企业项目管理交流会议等活动，探查并整合外部的知识资源，以提升企业人员的创新孵化能力。引入绩效改进理念和工具，采用以解决痛点问题与同步培养员工能力的培训策略。各业务单位带着任务目标或痛点问题，由业务部门的骨干成员组成问题解决团队参与项目，通过行动学习的方式，由大学专业绩效改进师引导，解决业务部门的知识弱点。此外，研究金风业务发展的速度和规模与金风的基础管理匹配，全面规范提升质量管理水平，优化产业链融合和创新。而忽略硬件方面的投资并不影响金风大学对企业业务进行知识流程的梳理和知识创新。京东方大学拥有内部稳定而且成熟的师资队伍，授课基本以内部师资为主，确保了培训内容的针对性和方法的高效性。京东方大学成立的智能制造学院组织各业务部门负责人多次到国内外先进企业参观学习，开办中层促进项目研讨会，引导学员完成智能改造项目。为让学员了解集团技术产品的情况，积累、挖掘相关技术资产，京东方大学每年汇总集团全年的创新成果，密切结合公司发展阶段和业务特点，进行知识传播和专业技术经验沉淀。京东方大学的供应链学院传播国际国内商法与国际贸易商务规则，融合全球领先制造行业供应链实践并传授国际知名供应链管理资质证书的知识体系。与哈佛商学院、清华大学、国内外知名企业大学建立了战略合作伙伴关系，充分联系和利用各高校优秀的科研资源，提高京东方的智能制造技术水平。加深与外界的联系可熟悉最新市场动态，准确地把握市场趋势和导向。京东方大学加强与国内外学术组织的交流，通过举办国际前沿技术讲座和开展相关技术培训和研究合作，逐步建立了新技术孵化和科研成果转化能力。

组合⑨ITN*ETN*IKP*EKP*IKB

该组态表明知识中心阶段影响能力体系的组织资本组合关系为：高内部师资网络资本×高外部师资网络资本×高内部知识流程资本×高外部知识流程资本×高无形知识吧。在知识中心阶段，企业大学通过加强内部师资和外部师资的均衡，高度关注企业内部知识流程梳理，不断地和外部创新网络广泛的合作并获取更多的知识资源，加强企业外部的知识流程梳理。从而使得企业大学的无形知识吧增强，即教辅活动更加的顺畅，激发更多的创新思想，为知识的创造提供了相应的环境和氛围。该路径表明3类组织资本具有交互作用。企业大学通过内部流程梳理识别业务部门的知识弱项和所需知识，仍需通过企业的外部网络捕获有利于知识创造的知识和技能，然后将所获得的知识和技能传递到所需部门。通过与企业外部联系的网络化促使企业利益相关者的知识尽可能的内化到企业内部。在此路径中，内外部知识流程资本起到互补的作用。此外，企业大学整合内外部知识资源推动了创新项目的开展。创新或创业项目就需要内部熟悉企业流程的师资以训战结合的方式培训和指导，同时聘请了最新前沿产业技术信息的高校教授、科学家等作为外聘师资为创新探索提供智力支撑。教师改变了授课方式使教辅活动更加顺畅，增强了内外部师资能力。知识流程的梳理还要通过组织成员的分享和整合才能转换。企业大学无形知识吧的要素为学员提供了良好的研讨交流氛围，消除误解和分歧，更加激励员工凝聚共识并进行知识创造活动。

满足此项组合条件的案例为海尔大学、华润大学等。海尔大学内聘师资居多，外聘师资为辅，师资规模适中。除聘用内部高管为学员授课外，海尔大学的兼职导师多达千人。特别是针对某项创意，引入组织内外部的专家作为导师，将项目的创意转化为科学可行的设计方案。海尔大学应对海尔企业由产品生产为核心的制造业企业转变为开放创业平台型企业，提出了以市场链为纽带的"一千天流程再造计划"，即通过"众创意"、"海尔社区"和"海尔交互定制"等开放社区对企业的平台用户在知识获取、共享和孵化方面等一系列业务流程进行梳理和再造。海尔大学从建设知识管理的模式系统转变为知识的孵化平台，实现企业产品生产与创意孵化的无缝对接，进一步使内部员工的知识转化链条升级，并在资源获取和创新机制等方面搭建知识生态系统，实现了知识创新的环境及机制的明显优化。海尔大学的 Hi－study 平台就是满足用户终身价值的学习生态，为资源方、学员和讲师定制了个性化的功能，使得各方在这个平台上进行交互，形成社群效应。通过 Hi－study 平台连接企业内外部用户和资源，吸引资源方在此平台上实现资源交互和产品共创，构建了海尔内外部创客学习的知识交流平台和创新孵化的开放创新生态圈。创新项目需注重产品的迭代升级，海尔大学通过年度吐槽大会、用户试用报告、线下研讨等方式跨界激发创新。为加速华润集团现有经济形势下产业的成长和创新，华润大学创建了创新实验室。融合先进理念和技术，通过引入德勤前沿的方法论和培训模式，以 Prysm 系统作为技术支持，创新实验室既要容纳大规模的团队培训和企业路演展示，又要适配小型工作讨论区的私密环境。华润集团通过华润大学实现与著名高校如清华大学等的研究队伍更有效对接，进一步嫁接全球范围内的科技创新成果，促进华润的产业升级和知识创新。

组合⑩ITN*~ETN*IKP*~EKP*TKB*IKB

该组态表明知识中心阶段影响能力体系的组织资本组合关系为：高内部师资网络资本×低外部师资网络资本×高内部知识流程资本×低外部知识流程资本×高有形知识吧×高无形知识吧。在知识中心阶段，企业大学知识孵化服务开展的核心是利用内部资源而非外部资源，因而该组合忽略外部师资和外部知识流程资本，企业大学更加重视内部师资和内部知识流程的梳理。内部师资通过探查业务部门的需求，衔接各知识部门以建立内部知识分享和交流的平台，加强了教辅活动，使得学员之间更加信任，加强了团队协作能力，也有利于更多创新项目的开展和协作。该组合路径强调内部师资和内部知识流程在企业大学知识中心阶段具有的核心作用，在任何一种组态中都不可或缺。由于外部联系存在黑边效应，依赖外部资源的强外部联系在一定意义上会阻碍创新能力的提升，表现为企业大学如果依赖外部师资授课和外部知识，则问题的解决能力和知识梳理能力都会减弱（谢言等，2010）。此阶段，企业大学更加重视对企业知识流程的优化服务，外部师资对企业知识流程并不熟悉，因此企业大学在这个阶段不能长期聘请外部师资授课。当外聘师资聘用较少，外部知识流程梳理较弱时，企业大学主要发展内部师资网络资本和梳理内部知识流程，学习的技术条件升级和教学辅导方面能力的增强更有助于梳理企业内部知识流程。同时，企业大学可以通过信息技术和知识库技术的完善，收集和拓展外部知识资源，弥补外部师资和外部知识梳理能力的不足。创新氛围是企业创新与学习的重要源泉，学员和教师在知识互补兼容的基础上互动、分享并激发知识基，提高团队整体的创造力。形成教师和学生深度互动的混合环境，通过浸润式的学习和讨论促进团队的知识积累和创新能够促进知识活动的耦合。此外，企业知识管理的目标并不仅是停留在对知识的流程的梳理层面，而是要把积累和梳理后的知识与各业务部门充分地共享，形成集体的智慧，进而才能提升企业的创新能力。

满足此项组合条件的案例为协鑫大学、远东大学等。协鑫大学避免过度依赖外部资源，很少聘请专家举办讲座，而是着重培养内部师资，通过微课大赛挖掘网红讲师，已经在内部孵化了500多名专职讲师。协鑫大学提供了一套工具方法，嵌入新的适应变革的理念，让学员在课上进行演练后融入实战。因为协鑫26年的知识沉淀和知识创新是企业内部而不是外部，因此协鑫大学更加重视梳理和研究企业内部的知识流程，为研发部门等提供信息和技术咨询服务，并进行面向生产的基础研究。基于创造并且分享的理念，协鑫大学开发了"鑫创享"APP 学习平台，分享式学习方式真正获得知识的沉淀和提升，成为企业发展的智库。远东大学内部师资建设到一定程度，完全可以胜任企业大学的讲授任务。基于远东大学的知识管理规划，知识管理团队根植于业务部门，在实践中探查知识缺口并寻找匹配的知识，通过集团培养的内部讲师团队把复杂问题简单化、专业语言通俗化，开发内部教材、开展培训课程，使隐性知识显性化、显性知识系统化，实现知识在企业内部的积淀与创新。业务流程的标准化是成本控制和产品质量提升的重要因素，远东大学的生产学院协同实践技能导师、工艺技术人员共同梳理出 88 份作业流程标准，解决了生产过程中"该做什么、不该做什么"，"怎么做、先做什么、正常情况下怎么做、遇到特殊情况应如何操作"等一系列问题。组织各项技能竞赛和创新案例竞赛等，以激发知识创新的氛围。为提升学员业务和知识创新能力，远东大学定期举办业务座谈会，邀请业务能手分享经验。建设多元化学习平台，研发多种移动学习产品，将最新的理念和技术知识上传至移动端，致力于为学员提供更高效、更及时的学习环境和学习体验。

第五节　组织资本与能力体系的组态关系模型

基于上文对 10 个组合的分析，本书得出企业大学组织资本与能力体系层级的匹配关系模型，如图 5-2 所示。

结合图 5-2 可知，第一，从 6 项因素组合的整体视角来看，企业大学的能力层级存在着不同的原因组合，这些组合通过影响企业大学在各个阶段的主导能力以实现能力的提升；第二，从师资网络资本、知识流程、知识吧 3 个因素的视角来看，企业大学的能力层级是由上述三大因素共同作用、相互匹配的结果；第三，从单一因素的视角来看，某一项因素对企业大学能力体系层级的关键作用还受其他因素的影响，即其对结果的影响取决于它与其他因素共同作用的关系。由上述分析可知，假设1、假设2、假设3得到验证。

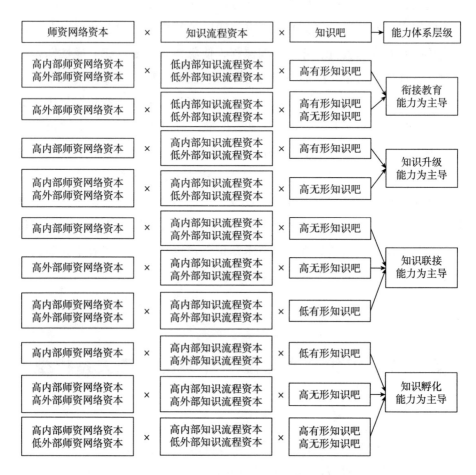

图5-2 企业大学组织资本与能力体系层级的匹配关系模型

一、组态内多因素作用机制

通过fsQCA3.0软件运算得出的多因素组合路径显示，任何单一因素都不能促使企业大学能力体系的提升。从扎根分析得出的 6 个关键因素，无一缺失于条件构型的复合解，这就表明组态中的要素组成是多样的，师资网络资本、知识流程资本以及知识吧三类要素在影响企业大学能力体系层级的组态中均不可或缺。这 6 个组织资本要素的关键属性的确在实践中有助于提升企业大学的能力体系。另外，每种企业大学的组织资本组合的复合解均不只有一条路径，每条路径也是 4~5 个单一因素的组合，同样表明每条路径都是关键因素的组合，任何企业大学不能期望单一因素即可促进企业大学能力的提升。组态思维强调三类要素的整体性，也关注内部师资网络资本、外部师资网络资本、内部知识流程资本、外部知识流程资本、有形知识吧和无形知识吧作为独立要素的共同作用。

企业大学组织资本对企业大学能力体系层级的影响，取决于单个组织资本的因素如何与其他因素相互联系的组合作用，而且这些因素组合在一起较之单因素能够发挥更好的效用。企业大学的能力体系层级是一个"多重并发因果"问题，即影响企业大学不同能力层级的组织资本组态具有多样性。在组态思维下，不同的要素组合有不同的作用方式，组态内部的要素或强或弱，只要形成因素间的结构性平衡，该组态就可以实现企业大学该阶段能力的提升。因此，企业大学在不同的发展阶段需要选择适合的组织资本组态以提升该阶段的能力。

二、企业大学组织资本的演变规律

通过对 10 项组合进行分析可知，企业大学组织资本的演变应遵循企业大学能力层级的演变规律。组织资本在企业大学能力提升的各阶段呈现不同的表现水平，导致了各阶段企业大学能力主导程度的差异。基于资源基础理论，Jimenez 等（2014）、Umesh 和 Nisha（2018）强调应将组织的资源和能力作为一个开放性的系统进行资源整合管理。从资源观和知识的视角来看，组织资本是提高组织能力的关键所在，其实质是创造和促成知识活动之间的联系，使企业的知识活动增效。将 SCP 分析框架移植到企业大学的研究中，从结构决定行为的视角，组织资本是企业大学的静态特征，能力体系是企业大学的动态特征。组织资本也是能力体系提升的条件因素，并且两者是双向互为基础的关系。能力体系需要通过组织资本的提升过程转化升级，组织资本也需要通过能力体系的作用整合重构和演化，两者相互依赖、相互转化。组织资本和能力体系有效结合和相互转化是一个动态的过程。通过对组织资本和能力体系的阶梯演化以及组织资本的序贯性演进分析，发现企业大学组织资本与能力体系存在协同或适配关系。企业大学能力体系最初是以衔接教育和知识升级的知识转移活动为主，需要优先进行低梯级组织资本的师资网络资本和知识吧资本的搭建，如此才可能有效支撑相应的教育培训活动。知识联结和知识孵化可视为知识创造和应用行为，需要在积累低梯级组织资本和更高梯级的组织资本的内知识流程资本和外知识流程资本后，进一步促进并支撑企业大学的能力体系。在企业大学不同的发展阶段，能力体系和组织资本存在强联结的协同关系。在一定意义上，组织资本支撑了企业大学的各类能力，也可以说企业大学为提高和完善各类能力对组织资本提出了相应的要求。

1. 组织资本与能力体系协同演进的阶梯模型

在一定意义上，企业大学的组织资本是一个有机的整体，反映了企业大学的能力，也是构成企业大学发展的组织基础。基于知识活动系统理论，第四章已通过扎根分析探查了企业大学能力体系及其演进的过程，识别出企业大学的能力体系包括衔接教育能力、知识升级能力、知识联接能力和知识孵化能力。之所以称之为企业大学组织资本支撑能力体系的协同演进阶梯模型，是因为企业大学的组织资本随着企业大学能力体系的不断深化而依循各自的演进呈阶梯形式逐级提升（见图 5-3）。

（1）传统培训阶段的组织资本组合。在传统培训阶段，企业大学承载的功能是对新入职员工进行职业技能培训，实现传统大学学科教育与企业知识的融合，衔接教育能力是企业大学能力体系的主导能力。从表 5-24 的条件构型的组合路径来看，路径 1 和路径 2 的结果显示师资网络资本和知识吧资本在此阶段作用较明显。

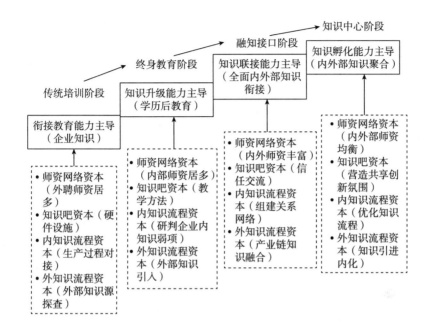

图5-3 企业大学组织资本与能力体系协同演进的阶梯模型

例如，随着业务扩张，华为公司大规模招募新员工，华为大学成立时的主要任务是加速新员工的培养与融合，使员工的职业标准与生产过程对接。为了更好地对员工进行衔接教育培训，此阶段华为大学注重师资队伍、教学环境和教学技术的基础建设。华为大学在新员工入职教育中实行职业导师制，针对企业沿革、规章制度和岗位技能等企业知识进行导入培训。公司发展初期的知识来自外部的公共知识，因此华为大学通常与外方咨询机构合作开发案例，寻找并聘请与授课内容相匹配的师资团队以使员工获得通用技能的指导。此外，华为大学在此阶段基本搭建了员工公共课程培训的平台，利用课堂教学、案例教学、多媒体应用教学、上机操作等多种教学方式为学员提供系统化的培训服务。

华润大学为新员工设计了"未来之星"训练营的培训，针对不同层次的培养对象设置不同课程，同时不断完善领导力发展中心、测评中心等支持系统的建设。此阶段华润大学师资网络资本的主要特征是内部师资较少，主要聘用外部师资。实体机构初步建立，侧重教室的设备和基础技术的完备以满足衔接教育阶段教师授课和多种教学手段的需要，但尚未搭建学员研讨、共享知识的平台。

（2）终身教育阶段的组织资本组合。在终身教育阶段，企业大学的主导功能是满足各类员工的知识升级，帮助员工持续获得前沿产业知识和升级后的学科知识。从表 5 - 27 得出的路径 3、路径 4 的统计结果可以看出，该阶段的组织资本组合主要是师资网络资本、内知识流程资本和知识吧资本。师资网络资本表现为外聘师资逐渐减少，而对企业业务知识和产业知识熟知并具有实践经验的内部师资比例大幅增加。企业大学不仅提供了硬件设备，更利用信息技术建立了数据库将知识编码并传递给学员。教师也改变了传统的授课方式，注重锻炼员工的思维能力，与学员共同探讨企业研发、生产经营等遇到的问题。该阶段内知识流程资本加强，企业大学利用中介优势与各业务部门紧密合作，了解企业业务流程、知识弱项和学习需求，由此判断在外知识流程中寻找何种类型的知识源，为业务部门技术技能领域的关键问题提供解决方案。

在该阶段，华为大学的 1500 名兼职讲师中 60% 是中高层管理者及技术专家，华为的每个董事会成员和高级经理会不定期给学员授课，并且内部师资之间以及与学员之间建立了常规的交流制度。同时，华为大学引进美国的 HAY 和 Tower 公司的任职资格管理体系，为员工设计了职业生涯发展规划。为使员工方便快捷地查找到所需的技术资料，搭建了适合挖掘隐性知识的技术学习平台、图书资料库平台。秉承训战结合的教学理念，借助网络技术建立了案例平台，支持学员在平台上发布、分享和互动评论案例。案例平台中的案例经过华为大学的再加工，可作为教学案例供各项目组学习。在内部知识流程梳理方面，华为大学的"青训班项目"旨在梳理项目管理的全流程，通过模拟组建项目管理团队，采用真正的业务流程和情景模拟演练，开发员工的项目管理能力。

华润大学注重内部师资的培养，其中，"金讲台"项目就是从选拔培养、课程开发、管理与激励 3 个方面提升师资能力。华润大学此阶段技术基础设施建设基本完成，通过不断完善的远程教学系统，学员随时随地都能够接受产业知识的培训课程。在学习方式设计上，华润大学逐渐重视学习体系和教学开发设计环节。学习项目均以学员为中心，采用翻转课堂的教学方式，强调学员研究能力和团队学习能力。通过定期召开座谈会等方式，为学员营造直接沟通交流、挖掘隐性知识的氛围。此外，华润大学使用行动学习"圆桌会议六步法"工具，以典型工作场景为学习讨论主线，帮助学员从实际业务情境出发解决工作难题。此阶段，华润大学的内部积累主要通过向外部企业学习，华润大学工作人员从各种渠道收集本行业的最新资料，由行业专业人员将零碎知识归纳和解析，帮助员工了解最新的产业技术信息。

（3）融知接口阶段的组织资本组合。在融知接口阶段，企业大学拓展知识联结的能力进一步成为企业内部各部门之间以及企业与外部利益相关者之间知识融合的"接口"。fsQCA 运算得出的路径 5、路径 6 和路径 7 的结果显示（见表 5-30），此阶段企业大学更加重视通过不断提升企业内外部知识流程梳理能力完善企业大学的能力体系。企业大学不仅建立知识网络研判企业各部门所缺知识，而且通过企业大学跨界面的相互交流，使企业各部门进行密切合作和知识信息整合。外知识流程梳理要求企业大学不断吸收外部知识构建企业动态能力。企业大学作为跨部门的渗透型组织也为上下游产业链提供有针对性的培训服务，促进产业链内的知识融合。企业大学建立了学习交流的平台，鼓励不同部门积极交流彼此的信息和经验，促进各部门成员间的互动和协作。

随着华为国际化进程的加快，华为内部成功引入 IBM 以业务流程再造为核心的集成产品开发流程（Intergrated Product Development），在此阶段，华为大学就是运用 IPD 的理念和方法对内外部知识流程进行梳理。华为大学探查研发部门等关键部门的核心工作内涵，识别这些关键岗位的能力缺口和知识需求，设计相应的知识提升计划。华为大学通过跨部门的平台优势衔接各部门的知识，沉淀业务流程知识并形成标准，围绕工程电信领域的核心知识设计学习资源库。另外，华为大学与德国国家技术应用研究院等咨询公司合作，跟踪全球通信工程领域的顶尖知识，引进先进的生产工艺和质量控制方法。华为大学移植国际先进的管理模式，建立了基于 IT 的管理体系，并在此基础上研究并形成了华为独有的矩阵管理结构。华为大学开发了 Huawei ilearning APP，它是集学习管理、考试系统、直播课堂和 MOOC 课程于一体的移动终端学习平台。基于工作场景的教学模式，华为大学将文档、在线课程等学习资源组合，提供全程的学习服务和跟踪管理。华为员工通过华为大学的"经验库"和学习社区，形成技术学习和交流的氛围。

华润大学通过案例编写、课程开发和实地调研帮助各业务单元分析其知识缺口和能力短板。同时建立了技术资源知识管理平台，联接并梳理研发产生的专家知识、工艺改进知识和员工生产经验，使企业知识更加结构化、体系化。华润大学在内部挖掘标杆，采编整理各业务部门的案例，开发了"华润之道"等课程。为了更好地衔接各知识部门，华润大学设计了高管团队融建项目，加速新组建高管团队成员间的融合。华润大学在各职能部门业务标准的普及、分享最佳实践经验以及获取行业知识方面发挥了重要作用。在外部联系方面，华润大学成立专家库建立了学术交流平台，邀请国内外专家学者定期或不定期举办高规格的学术交流活动。华润大学主动联系消费者、产业合作伙伴以建立更稳定的合作关系，通过沟通和学习挖掘产业链的价值。

（4）知识中心阶段的组织资本组合。知识中心阶段，企业大学承担了企业探索和掌握产业前沿共性知识、工程科学知识以及创新孵化的任务。从表 5-34 得出的路径 8、路径 9 和路径 10 的统计结果可以看出，企业大学知识孵化能力的提升有赖于师资网络资本、知识吧资本、内知识流程资本和外知识流程资本的全面升级。企业大学组织资本的核心是企业内部知识的梳理，即探查业务部门的需求，衔接各知识部门以建立内部知识分享和交流平台。同时，企业大学整合内外部资源并搭建企业前瞻研究的"瞭望台"，推动创新项目的开展。梳理外部知识流程依然是为内部知识流程服务。企业大学发挥多方面知识联结的优势，与各高校、科研院所和科学家等"知识生产"资源联系更加广泛，师资遴选范围日益扩大，师资网络结构逐步合理。知识吧资本的趋强不仅是完善基础教学设施和学习环境，而且通过跨部门交流培养了师生之间以及学员之间相互信任和团队合作意识，使教辅活动更加顺畅。

在此阶段，华为注重自主创新，其产品线逐渐丰富。华为大学通过对企业内外部知识流程的梳理，更好地促进了母体企业知识孵化。华为大学参照实际业务流程组建"项目群"，根据业务需求快速为业务部门提供市场信息和技术方案，综合利用国内外智力及物力资源促进企业新思想、新创意和新技术的产生。除与科研机构、高校、国家重点实验室等进行技术的前期合作外，华为大学还联系全球运营商建立了 20 多个联合创新中心、与设备企业建立了 22 个研究中心。此外，华为大学完善了学习和教学设施，利用云服务器技术构建了云端信息数据库，存储不同学习项目的信息资料。在华为大学与外部联系更广泛的基础上，专兼职师资规模扩大到上千人，主要依靠内部师资并适当外聘，内外部师资网络结构更合理、更丰富。华为大学师生之间增进了互信，教辅活动也更加顺畅。

华润大学在知识中心阶段既是集团转型创新的智库，又是员工开放式创新创业的平台。华润大学成立了创新实验室，不断积聚集团内外部的创新资源。创新实验室的专家对创新项目进行评估。项目与华润产业相关，则可获得华润大学的创新基金投资。华润通过华润大学的在线创新开放平台在全球发布信息，解决业务中遇到的问题。此外，华润大学整合母公司内部丰富的创新资源，为创新创业提供从市场推广到产业服务，从促进融资到公司化运营的全流程服务。此阶段华润大学需要进一步提高引入外部知识的能力。为此，华润大学聘请来自德勤企业成长学院、香港科技大学和大连理工大学等机构的知名专家作为师资，为华润的创新探索提供智力支撑。同时还进一步引入国际化创业课程，为入孵企业提供创业教育服务。此外，华润大学的学习形式日益丰富，包括实际案例解析、在线论坛、微课堂等。为保证企业大学的教学和管理正常进行，华润大学师资网络的规模和结构也保持应有的稳定和均衡。

185

2. 企业大学组织资本的序贯性演进

进一步通过 fsQCA 软件运算和分析得出的企业大学各阶段组织资本发展路径发现，企业大学组织资本之间存在较为明显的内在演进关联，使得组织资本提升呈现序贯性，即组织资本从较低级的师资网络资本和知识吧资本向高梯级内知识流程资本和外知识流程资本序贯演进（见图 5 - 4）。之所以称之为序贯模型，是因为低梯级的组织资本是积累高梯级组织资本的基础，而企业大学在积累了高梯级组织资本后会进一步完善低梯级组织资本，即存在双向互促作用路径。

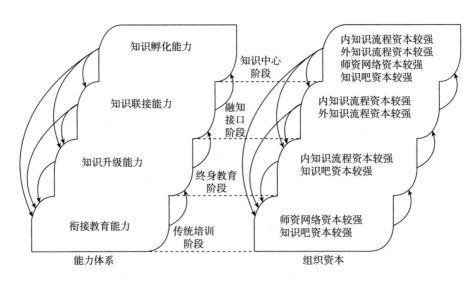

图 5 - 4　企业大学组织资本与能力体系的序贯模型

在一定意义上，可将师资网络资本和知识吧资本视为低梯级组织资本，将内知识流程资本和外知识流程资本视为高梯级组织资本。低梯级组织资本是高梯级组织资本的基础，不难想象，不具备师资和教学条件的企业大学显然不能胜任梳理企业内外部知识的任务。反之，低梯级组织资本对高梯级组织的资本不仅具有单向的基础性作用，而且组织资本梯级之间事实上也存在相互促进作用。高梯级组织资本组合还有利于完善和增加低梯级组织资本，低梯级组织资本也会依赖高梯级组织资本的增加。例如，只有梳理好企业大学的内外部知识流程，才能聚合更多的教育资源和知识资源，增加企业大学的师资网络资本和知识吧资本。

案例企业大学组织资本的提升依循组织资本序贯性的互促规律。最初华润大学通过构建9个专业学院和配备内部师资培养关键岗位的人才。在知识升级阶段，华润大学进一步成为员工汲取知识、实现知识更新的有效场所，通过培训、讨论和咨询等加强了员工之间的沟通和交流。为了方便生产线的工人获取和吸收知识，华润大学建立了知识库，对知识生产和知识应用环节的知识进行梳理。同时，华润集团通过华润大学这一平台将企业的外部利益相关者更紧密地联系在一起，为供应商、经销商和客户提供有针对性的培训服务，也输出了华润的管理理念。在知识孵化阶段，华润大学成为一个开放式创新创业平台，师资网络资本更加丰富和合理，知识吧资本更加完善，内外部知识流程梳理能力不断趋强，4类组织资本形成"组合拳"，进一步促进华润大学的能力从单一向丰富演变。

高梯级组织资本对低梯级组织资本的逆向促进对企业大学组织资本的能力提升具有关键作用。中国大部分企业大学对组织资本的双向促进作用认识不充分，忽视了高梯级组织资本的积累，造成企业大学发展长期停滞不前。

案例中的华为大学和华润大学均较早地认识到组织资本的"序贯"特征，并超前进行了高梯级组织资本的布局。两家企业大学为提升组织资本，超前积累产业前沿知识和梳理业务流程知识，积极参与设置了科研流动站、创新实验室等创新孵化平台，促进了企业大学能力体系的提升。

三、内部知识流程和内部师资网络资本的核心作用

模糊集定性比较分析结果显示，简洁解中的内部师资网络资本（ITN）和内部知识流程资本（IKP）在中间解中同样出现，即认定为核心要素。内部师资网络资本和内部知识流程资本是企业大学发展到高级阶段出现在全部5个组态结果中的最主要因素，体现出不可或缺性，对于企业大学能

力的提升具有核心作用。随着企业大学能力的提高，内部师资网络资本和内部知识流程资本的作用愈发显著。无论哪所企业大学，其促进能力体系的路径不止一条，但内部知识流程资本和内部师资网络资本是必要条件。

企业大学是企业的知识治理机构，探求内部知识管理从而支撑母体企业的知识管理是其创建的初衷。企业大学的知识活动服务于母体企业，其创办价值不仅是构建人才培养体系，更在于同企业的业务紧密结合，以探究处理业务流程上的具体经验和方法。企业内部知识部门因只分管相关知识的一部分而缺乏沟通，在很大程度上限制了知识应用的整体性及深度。企业大学作为跨边界的组织，为了支撑知识的全面耦合，重点就是梳理企业内部知识流程，建立知识挖掘机制和新知识的学习创造机制。此外，企业大学梳理内部知识流程趋强才能促进外部知识流程的梳理，探查企业相关缺失的知识，继而进一步明确需要寻求何种相匹配的知识资源，聘请何种专业的专家授课，以及教授的内容和使用的教学基础设施如何配置。企业大学梳理内部知识流程对其他的组织资本具有核心作用。

企业大学的能力提升必然伴随内部师资网络资本的不断趋强。经验上认为，企业大学的师资网络资本是由外聘师资起主要作用的，而通过企业大学各阶段组织资本的组态分析显示，当企业大学能力发展到高梯级阶段时，内部师资网络资本往往是关键因素。企业大学的外部师资大多讲授理论知识，而内部讲师都是来自企业高层或是有实践经验的技术专家。内部师资相较于外部师资因其具有的实战经验而更符合讲授企业的业务实践，企业业务部门的实际操作部分和实际的业务技能仍需依靠内部讲师传授经验和方法。此外，企业内部中高层管理者讲师授课能够更好地落实企业战略计划。

以上企业大学发展到更高级阶段的组态显示，在企业大学能力提升过程中，无论遵循何种组态类型的要素匹配方式，都应该重视内部知识流程资本的核心作用，加强内部师资的比例和层次。

第六节　本章小结

　　本章运用模糊集定性比较的组态分析方法与案例研究相结合对企业大学的组织资本与能力体系的匹配关系进行研究。对第三章所得出的企业大学组织资本进行赋值和理论分析，在此基础上对 34 家案例企业大学进行了问卷调查和数据赋值，通过 fsQCA3.0 软件的真值表运算开展实证研究。通过实证研究得出，影响企业大学能力体系层级的组织资本的匹配组态，根据比较分析的统计结果并结合具体案例企业大学的现实情况，对影响企业大学能力体系层级的组织资本组态特征进行细致分析。

　　研究发现主要有三点：一是任何单一因素不能有效促使企业大学能力体系的提升。企业大学能力体系层级的提升是基于多因素的组织资本组合的共同作用。师资网络资本、知识流程资本以及知识吧 3 类要素在影响企业大学能力层级的组态中均不可或缺。内部师资网络资本、外部师资网络资本、内部知识流程资本、外部知识流程资本、有形知识吧和无形知识吧这 6 个因素中的任意一个因素，并不能单独作用于企业大学能力体系层级的提升。而且在企业大学发展的不同阶段，多种组织资本的组态类型皆可实现企业大学能力体系层级的提升。企业大学能力提升是一个"多重并发因果"的问题，即能影响并提高企业大学能力体系层级的组织资本组态具有多样性。二是发现了企业大学的组织资本和能力体系协同演化路径。企业大学的组织资本和能力体系之间呈现阶梯性协同演化规律，本书称这种协同演化规律为阶梯共演模型，进一步揭示企业大学不同等级组织资本间的相互促进作用，本书称这一规律为序贯模型，并厘清了企业大学组织资本与能力体系的协同演化机理。三是揭示了内部师资网络资本和内部知识流程资本是企业大学发展到高级阶段出现在全部组态结果中的主要因素，并体现出不可或缺性。随着企业大学能力的提高,内部师资网络资本和内部知识流程资本的作用愈发显著。企业大学能力体系提升的路径不止一条,但多个组态因素中的内部知识流程资本和内部师资网络资本对于企业大学能力体系的提升具有核心作用。

第六章
结论与展望

第一节　结　论

一、研究结论

本书围绕企业大学的组织资本和能力体系进行研究，首先，采用经典扎根方法揭示企业大学组织资本的内涵与维度，提出企业大学组织资本组合模型；其次，运用程序扎根分析和探索性案例相结合的方法对企业大学的能力体系进行解析，同时基于知识活动的视角阐释能力体系的演变规律；最后，通过组态分析的模糊集定性比较分析方法对企业大学组织资本与能力体系层级的匹配关系进行了探索与分析。得出的结论如下：

1. 企业大学组织资本的构成维度

通过采用经典扎根研究和深入访谈方法分析企业大学组织资本的构成维度、作用机制和积累路径，进一步构建企业大学的组织资本组合模型。

采用经典扎根研究方法凝炼出企业大学组织资本的构成维度。在对若干所技术技能型企业的企业大学中高层管理者进行深入访谈的基础上，通过开放性编码和选择性编码扎根出企业大学组织资本的各构成要素。然后，结合具体案例对企业大学的组织资本进行细致的分析。总结出企业大学组织资本的构成维度包括内部师资网络、外部师资网络、内部知识流程、外部知识流程、硬件平台、知识共享平台。内部师资网络主要包含内部师资来源、内部师资级别、内部师资授课内容关联度、内部师资队伍建设；外部师资网络主要包括外聘师资来源、聘用外部师资层次、外聘师资对企业知识流程熟悉度、高管亲自聘讲师资、外聘师资比例；内部知识流程包括探查知识缺口、跨界面知识衔接和获取匹配知识；外部知识流程包括引进外部知识、外部知识内化、外部知识衔接；硬件平台包括配置基础设施、信息系统建设与应用；知识共享平台主要包括心理环境建设、学员融洽关系、内部交流机制、教辅活动。在理论构建阶段，根据研究中涌现的核心范畴进行理论性编码，理论描述和归纳了企业大学组织资本的构成，包括内部师资网络资本、外部师资网络资本、内部知识流程资本、外部知识流程资本、有形知识吧资本和无形知识吧资本，进一步构建了企业大学组织资本组合的方向盘模型。

2. 企业大学能力体系与演变规律

针对企业大学发展的不同阶段，通过程序扎根方法和探索性案例研究对企业大学的能力体系以及能力体系的演变规律进行研究。

运用程序扎根分析与探索性案例研究相结合的方法提炼出企业大学的能力体系及其演变规律。首先，针对企业大学在传统培训阶段、终身教育阶段、融知接口阶段和知识中心阶段构成能力体系的全过程，采用探索性案例研究和程序扎根方法，选取两个样本企业大学提炼出其在各发展阶段的能力体系，归纳了技术技能型企业的企业大学能力体系的构成维度。企业大学的能力体系包括衔接教育能力、知识升级能力、知识联接能力和知识孵化能力。衔接教育能力包括业务技能培训和企业知识培训两个维度；知识升级能力包括前沿产业知识培训和升级学科知识培训两个维度；知识联接能力包括外部知识关联和内部知识关联两个维度；知识孵化能力包括前沿知识探索和创新项目孵化两个维度。其次，通过若干企业大学的案例辅助分析企业大学的 4 种典型能力体系。最后,依据各企业大学能力体系的特点,提出企业大学能力链模型,揭示了企业大学能力体系的演进过程和演变规律。通常企业大学的主导能力会契合企业发展的实际需要从以衔接教育能力为主向知识升级能力为主,进一步向知识联接能力乃至知识孵化能力为主发展演变,4 类能力之间具有一定的承接关系和全息性特征。

3. 企业大学的组织资本与能力体系的组态关系研究

运用组态分析的模糊集定性比较方法与案例研究相结合对企业大学的组织资本与能力体系的匹配关系进行研究。

(1)运用组态分析方法与案例研究相结合的方法对企业大学的组织资本进行了赋值和理论分析。内部师资网络资本包括师资级别、高管师资之间讲授内容的关联度、高管与中层师资之间讲授内容的支撑度 3 个测度标准;外部师资网络资本包括外聘师资对企业知识流程的熟悉程度、外聘师资对企业高管的熟悉程度、企业高管聘请的外部师资的数量 3 个测度标准;内部知识流程资本包括识别知识缺口的程度、探查与企业所需知识相匹配的水平、跨界面知识衔接程度 3 个测度标准;外部知识流程资本包括外部知识评估水平、外部知识源联系紧密度、外部知识引入程度 3 个测度标准;有形知识吧包括信息网络平台完善程度、数据库及文档的编码化水平、学员互动程度 3 个测度标准;无形知识吧包括营造氛围、师生关系和沟通程度 2 个测度标准。在此基础上对 34 所案例企业大学进行问卷调查和变量赋值,通过 fsQCA3.0 软件构建真值表,运算分析出企业大学 4 个阶段影响能力体系层级的组织资本的多重组合与路径。

(2)根据组态分析的统计结果并结合具体案例企业大学的现实情况,得出与企业大学能力体系层级相匹配的 10 种组织资本的有效路径组合。传统培训阶段匹配能力体系的组织资本组合路径为:高内部师资网络资本×高外部师资网络资本×低内部知识流程资本×低外部知识流程资本×高有形知识吧;高外部师资网络资本×低内部知识流程资本×低外部知识流程资本×高有形知识吧×高无形知识吧;终身教育阶段匹配能力体系的组织资本组合路径为:高内部师资网络资本×高内部知识流程资本×低外部知识流程资本×高无形知识吧；高内部师资网络资本×高外部师资网络资本×高内部知识流程资本×低外部知识流程资本×高有形知识吧；融知接口阶段匹配能力体系的组织资本组合路径为：高内部师资网络资本×高内部知识流程资本×高外部知识流程资本×高无形知识吧；高外部师资网络资本×高内部知识流程资本×高外部知识流程资本×高无形知识吧；高内部师资网络资本×高外部师资网络资本×高内部知识流程资本×高外部知识流程资本×低无形知识吧；知识中心阶段匹配能力体系的组织资本组合路径为：高内部师资网络资本×高内部知识流程资本×高外部知识流程资本×低有形知识吧；高内部师资网络资本×高外部师资网络资本×高内部知识流程资本×高外部知识流程资本×高无形知识吧；高内部师资网络资本×低外部师资网络资本×高内部知识流程资本×低外部知识流程资本×高有形知识吧×高无形知识吧。

（3）在对影响企业大学能力体系层级的组织资本组态特征进行细致分析的基础上揭示组态内多因素的作用机制，组织资本与能力体系层级的协同演变规律以及影响能力层级的核心要素。

二、研究启示

基于以上结论可知，企业大学更应关注组织资本和能力体系的协调匹配关系，可以从以下方面入手：

1. 强化企业大学组织资本的培育

提示企业大学应注重企业大学组织资本的积累，激活蕴藏在企业大学最基层的隐性资源，依循"序贯"性演进规律，不仅聘请师资和配备教学基础设施，更为关键的是布局更高梯级的组织资本支撑体系，尤其是适度布局、梳理企业内外部的知识流程资本并促进知识衔接。使得企业大学的组织资本在最大程度上对能力产生协调共振的效果，为企业大学的发展和能力提升提供内生驱动，为实践中企业大学有效地培育组织资本提供可资操作的借鉴。

2. 提升企业大学综合能力体系

归纳了海尔大学、中兴通讯学院、大唐大学、海信学院、国网技术学院等企业大学的实践经验，这些实践经验对发展中的中国企业大学具有一定的借鉴价值。中国许多企业大学尚处于传统培训、终身教育阶段，融知接口和知识中心的特征尚未表现。海尔大学、海信学院、宝钢人才开发院、中国惠普大学、国网技术学院、中兴通讯学院的能力体系演变趋势提示其他企业不应仅将企业大学定位为面向企业核心业务的培训机构或面向全员培训的知识分享平台，而是从战略层面将其定位为企业内外知识联结平台乃至前沿产业知识探索和创新活动孵化中心。企业大学具有跨边界组织的特征，不仅衔接企业内部不同部门，而且连接上下游产业链、外部知识密集的各类组织，便于打破部门之间、不同组织之间、不同专业之间的界限，以利于知识活动的聚合。研发和生产部门侧重承担知识生产和知识应用能力，企业大学则不仅具有技能培训或员工知识升级等知识转移能力，而且应深度参与到知识生产和知识应用活动中。本书研究提示中国企业大学要从知识活动全息性视角出发，关注企业大学的综合能力体系。

3. 重视组织资本和各阶段的能力体系相匹配

引导企业大学深刻把握组织资本和能力体系的共演过程、协同机制以及组织资本的整体性，提升企业大学的行为策略并配置相应的资源。这有利于帮助企业大学更直观地了解不同发展阶段如何布局组织资本要素，以及这一发展阶段中所涉及的关键提升要素，提示企业大学应注重组织资本的积累并布局更高梯级的组织资本以适配能力体系演进和完善。企业大学的师资网络资本、知识流程资本以及知识吧这 3 类要素在影响企业大学能力体系层级的组态中均不可或缺。内部师资网络资本、外部师资网络资本、内部知识流程资本、外部知识流程资本、有形知识吧和无形知识吧这 6 个因素中的任意一个因素，并不能单独作用于企业大学能力体系层级的提升。而且企业大学发展的不同阶段，多种组织资本的组态类型皆可实现企业大学能力体系层级的提升。内部师资网络资本和内部知识流程资本是企业大学发展到高级阶段出现在全部 5 个组态结果中不可或缺的主要因素。随着企业大学能力的提升，内部师资网络资本和内部知识流程资本的作用愈发显著。因此，企业大学能力体系提升的路径不止一条，在多个组态因素中要重视内部知识流程资本和内部师资网络资本的作用和配置能力。

第二节　创新点

一、揭示了企业大学组织资本的构成维度及结构

鉴于现有文献对企业大学组织资本研究的不足，采用经典扎根的研究方法在 8 万字分析材料的基础上凝练出企业大学组织资本的构成维度及结构，揭示企业大学组织资本丰富和发展的规律，指出了当前企业大学建设过程中存在的若干偏颇，即不应仅关注外部师资网络资本和外部知识流程，而应加强内部师资网络资本和内部知识流程的服务与掌控。

目前，鲜有学者聚焦于企业大学的组织资本，尚未有研究涉及考察何种组织资本有利于企业大学能力体系的生成，企业大学组织资本的作用发生机制尚不清晰，至今未能形成一个共识性的构成维度框架予以解读。针对企业大学组织资本的研究缺口，无法从已有的文献中获得理论解释，也很难根据现有的理论提出假设进而对企业大学的组织资本进行量化分析。鉴于此，本书在访谈数据分析的基础上尝试和创新了组织资本研究的方法论的运用。组织资本是组织能力的支撑平台，组织资本的积累与路径选择直接关系到企业大学核心能力体系的建构以及促使企业大学能力提升的问题。而对企业大学组织资本概念和构成维度的理解困难性，原因在于众多的学者从人力资本的视角、知识的视角、关系的视角和能力的视角等阐释了组织资本这一笼统性构念所具备的某一特征，这就加剧了对企业大学组织资本构成维度的理解难度。基于此，本书从企业大学的案例研究和扎根分析中探究作为驱动能力提升的组织资本，积极梳理企业大学组织资本的

结构要素，包括内部师资网络资本、外部师资网络资本、内部知识流程资本、外部知识流程资本、有形知识吧、无形知识吧，探查出支撑企业大学能力体系的组织资本的积累路径和作用机制，从而打开企业大学组织资本研究的认知"黑箱"。经验上判断以及既有关于企业大学建设过程的理论研究均认为，外部师资网络和外部知识流程在企业大学的发展中起主要作用，而本书通过研究探查发现内部师资网络和内部知识流程是企业大学能力提升的关键因素。企业大学基于知识活动的特征，按规律架构组织资本能够促进更好地履行其职能。

二、识别了企业大学在不同发展阶段的能力体系及其承担的知识活动日益表现出的"全息性"特征

基于企业大学典型案例的程序扎根分析和若干案例的辅助分析，聚焦企业大学需要具备何种能力等展开的争论，解析教育功能论或单一能力论认知的局限性，引入社会知识全息性理论阐释知识中心论或综合能力论的趋向性，识别了企业大学在不同发展阶段的能力体系并归纳了能力体系的演变规律，提出能力链模型，揭示了企业大学所承担的知识活动日益表现出的全息性特征。

近年来，关于企业大学承担何种功能或者需要具备何种能力尚且存在不同认识。既有关于企业大学能力的研究归纳起来有两种观点：一类认为企业大学应侧重入职人员的衔接培训和在职人员的继续教育。这种观点可称之为教育功能论或单一能力论。另一类认为企业大学不仅应该承担知识、技能的教育或传授的功能，还应参与企业的知识开发、合作及熟化等活动，成为企业的知识活动中心。这种观点可称之为知识中心论或综合能力论。无论是单一能力论还是综合能力论，两者在企业大学应具备的能力方面仍存在争论，对企业大学能力的认识仍然模糊。先前的研究更多是探讨单个层面的知识转移方面的能力，而忽视了企业对企业大学的期望不断提高，要求企业大学发挥更多、更直接的作用，企业大学在不同的企业发展阶段能力体系应有所扩展。现实中，企业大学所承载的能力体系日趋多

元。本书倾向于认同综合能力论观点，认为企业大学的能力体系即面向知识活动提供高层次的各项服务，引入社会知识活动具有全息性的理论观点，阐释企业大学这种综合性的能力特征，即企业大学不应也不会限于仅仅承担培训或者知识转移的作用，必然向承担知识生产以及承担知识应用或知识转化功能方面进行扩展。通过程序扎根方法的理论推演，明确了企业大学能力体系的构成要素，包括衔接教育能力、知识升级能力、知识联接能力、知识孵化能力。企业大学与企业其他研发、生产和营销职能部门相比，具有较强的企业内外联结功能，即联结知识生产、转移及应用的多个环节。客观来看，界定企业大学的能力要有"动态观"。为此，本书进一步构建能力链模型，厘清了企业大学的演化机理，发现企业大学的能力体系由单一向丰富、从简单向复杂演变，所涉及的知识活动边界从小范围向更大范围演变，明晰了企业大学低梯级能力是高梯级能力形成的基础，高梯级能力也有利于完善和提升低梯级能力的演变规律。

三、探查了企业大学组织资本与能力体系提升的动态协同即匹配关系

运用模糊集定性比较的组态分析法探查了 34 所案例企业大学的组织资本和能力体系的组态关系，通过识别能力体系层级相匹配的组织资本的多种组合，甄选出较为有效的组合路径，发现了企业大学能力体系提升的核心要素，揭示了企业大学组织资本组合"序贯性"演变规律，厘清了企业大学组织资本与能力体系提升的动态协同即匹配关系。

现有研究缺乏对企业大学组织资本与能力体系的作用机理和匹配关系的关注，而且传统的统计技术对非线性关系的处理和挖掘比较困难。因此，针对此研究缺口，要揭示中国企业大学的组织资本对能力体系的影响机理和匹配关系，运用常规统计分析师资网络资本、知识流程资本、知识吧等因素独立作用或者是二元交互作用是远远不够的，需要从整体性上探究多种因素组合的复杂共同作用。相比之下，常见的定量统计方法并不擅长处理变量间的交互作用。因此本书采用了组态分析的模糊集定性比较方

法清晰识别出企业大学组织资本与能力体系匹配的整体和复杂联系。在构建企业大学组织资本和能力体系分析框架的基础上，通过组态分析的实证方法探索出企业大学所处的不同能力层级所匹配的组织资本的架构类型和具体的作用机制，从而揭示企业大学组织资本的积累和各组合对能力体系提升的多重有效路径，探析了企业大学能力体系层级的提升是基于多因素组织资本的共同作用，并进一步剖析了企业大学的组织资本和能力体系协同演化路径的演变历程，发现了企业大学能力体系提升的路径不止一条，多个组态因素中的内部知识流程资本和内部师资网络资本对于企业大学能力的提升具有核心作用。这不仅有助于阐释企业大学组织资本多因素的作用机制，而且有助于窥探企业大学构建效力更高的能力体系和知识活动系统的提升要素，细化"组织资本—能力体系"的理论研究范式，有利于为中国企业大学组织资本的增进和能力体系的提升提供理论指导。

第三节 局限与展望

尽管本书在探讨企业大学组织资本和能力体系的匹配关系方面进行了一系列的研究，但仍存在以下不足和不够深入之处：

首先，企业大学组织资本和能力体系的提升对企业大学的绩效仍有待进一步深入解析。尚未具体探讨组织资本、能力体系和企业大学绩效的关系，仅考虑因素之间的"净效应"，并未考虑其调节变量、中介变量，而调节变量可为现有研究明确限制条件与适应范围，中介变量可以进一步解释在不同情境下组织资本和能力的作用机理。因此，为使企业大学组织资本与能力体系的适配能进一步促进企业大学的绩效，使得两者对企业的作用关系机理也更为明确与清晰，在未来研究中可以通过进一步研究，从不同角度识别出多种调节变量、中介变量，以此完善研究模型，细化研究结论。

其次，由于企业大学样本的获取难度，在样本案例选择上有一定的局限性。本书选取的 34 所样本企业大学虽然在案例选取方面存在一定的合理性，但是也存在是否能够代表更广范围的企业大学情境。在未来的研究中，可以通过大样本的方式探索更多不同类型企业大学，从更广范围来对研究的结论进行进一步的验证。在探索性案例研究中，通过访谈获取了企业大学的相关组织资本和能力体系等构成要素，但是由于研究者的主观性，可能对某些关键要素的选择和归纳造成研究的偏见和遗漏，这就需要进一步对这些构成要素进行挖掘和提炼。而且在访谈研究中可以增加特定企业大学访谈者的数量，使被访人员之间相互验证，以增强访谈效度。

最后，基于企业大学跨边界的网络优势，未来研究可以结合网络研究的内容和关系流派，更进一步探讨企业大学与企业内部的关系以及企业大学与企业利益相关者之间的关联关系机理。

此外，本书理论和实证研究的重点是为了揭示企业大学组织资本和能力体系的组态关系，对于如何提高企业大学的组织资本与能力体系没有进行具体的研究，只是针对企业大学不同发展阶段的能力层级提出了相匹配的组织资本的概括性路径。而针对企业大学的发展建设，应采取什么样的具体措施提高组织资本和能力体系的匹配，进而加快企业大学的成长仍是未来研究的方向。

参考文献

［1］毕结礼，宋晔．变革中的中国企业大学：理论与实践［M］．北京：中国人民大学出版社，2016.

［2］包凤耐，彭正银．网络能力视角下企业关系资本对知识转移的影响研究［J］．南开管理评论，2015，18（3）：95－101.

［3］伯努瓦·里豪克斯，查尔斯 C. 拉金．QCA 设计原理与应用：超越定性与定量研究的新方法［M］．北京：机械工业出版社，2017.

［4］陈洁，陈张，方阳春．包容型氛围对科技人才创新行为的影响［J］．科研管理，2017，4（1）：1－6.

［5］陈金亮，王涛．组织资本推动下的知识运行：作用机理与情境分析［J］．管理评论，2013，25（8）：92－95.

［6］陈昆玉，张权，吕淑芳．企业大学的共建与运营——基于"协同共生、产教融合"的视角［J］．2020，12（6）：78－81.

［7］岑明媛．企业大学：21 世纪企业的关键战略［M］．北京：清华大学出版社，2006.

［8］曹科岩，窦志铭．组织创新氛围、知识分享与员工创新行为的跨层次研究［J］．科研管理，2015，36（12）：83－91.

［9］迟景明．资源与能力视角的大学组织创新模式研究［D］．大连：大连理工大学，2012.

［10］储节旺，周绍森，谢阳群．知识管理概论［M］．北京：清华大学出版社，2006.

[11] 陈蕴琦，徐雨森. 企业大学组织资本组合与功能体系的协同演化——华为大学和华润大学的纵向案例分析 [J]. 技术经济，2018，37（4）：12-19.

[12] 陈蕴琦，徐雨森. 知识活动视角下的企业大学类型及其支撑能力体系 [J]. 科技进步与对策，2019，36（11）：144-152.

[13] 段磊. 企业大学最佳实践与建设方略 [M]. 北京：中国发展出版社，2013.

[14] 砥强，郭俊华. 组织资本与企业绩效理论分析与实证检验 [M]. 上海：上海交通大学出版社，2010.

[15] 杜晓君，刘赫. 基于扎根理论的中国企业海外并购关键风险的识别研究 [J]. 管理评论，2012，24（4）：18-27.

[16] 杜运周，贾良定. 组态视角与定性比较分析（QCA）：管理学研究的一条新道路 [J]. 管理世界，2017（6）：155-167.

[17] 冯丹龙. 论知识经济时代企业组织资本的增长机制 [J]. 管理评论，2006，4（2）：44-49.

[18] 樊霞，李芷珊. 如何在研发国际化中实现企业创新绩效？——基于SCP范式的组态分析 [J]. 研究与发展管理，2021，33（5）：67-78.

[19] 葛明磊，张丽华. 企业大学双元能力促进学习项目运营——华为大学的案例研究 [J]. 管理案例研究与评论，2017，10（12）：555-566.

[20] 葛明磊，张译丹. "将军"是如何产生的？——华为公司管理者培养的案例研究 [J]. 中国人力资源开发，2015（11）：21-27.

[21] 龚丽敏，江诗松，魏江. 架构理论与方法回顾及其对战略管理的启示 [J]. 科研管理，2014，35（5）：44-53.

[22] 郝刚，陈佳莉，贾旭东. 基于经典扎根理论的虚拟企业战略管理过程模型 [J]. 管理评论，2018，30（6）：197-211.

[23] 侯锷，闫晓珍. 企业大学战略 [M]. 北京：人民邮电出版社，2009.

[24] 贾旭东，衡量. "基于扎根精神"的中国本土管理理论构建范

式初探〔J〕. 管理学报, 2016, 13 (3): 336 – 346.

〔25〕贾旭东. 基于扎根理论的中国城市基层政府公共服务外包研究〔D〕. 兰州: 兰州大学, 2010.

〔26〕贾旭东, 谭新辉. 经典扎根理论及其精神对中国管理研究的现实价值〔J〕. 管理学报, 2010, 7 (5): 656 – 665.

〔27〕荆涛. 企业大学〔M〕. 北京: 中国时代经济出版社, 2009.

〔28〕亢宽盈. 分形理论的创立、发展及其科学方法论意义〔J〕. 科学管理研究, 1998, 18 (6): 53 – 56.

〔29〕李飞, 邵怀中, 陈劲. 产学协同关系对企业智力资本影响实证研究〔J〕. 科学学研究, 2017, 35 (2): 282 – 288.

〔30〕李林, 王红新, 周怿. 企业大学密码〔M〕. 上海: 上海交通大学出版社, 2015.

〔31〕李永发, 张晓玲, 赵毅. 商业模式品质与高市场绩效〔J〕. 科研管理, 2017, 38 (9): 125 – 130.

〔32〕李名梁, 王敏波. 基于案例视角的跨国公司企业大学发展战略研究〔J〕. 继续教育, 2020, 10 (1): 98 – 103.

〔33〕林莉. 基于知识活动系统全息性的 UI 知识联盟的理论构建〔J〕. 研究与发展管理, 2005 (6): 44 – 49.

〔34〕林润辉, 张红娟, 范建红. 基于网络组织的协作创新研究综述〔J〕. 管理评论, 2013, 11 (6): 31 – 46.

〔35〕刘新梅, 赵旭, 陈玮奕. 流程正式化一定妨碍创造力吗——知识治理与环境不确定性的作用〔J〕. 科学学研究, 2017, 35 (2): 199 – 204.

〔36〕刘春雷, 吴峰, 董焱. 知识视角下的企业大学研究〔J〕. 现代远程教育研究, 2010, 23 (6): 62 – 67.

〔37〕刘春雷. 高等教育视野中的企业大学研究〔D〕. 南京: 南京大学, 2013.

〔38〕刘海建, 陈传明. 企业组织资本、战略前瞻性与企业绩效: 基于中国企业的实证研究〔J〕. 管理世界, 2007, 23 (5): 83 – 93.

［39］吕力．管理学案例研究方法［M］．北京：经济管理出版社，2013.

［40］吕力．归纳逻辑在管理案例研究中的应用：以 AMJ 年度最佳论文为例［J］．南开管理评论，2014，17（1）：151－160.

［41］卢启程，梁琳琳，贾非．战略学习如何影响组织创新——基于动态能力的视角［J］．管理世界，2018（9）：109－129.

［42］刘颖，吴峰．企业大学逻辑：基于个案的设计模型［J］．中国人力资源开发，2014，28（24）：6－10.

［43］刘则渊．关于教育、科技、经济一体化的理论构建——一种人类活动系统的全息结构图像，论科学技术与发展［M］．大连：大连理工大学出版社，1997.

［44］刘则渊．知识活动系统与大学知识管理［J］．大连理工大学学报，2003，54（6）：27－30.

［45］刘一璇．智能教育背景下企业大学的发展路径［J］．成人教育，2020，401（6）：64－67.

［46］毛基业，李高勇．案例研究的"术"与"道"的反思：中国企业管理案例与质性研究论坛（2013）会议综述［J］．管理世界，2014（2）：111－117.

［47］施丽芳，廖飞．信息需求与 IT 投资的商业价值：组织资本视角的审视［J］．经济管理，2006，28（10）：9－16.

［48］苏敬勤，刘静．案例研究规范性视角下二手数据可靠性研究［J］．管理学报，2013，10（10）：1405－1409.

［49］孙永磊，宋晶，谢永平．调节定向对创新网络惯例的影响：基于组织间信任的情境分析［J］．科研管理，2016，37（8）：1－7.

［50］孙永磊，宋晶，陈劲．组织创造力形成的影响因素探索及实证研究［J］．科学学与科学技术管理，2018，39（8）：40－51.

［51］寿柯炎．后发企业内部知识基与创新网络构成的匹配机制研究［D］．杭州：浙江大学，2015.

［52］盛伟忠，陈劲．企业互动学习与创新能力提升机制研究［J］．科研管理，2018，39（9）：1－10.

［53］吴峰．企业大学研究——基于学习创新的视角［M］．北京：北京大学出版社，2013.

［54］吴峰．企业大学研究的国际视野、概念、模型与趋势［J］．开放教育研究，2014，20（1）：67－73.

［55］吴峰．企业大学：当代终身教育的创新［J］．北京大学教育评论，2016，14（7）：163－172.

［56］王成，王玥，陈澄波．从培训到学习：人才培养和企业大学的中国实践［M］．北京：机械工业出版社，2012.

［57］王凤彬，江鸿，王璁．央企集团管控架构的演进：战略决定、制度引致还是路径依赖？——一项定性比较分析（QCA）尝试［J］．管理世界，2014（12）：92－188.

［58］王凤彬，郑晓杰，陈公海．管理要素联动效应与中央企业管理提升——基于管理系统网络特征的跨层比较分析［J］．中国工业经济，2014，31（5）：135－147.

［59］吴价宝，卢珂．层级视角下的组织学习知识场效应模型研究［J］．中国管理科学，2013，21（11）：664－668.

［60］王世英．企业大学做什么——企业大学功能及其对组织学习能力的影响研究［M］．北京：经济科学出版社，2011.

［61］王永贵．试论企业知识流程再造［J］．南开管理评论，1999，2（2）：39－44.

［62］邢怀滨．技术的社会建构：理论探索与政策含义［J］．东北大学学报（社会科学版），2005，7（4）：241－246.

［63］徐雨森，陈蕴琦．企业大学的功能体系及其演进过程研究——海尔大学和华为大学的纵向案例分析［J］．科学学与科学技术管理，2018，29（20）：95－103.

［64］谢言，高山行，江旭．外部社会联系能否提升企业自主创

新？——基于知识创造中介效应的实证研究［J］．科学学研究，2010，28（5）：777 - 784.

［65］徐娜娜．后发企业逆向创新模式、能力与海外扩散研究［D］．大连：大连理工大学，2016.

［66］许志伟，吴化斌．企业组织资本对中国宏观经济波动的影响［J］．管理世界，2012（3）：23 - 33.

［67］薛卫．关系资本、组织学习与研发联盟绩效关系的实证研究［J］．中国工业经济，2010，27（4）：89 - 98.

［68］杨亮．浅析企业大学内部讲师队伍建设存在的问题及对策［J］．老字号品牌营销，2021，54（10）：157 - 158.

［69］杨俊仙，周洁．组织资本、横截面收益和全要素生产率——来自中国上市公司的经验［J］．中国管理科学，2016，24（11）：418 - 422.

［70］赵呈领，李红霞，赵刚，狄冰冰，刘国颖．双重理念指引下企业大学智慧学习空间的创新发展［J］．电化教育研究，2019，11（12）：86 - 92.

［71］朱国玮，左阿琼．基于企业大学视角的知识转移研究［J］．中国软科学，2010（5）：74 - 79.

［72］赵红丹．临时团队内粘滞知识转移的动力因素——基于扎根理论的探索性研究［J］．科学学研究，2014，32（11）：1705 - 1712.

［73］赵文，王娜．二元网络背景下中国海归企业绩效提升路径研究［J］．科学学与科学技术管理，2017，39（5）：129 - 138.

［74］张爱丽．内外部社会资本对知识创造作用的实证研究［J］．科学学研究，2010，28（4）：591 - 596.

［75］张弛，郑晓杰，王凤彬．定性比较分析法在管理学构型研究中的应用：述评与展望［J］．外国经济与管理，2017，39（4）：68 - 83.

［76］张宏亮，袁悦，何波．组织系统变革视角下企业大学的演化模式研究［J］．管理案例研究与评论，2016，9（6）：596 - 609.

［77］张钢．人力资本、组织资本与组织创新．科学学研究［J］．

2000, 18 (1): 67 –74.

[78] 张竞. 企业大学功能述评 [J]. 科研管理, 2003, 24 (4): 134 –137.

[79] 张竞. 公司大学管理教育与大学 MBA 教育模式的比较 [J]. 科研管理, 2005, 26 (2): 142 –146.

[80] 张竞. 基于公司战略的公司大学研究 [D]. 杭州: 浙江大学, 2006.

[81] 张竞. 企业大学研究 [M]. 北京: 经济科学出版社, 2011.

[82] 张维智. 新型企业大学探索与构建 [M]. 北京: 经济科学出版社, 2012.

[83] 张笑峰, 席酉民, 张晓军. 本土领导者在应对不确定性中的作用——基于王石案例的扎根分析 [J]. 管理学报, 2015, 12 (2): 178 –189.

[84] Abel A L. Exploring the corporate university phenomenon: Development and implementation of a comprehensive survey [J]. Human Resource Development Quarterly, 2012, 23 (1): 23 –28.

[85] Abdulrahman E A, Lily A. The social shaping of educational technologies in Saudi Arabia: An examination of how the social fabric shapes the construction and use of technologies [J]. Technology in Society, 2013, 35 (8): 203 –222.

[86] Aino K, Josune S, Nekane A. Knowledge – based human resource management practices, intellectual capital and innovation [J]. Journal of Business Research, 2017, 81 (12): 11 –20.

[87] Akgun A E, Ince H, Imamoglu S Z. The mediator role of learning and business innovativeness between total quality management and financial performance [J]. International Journal of Production Research, 2013, 52 (3): 888 –901.

[88] Akram A, Tannir E. The corporate university model for continuous learning, training and development [J]. Education + Training, 2002, 44

(2): 76 – 81.

[89] Alagaraja M, Li J. Utilizing institutional perspectives to investigate the emergence, rise, and (relative) decline of corporate universities [J]. Human Resource Development International, 2015, 18 (1): 4 – 23.

[90] Allen M, Mcgee P. Measurement and evaluation in corporate universities [J]. New Directions for Institutional Research, 2004, 12 (4): 81 – 92.

[91] Allen M. The next generation of corporate universities: Innovative approaches for developing people and expanding organizational capabilities [M]. San Francisco: Pfeiffer, 2007.

[92] Allen M. Corporate universities 2010: globalization and greater sophistication [J]. Journal of International Management Studies, 2010, 5 (1): 48 – 53.

[93] Amro A, Hamzah E, Okechukwu L E. Knowledge management, workplace climate, creativity and performance: The role of authentic leadership [J]. Journal of Workplace Learning, 2018, 30 (8): 578 – 591.

[94] Argote L, Hora M. Organizational learning and management of technology [J]. Production & Operations Management, 2017, 26 (4): 579 – 590.

[95] Andrea L E, Dimitris P. Organization capital and the cross – section of expected reterns [J]. The journal of finance, 2013, 68 (4): 1365 – 1406.

[96] Andrew F. Constructivism and technology critique: Replies to critics [J]. Inquiry, 2000, 43 (2): 225 – 237.

[97] Angelo N, Ardito L, Lorenzo A. Managing knowledge assets for open innovation: A systematic literature review [J]. Journal of Knowledge Management, 2017, 21 (6): 1362 – 1383.

[98] Antonelli G, Cappiello G, Pedrini G. The corporate university in the European utility industries [J]. Utilities Policy, 2013, 25 (7): 33 – 41.

[99] Aronowitz S. The knowledge factory: Dismantling the corporate university and creating true higher learning [M]. Boston: Beacon Press, 2000.

［100］Ayuningtias H G, Nurbaiti A, Anggadwita G. The corporate university landscape in Indonesia ［C］. Third International Seminar and Conference on Learning Organization, Yogyakarta, 2015.

［101］Baporikar N. Corporate university edification in knowledge society ［J］. International Journal of Strategic Change Management, 2014, 5（2）: 125 – 139.

［102］Baum J C, Calabrese T, Silverman B S. Don't go it alone: Alliance network composition and startups's performance in canadian biotechnology ［J］. Strategic Management Journal, 2000, 21（3）: 267 – 294.

［103］Black S E, Lynch L M. Measuring organizational capital in the new economy ［J］. IZA Discussion, 2005, 15（24）: 1 – 46.

［104］Bolisani E, Oltramari A. Knowledge as a measurable object in business contexts: A stock – and – flow approach ［J］. Knowledge Management Research & Practice, 2012, 10（3）: 275 – 286.

［105］Brunswicker S, Vanhaverbeke W. Open innovation in small and medium – sized enterprises: External knowledge sourcing strategies and internal organizational facilitators ［J］. Journal of Small Business Management, 2014, 53（4）: 1241 – 1263.

［106］Cabrilo S, Dahms S. How strategic knowledge management drives intellectual capital to superior innovation and market performance ［J］. Journal of Knowledge Management, 2018, 22（3）: 621 – 648.

［107］Catherine H. Predicting knowledge workers' participation in voluntary learning with employee characteristics and online learning tools ［J］. Journal of Workplace Learning, 2018, 30（2）: 78 – 88.

［108］Campbell J T, Sirmon D G, Schijven M. Fuzzy logic and the maeket: A configurational approach to in vestor perceptions of acquisition announcement ［J］. Academy of Management Journal, 2016, 59（1）: 163 – 187.

［109］Canbolat E O, Aydin B. A configurational approach to network topology design for product innovation ［J］. Journal of Business Research, 2016, 69 (11): 5216－5221.

·［110］Cecilia M, Iolanda C. The role of insiders and organizational support in the learning process of newcomers during organizational socialization ［J］. Journal of Workplace Learning, 2018, `30 (7): 562－575.

［111］Cerchione R, Esposito E. Using knowledge management systems: A taxonomy of SME strategies ［J］. International Journal of Information Management, 2017, 37 (1): 1551－1562.

［112］Chahal H, Bakshi P. Examining intellectual capital and competitive advantage relationship: Role of innovation and organizational learning ［J］. Marketing Intelligence and Planning, 2015, 33 (3): 376－399.

［113］Chaolemen B. Mass collaborative knowledge management: Towards the next generation of knowledge management studies ［J］. Program, 2015, 49 (3): 325－342.

［114］Charmaz K. Constructing grounded theory: A practical guide through qualitative analysis ［M］. New York: Sage Publications Ltd. , 2006.

［115］Charmaz K. Constructing grounded theory ［M］. Thousand Oaks: Sage Publications, 2006.

［116］Christoph F, Hoberg K, Britta G. Disentangling supply chain management competencies and their impact on performance: A knowledge－based view ［J］. International Journal of Physical Distribution & Logistics Management, 2018, 48 (6): 630－655.

［117］Clinton M S, Merritt K L, Murray S R. Using corporate universities to facilitate knowledge transfer and achieve competitive advantage: An exploratory model based on media richness and type of knowledge to be transferred ［J］. International Journal of Knowledge Management, 2009, 5 (4): 43－59.

［118］Dansford L. Coporate university review survy finds dramatic increase in corporate universities ［M］. New York: Business Wire, 2013.

[119] Denise A D, Bedford M G. Lifewide, lifelong comprehensive approach to knowledge management education – emerging standards [J]. VINE Journal of Information and Knowledge Management Systems, 2017, 47 (4): 467 – 489.

[120] Dost M, Badir Y F, Ali Z. The impact of intellectual capital on innovation generation and adoption [J]. Journal of Intellectual Capital, 2016, 17 (4): 675 – 695.

[121] Drazin R, Van A. H. Alternative forms of fit in contingency theory [J]. Administrative Science Quarterly, 1985, 30 (4): 514 – 539.

[122] Eddie B. The rise and rise of the corporate university [J]. Journal of European Industrial Training, 2005, 29 (1): 58 – 74.

[123] Eisenhardt K M. Building theories from cases study research [J]. Academy of Management Journal, 1989, 40 (1): 532 – 550.

[124] Eisfeldt A, Papanikolaou D. Organization capital and the cross – section of expected returns [J]. The Journal of Finance, 2013, 68 (4): 1365 – 1406.

[125] Elena A, Melewar T C, Pantea F. Examining the influencee of corporate website favorability on corporate image and corporate reputation: Findings from fsQCA [J]. Journal of Business Research, 2018, 36 (1): 1 – 18.

[126] Elisa V, Christian L, Rosa G. Effectuation and causation in science – based new venture creation: A configurational approach [J]. Journal of Business Research, 2018, 83 (2): 173 – 185.

[127] Emma L, Andrew P, Vasco S R. Exploring sustainable supply chain management: A social network perspective [J]. Supply Chain Management: An International Journal, 2018, 23 (4): 257 – 277.

[128] Enrico S. Corporate universities as knowledge management tools [J]. VINE Journal of Information and Knowledge Management Systems, 2017, 47 (4): 538 – 554.

[129] Fan D, Cui L, Li Y. Localized learning by emerging multinational enterprises in developed host countries: A fuzzy - set analysis of Chinese foreign direct investment in Australia [J]. International Business Review, 2016, 25 (1): 187 - 203.

[130] Ferreira F A, Jalali M S, Ferreira J J. Integrating qualitative comparative analysis (QCA) and fuzzy cognitive maps (FCM) to enhance the selection of independent variables [J]. Journal of Business Research, 2016, 69 (4): 1471 - 1478.

[131] Fiss P C. A set - theoretic approach to organizational configurations [J]. Academy of Management Review, 2007, 32 (4): 1180 - 1198.

[132] Fiss P C. Building better casual theories: A fuzzy set approach to typologies in organizational research [J]. Academy of Management Journal, 2011, 54 (2): 393 - 420.

[133] Gabriel C N, Pedro S A, Anthony K P. Structured knowledge processes and firm performance: The role of organizational agility [J]. Journal of Business Research, 2016, 69 (5): 1544 - 1549.

[134] Gabriele S, Demetris V, Alkis T. The internet of things: Building a knowledge management system for open innovation and knowledge management capacity [J]. Technological Forecasting and Social Change, 2018, 136 (11): 347 - 354.

[135] George V, Vasilios C N, Orestes V. Organisation capital and sticky behaviour of selling, general and administrative expenses [J]. Management Accounting Research, 2015, 26 (3): 54 - 82.

[136] Giampaolo V, Rebecca P, Enrique B. The determinants of stakeholder engagement in digital platforms [J]. Journal of Business Research, 2017, 29 (12): 2 - 7.

[137] Giudice D M, Peruta D M. The impact of IT - based knowledge management systems on internal venturing and innovation: A structural equation

modeling approach to corporate performance ［J］. Journal of Knowledge Management, 2016, 20 (3): 484 – 498.

［138］ Giuseppe C, Giulio P. The performance evaluation of corporate universities ［J］. Tertiary Education and Management, 2017, 23 (3): 304 – 317.

［139］ Glaser B G, Strauss A L. The discovery of grounded theory: Strategies for qualitative research ［M］. Chicago: Aldine, 1967.

［140］ Glaser B. G. The grounded theory perspective: Conceptualisation contrasted with description ［M］. Mill Valley: Sociology Press, 2001.

［141］ Glaser B, Holton J. The Grounded theory seminar reader ［M］. Mill Valley: Sociology Press, 2007.

［142］ Gospel O. Towards building internal social network architecture that drives innovation: A social exchange theory perspective ［J］. Journal of Knowledge Management, 2016, 20 (3): 534 – 556.

［143］ Greckhamer T. Ceo compensation in relation to worker compensation across countries: The configurational impact of country – level institutions ［J］. Strategic Management Journal, 2016, 37 (4): 793 – 815.

［144］ Gresov C, Drazin R. Equifinality: Functional equivalence in organization design ［J］. Academy of Management Review, 1997, 22 (2): 403 – 428.

［145］ Grigory T, Natalia E, Elena S. Corporate university as a driver of project culture and competence development ［J］. Procedia – Social and Behavioral Sciences, 2016, 22 (6): 335 – 342.

［146］ Guerci M, Bartezzaghi E, Solari L. Training evaluationin Italian corporate universities: A stakeholder – based analysis ［J］. International Journal of Training and Development, 2010, 14 (4): 291 – 308.

［147］ Hande K, Meltem O, Birgul K. Perceptions about and attitude toward the usage of e – learning in corporate training ［J］. Computers in Human Behavior, 2017, 72 (7): 339 – 349.

［148］ Harry L, Eric S. Learning for a purpose: Buiding a corporate university ［J］. International Journal of Contemporary Hospitality Management, 2002, 14 (7): 382 - 384.

［149］ Harsh S. Importance and performance of managerial training in Indian companies - An empirical study ［J］. Journal of Management Development, 2014, 33 (2): 75 - 89.

［150］ Hazenberg R, Meanu B P, Micaela M. The role of institutional and stakeholder networks in shaping social enterprise ecosystems in Europe ［J］. Social Enterprise Journal, 2016, 12 (3): 302 - 321.

［151］ Holland P, Pyman A. Corporate Universities: A catalyst for strategic human resource development ［J］. Journal of European Industrial Training, Emerald Group Publishing, 2006, 30 (1): 19 - 31.

［152］ Holsti O R. Content analysis for the social sciences and humanities ［M］. Upper Saddle River: Addison - Wesley, 1969.

［153］ Huarng K H. Qualitative analysis with structural associations ［J］. Journal of Business Research, 2016, 69 (11): 5187 - 5191.

［154］ Ivan R, Ilenia C. From dataset to qualitative comparative analysis (QCA) - Challenges and tricky points: A research note on contrarian case analysis and data calibration ［J］. Australasian Marketing Journal, 2018, 42 (11): 1 - 7.

［155］ Jansink F. The knowledge - productive corporate university ［J］. Journal of European Industrial Training, 2005, 29 (1): 11 - 18.

［156］ Jimenez J D, Martinez C M, Sanz V. Knowledge management practices for innovation: A multinational corporation's perspective ［J］. Journal of Knowledge Management, 2014, 18 (5): 905 - 918.

［157］ John V M, Martyn S. Training the trainer - lessons from the new South Africa ［J］. Higher Education, Skills and Work - Based Learning, 2014, 4 (1): 17 - 30.

［158］ Judy C, Nixon A, Marilyn M. H. Corporate university vs higher education institutions [J]. Industrial and Commercial Training, 2002, 34 (4): 144 - 150.

[159] Kenneth C, Lynn C. The role of social networks theory and methodology for project stakeholder management [J]. Procedia - Social and Behavioral Sciences, 2016, 14 (7): 372 - 380.

[160] Khuram S, Sami U B, Ahmed F I, Farhan A. Integrating knowledge management (KM) strategies and processes to enhance organizational creativity and performance: An empirical investigation [J]. Journal of Modelling in Management, 2016, 11 (1): 154 - 179.

[161] Klein H, Kleinman D. The social construction of technology: Structural considerations [J]. Science, Technology & Human Values, 2002, 27 (1): 28 - 52.

[162] Kolo P, Strack R, Cavat P. Corporate universities: An engine for human capital [J]. BCG Perspectives, 2013, 18 (7): 304 - 317.

[163] Krogh G, Nonaka I, Rechsteiner L. Leadership in organizational knowledge creation: A review and framework [J]. Journal of Management Studies, 2012, 49 (1): 240 - 277.

[164] Kung W. L. Designing employees' training by immersive serious games? A study of digital natives' satisfaction, perception and expectation in corporate training practices [J]. Journal of Workplace Learning, 2016, 30 (4): 5 - 8.

[165] Louis R, Mickael G. The challenges facing corporate universities in dealing with open innovation [J]. Journal of Workplace Learning, 2015, 27 (4): 112 - 116.

[166] Louis R, Mickael G. Strategy - making for innovation management and the development of corporate universities [J]. International Journal on Interactive Design and Manufacturing, 2016, 10 (1): 15 - 29.

[167] Luminita M G, Alin A, Ioana S. The impact of intellectual capital

on organizational performance ［J］. Procedia – Social and Behavioral Sciences, 2016, 21（7）: 194 – 202.

［168］ Makela M. Cross – border venture capital and new venture internationalization: An isomorphism perspective ［J］. Venture Capital, 2005, 7（3）: 227 – 257.

［169］ Manal A, Abdel F. Grounded theory and action research as pillars for interpretive information systems research ［J］. Comparative study Egyptian Informatics Journal, 2015, 16（3）: 309 – 327.

［170］ Margherita A, Secundo G. The emergence of the stakeholder university ［M］. London: Springer, 2009.

［171］ Marion L, Josiane V. The capability to aspire for continuing training in France: The role of the environment shaped by corporate training policy ［J］. International Journal of Manpower, 2013, 34（4）: 305 – 325.

［172］ Martin C. Knowledge management and innovation in knowledge – based and high – tech industrial markets: The role of openness and absorptive capacity ［J］. Industrial Marketing Management, 2015, 47（11）: 143 – 146.

［173］ Maryam J H, Idris O. Effect of intellectual capital on organizational performance ［J］. Procedia – Social and Behavioral Sciences, 2015, 11（11）: 207 – 214.

［174］ Meister J. Corporate qualitities: Lessons in buiding a world – class work force ［M］. New York: Irwin Professional Publishers, 1998.

［175］ Meister J. The brave new world of corporate education ［J］. Chronicle of Higher Education, 2001, 9（2）: 10 – 13.

［176］ Meyer A D, Tsui A S, Hinings C R. Configurational approaches to organizational analysis ［J］. The Academy of Management Journal, 1993, 36（6）: 1175 – 1195.

［177］ Miller D. Toward a new contingency approach: The search for organizational gestals ［J］. Journal of Management Studies, 1981, 18（1）: 1 – 26.

[178] Miles M B, Huberman A. Qualitative data analysis: An expanded sourcebook [M]. Thousand Oaks: Sage, 1994.

[179] Misangyi V F, Acharya A G. Substitutes or complements? A cofigurational examination of corporate govermence mechanisms [J]. Academy of Management Journal, 2014, 57 (6): 1681 - 1705.

[180] Mina A, Moreau E B, Hughes A. Open service innovation and the firm's search for external knowledge [J]. Research Policy, 2014, 43 (5): 853 - 866.

[181] Misangyi V F, Greckhamer S, Furnari P C. Embracing causal complexity: The emergence of a neo - configurational perspective [J]. Journal of Management, 2017, 43 (7): 255 - 282.

[182] Mostafa M H, Adrian C. Organization capital and firm life cycle [J]. Journal of Corporate Finance, 2018, 48 (2): 556 - 578.

[183] Mostafa A E, Vitaliy M, Adzhar K. The impact of knowledge management processes on information systems: A systematic review [J]. International Journal of Information Management, 2018, 43 (12): 173 - 187.

[184] Mustapha H, Lachachi A. The role of investment in intellectual capital in improving organizational performance considering knowledge management: The case study of wireless communication sector in Algeria [J]. Arab Economic and Business Journal, 2018, 13 (6): 73 - 91.

[185] Naizabekov A, Bozhko L, Gabdullina L. Technology implementation in corporate management of modern university: Experience, problems, prospective [J]. Energy Procedia, 2016, 9 (5): 68 - 74.

[186] Nieves J, Quintana A. Human resource practices and innovation in the hotel industry: The mediating role of human capital [J]. Tourism and Hospitality Research, 2018, 18 (1): 72 - 83.

[187] Nonaka I. The knowledge creating company [J]. Harvard Business Review, 1991, 69 (6): 96 - 104.

［188］Nonaka I, Takeuchi H. The knowledge – creating company ［M］. New York: Oxford University Press, 1995: 65 – 89.

［189］Nonaka I, Konno N. The concept of "ba": Building a foundation for knowledge creation ［J］. California Management Review, 1998, 40（3）: 40 – 54.

［190］Nonaka I, Toyama R, Konno N. SECI, ba and leadership: A unified model of dynamic knowledge creation ［J］. Long Range Planning, 2000, 33（1）: 5 – 34.

［191］Paton R, Peters G, Storey J. Corporate universities as strategic learning initiatves ［M］. London: The Handbook of Corporate University Development: Managing Strategic Learning Initiatives in the Public and Private Domains. Gower, 2005.

［192］Patrucco A S, Pellizzoni E, Buganza T. The design process of corporate universities: A stakeholder approach ［J］. Journal of Workplace Learning, 2017, 29（4）: 304 – 318.

［193］Payal S, Jagwinder S P. Teachers' professional development through teachers' professional activities ［J］. Journal of Workplace Learning, 2018, 30（8）: 613 – 625.

［194］Petr P, Elena A S. With or without CU a comparative study of efficiency of European and Russian corporate universities ［J］. Journal of Intellectual Capital, 2018, 19（1）: 96 – 111.

［195］Pettigrew A M, Woodman W R, Cameron S K. Studying organizational change and development: Challenges for future research ［J］. Academy of Management Journal, 2001, 44（4）: 697 – 713.

［196］Prescott E C, Visscher M. Organization capital ［J］. Journal of Political Economy, 1980, 88（3）: 446 – 461.

［197］Prince C, Stewart J. Corporate universities – An analytical framework ［J］. Journal of Management Development, 2002, 21（10）: 794 – 811.

［198］ Prince C, Beaver G. The rice and rice of the corporate university: The emerging corporate learning agenda ［J］. The International Journal of Management Education, 2002, 2 (3): 17 – 23.

［199］ Rademakers M. Corporate universities: Driving force of knowledge innovation ［J］. The Journal of Workplace Learning, 2005, 17 (2): 130 – 136.

［200］ Ragin C C. Redesigning social inquiry: Fuzzy sets and beyond ［M］. Wiley Online Library, 2008.

［201］ Ragin C C. The comparative method: Moving beyond qualitative and quantitative strategies ［M］. University of California Press, 2014.

［202］ Ren D L, Liu J G, Guo Q. Social signature identification of dynamical social networks ［J］. Statistical Mechanics and its Applications, 2018, 15 (10): 213 – 222.

［203］ Richard D. Managing intellectual leadership in corporate value ［J］. Journal of Working Learning, 2001, 13 (5): 215 – 222.

［204］ Richard D. Achieving integrated performance management with the corporate university ［J］. Journal of Workplace Learning, 2005, 17 (1): 65 – 78.

［205］ Rishika R, Kumar A, Janakiraman R. The Effect of Customers' social media participation on customer visit frequency and profitability: An empirical investigation ［J］. Information Systems Research, 2013, 24 (1): 108 – 127.

［206］ Rusly F H, Sun P Y, Corner J L. Change readiness: Creating understanding and capability for the knowledge acquisition process ［J］. Journal of Knowledge Management, 2015, 19 (6): 1204 – 1223.

［207］ Sandra J M, Mark V C. Strategic fit: Key to growing enterprise value through organizational capital ［J］. Business Horizons, 2017, 60 (1): 55 – 65.

［208］ Schneckenberg D, Truong Y, Mazloomi H. Microfoundations of innovative capabilities: The leverage of collaborative technologies on organizational learning and knowledge management in a multinational corporation ［J］. Technological Forecasting & Social Change, 2015, 100 (5): 356 - 368.

[209] Schultz D. The rise and coming demise of the corporate university [J]. Human Resource Development International, 2015, 101 (5): 62 - 79.

[210] Schneckenberg D, Truong Y, Mazloomi H. Microfoundations of innovative capabilities: The leverage of collaborative technologies on organizational learning and knowledge management in a multinational corporation [J]. Technological Forecasting & Social Change, 2015, 100 (5): 356 - 368.

[211] Sham C. An exploratory study of corporate universities in China [J]. Journal of Workplace Learning, 2007, 19 (4): 257 - 264.

[212] Short J C, Payne G T, Ketchen D J. Research on organizational configurationans: Past accomplishments and future challenges [J]. Journal of Management, 2008, 34 (6): 1053 - 1079.

[213] Singh P K. Knowledge strategy, sharing behavior and performance: Reviewing a knowledge - oriented approach [J]. Management Research Review, 2018, 41 (3): 395 - 411.

[214] Simsek A, Lubatkin M H, Floyd S W. Inter firm networks and entrepreneurial behavior: A structural embeddedness perspective [J]. Journal of management, 2003, 29 (3): 427 - 442.

[215] Stanley C. Developing sales training programs to promote a competitive advantage: Linking corporate strategy with human resource development [J]. Strategic HR Review, 2014, 13 (4): 181 - 197.

[216] Stephen P, Borgatti D J, Daniel S. Social network research: Confusions, criticisms, and controversies [J]. Research in the Sociology of Organizations, 2014, 40 (3): 1 - 29.

[217] Strauss A, Corbin J. Basics of qualitative research: Techniques and procedures for developing grounded theory [J]. Thousand Oaks Ca Sage Tashakkori A & Teddlie C, 1998, 36 (100): 129 - 135.

[218] Strauss A, Corbin J. Basics of qualitative research: Grounded theo-

ry procedures and technique [J]. Sage Publications: Newbury Park, 1990.

[219] Subramaniam M, Youndt M. The influence of intellectual capital of the types of innovative capability [J]. Academy of Management Journal, 2005, 48 (3): 450–463.

[220] Sugunah S, Lokman M T. An overview of knowledge management practice among teachers [J]. Global Knowledge, Memory and Communication, 2018, 67 (8): 616–631.

[221] Taleb H, Sanjay K S, Sherine F. Knowledge sharing enablers, processes and firm innovation capability [J]. Journal of Workplace Learning, 2016, 28 (8): 484–495.

[222] Tomas G, Santi F, Peer C. Studying configurations with qualitative comparative analysis: Best practices in strategy and organization research [J]. Strategic Organization, 2018, 16 (4): 482–495.

[223] Umesh K B, Nisha B. Organizational resources, KM process capability and strategic flexibility: A dynamic resource – capability perspective [J]. Journal of Knowledge Management, 2018, 22 (7): 1555–1572.

[224] Villiers R D, Tipgomut P. Reviewing the marketing theory adoption journey for studies using QCA as a methodological approach: Insights, gaps and agenda for future research [J]. Australasian Marketing Journal, 2018, 26 (4): 317–337.

[225] Virginia M T, Christine B, Sylvia L. Using grounded theory to discover threshold concepts in transformative learning experiences [J]. Theory and Method in Higher Education Research, 2016, 24 (10): 23–46.

[226] Virginia B, Esther Q P, Juan B D. Human resource practices and organizational human capital in the family firm: The effect of generational stage [J]. Journal of Business Research, 2018, 84 (3): 337–348.

[227] Wagemann C, Buche J, Siewert M B. QCA and business research: Work in progress or a consolidated agenda? [J]. Journal of Business Research,

2016，69（7）：2531 - 2540.

［228］ Walton E. What's in a name? A comparative study of the traditional public university and the corporate ［J］ . Human resource development international，2001，31（2）：153 - 172.

［229］ William C，Dowell M，Whitney O. Building small firm performance through intellectual capital development: Exploring innovation as the "black box" ［J］ . Journal of Business Research，2018，88（7）：321 - 327.

［230］ Winner S. What's at stake in the sociology of technology? A reply to pinch and winner ［J］ . Science Technology，& Human Values，1993，42（18）：526 - 537.

［231］ Woon S L，Khelifa M，Chen J. Organization capital，labor market flexibility，and stock returns around the world ［J］ . Journal of Banking & Finance，2018，89（4）：150 - 168.

［232］ Yin R K. Case study research: Design and methods（Third Editions）［M］ . California: Sage Publications，2003.

［233］ Yongrong Xin，Xiuping Zuo，Qingping Huang. Research on the construction of seamless learning platform based on open education ［J］ . Asian Association of Open Universities Journal，2018，13（1）：88 - 99.

［234］ Yunqi Chen，Yusen Xu，Qingguo Zhai. The knowledge management functions of corporate university and their evolution: Case studies of two Chinese corporate universities ［J］ . Journal of Knowledge Management，2019，23（10）：86 - 112.

附　录

访谈研究提纲

（1）请介绍贵企业大学的发展历程大致可划分的阶段。

___

（2）各阶段的培训对象和培训内容如何升级？

___

（3）与上下游产业链、研究院所、高校的知识联系如何升级？

___

（4）是否跟踪前沿基础理论和产业工程科学研究？

___

（5）与企业内部各部门之间如何进行知识交流和共享，交流和共享内容的升级趋向？

___

（6）请介绍贵企业大学结构设置和各部门的工作内容与职责。

___

（7）请详细介绍贵企业大学近期活动。

___

（8）请介绍贵企业大学资源配置情况。

_____

（9）请介绍所在岗位工作安排和参与的事项。

_____

（10）请介绍贵企业大学师资选聘的情况。

_____

（11）请介绍贵企业大学未来在哪些方面进行变革。

_____

企业大学组织资本和能力体系研究调查问卷

一、企业大学组织资本考察

拟考察组织资本	代码	问题设计	完全不符合至完全符合				
			1	2	3	4	5
内部师资网络资本	T11	企业大学内部聘请师资级别高（如高管等）					
	T12	不同层级的高管讲授的内容之间互相支撑，衬托及补充					
	T13	授课的高管与中层关系融洽，讲授的内容有关联性					
	T14	企业大学聘用内部专兼职师资比例较外部聘用师资比例更大					
外部师资网络资本	T21	企业高管亲自聘请的外部师资较多					
	T22	外聘师资是否了解企业的内外部知识流程					
	T23	外聘师资是否了解企业高管					
	T24	企业大学专兼职师资来源于产学研不同单位（如企业、高校、科研院所、培训机构等）					

拟考察组织资本	代码	问题设计	完全不符合至完全符合				
			1	2	3	4	5
内部知识流程资本	T31	企业大学熟知企业内部各部门制度、流程、业务内容和业绩衡量标准					
	T32	企业大学定期参加各部门关于业务讨论及企业有关战略的会议					
	T33	企业大学定期探查各业务部门的知识弱项					
内部知识流程资本	T34	企业大学研判业务部门知识掌握情况					
	T35	企业大学参与企业高层的决策会议					
外部知识流程资本	T41	企业大学辨识相关外部知识是否适合本企业					
	T42	与企业上下游产业链和外部知识源保持联系					
	T43	引入产业前沿知识及知识生产资源					
知识吧	T51	学员之间愿意分享知识且互动频繁					
	T52	师生关系融洽且沟通频繁					
	T53	企业大学促进了不同岗位、不同学科的工程师和员工之间的知识、经验的交流和合作					

二、企业大学能力体系考察

拟考察能力	代码	问题设计	完全不符合至完全符合				
			1	2	3	4	5
衔接教育能力	Z11	通过企业大学学习使员工在解决业务的专业问题等方面有收获					
	Z12	通过企业大学的学习更清楚企业的规程					
	Z13	通过企业大学的学习更加认同企业的价值观					
	Z14	通过企业大学的学习熟识各业务部门的员工，使得沟通更顺畅，团队协作能力增强					
知识升级能力	Z21	企业大学跟踪外部知识尤其是行业的最新知识					
	Z22	参加企业大学学习的学员工作业绩提高					
	Z23	企业大学为员工设置了职业发展通道					
	Z24	企业大学设有主动跟踪业务的学习培训					
	Z25	企业大学能提供工作所需的全面系统的专业知识					

续表

拟考察能力	代码	问题设计	完全不符合至完全符合				
			1	2	3	4	5
知识联接能力	Z31	企业大学经常牵头召开跨部门的工作研讨会					
	Z32	企业大学联合跨部门进行课程建设					
	Z33	企业大学提供的学习方案与实际业务契合					
	Z34	与高校、科研院所建立良好的学术交流和合作关系					
	Z35	企业大学主办研讨论坛和学术沙龙					
	Z36	企业大学聘任的外部兼职师资层次高（如院士、长江学者等）					
知识孵化能力	Z41	企业大学协调开展基础及应用研究项目合作					
	Z42	企业大学协调制定相关行业技术标准					
	Z43	企业大学搭建技术咨询、决策建议等服务					
	Z44	企业大学是否跟踪前沿基础理论和工程科学研究					
	Z45	企业大学为创新项目搭建了融资、融智、融技等服务					